초등
초격차
책 읽기

압도적 성적 우위를 가진 아이들은 어떻게 책을 읽을까?

초등 초격차 책 읽기

이서윤 지음

카시오페아
Cassiopeia

프롤로그

초등 시절 책 읽기가
공부 DNA를 만든다

"독해 문제집보다 좋은 공부가 있습니다. 바로 책 읽기입니다."
 제가 유튜브 '초등생활처방전'을 시작한 초창기에 가장 큰 반응을 얻었던 이야기입니다. 당시엔 새롭게 들렸지만 이제는 누구나 독서가 중요하다는 사실을 압니다. 하지만 문제는 그다음입니다.

책을 읽어야 하는 건 알겠는데 어떻게 이끌어야 할까?
대충 읽는 것 같은데 이래도 괜찮을까?
학원, 숙제, 수행평가 속에서 독서 시간을 어떻게 확보할까?

 부모님들의 고민은 여기서 시작됩니다. 바로 그 질문에 답하고자 이 책을 만들었습니다. 《초등 초격차 책 읽기》, 일명 《초초책》에는 독서를 습관으로 만드는 구체적 방법, 책 읽기를 공부로 연결하는 실전 전략, 그리고 독서를 통해 아이가 흔들리지 않는 공부 자신감을 얻는 과정을 담았습니다. 여기에 더해 2022년 개정 교육 과정에 맞는 교과 연계 필독서 500권을 수록하여 책 읽기가 공부와 직접적으로 연결되도록 구성했습니다. 독서는 국어 실력만이 아니라 수학·과학·영어까지 모든 학습의 '기초 체력'이자 아이의 내면을 단단히 지탱하는 힘입니다. 초등 시절이야말로 그 체력을 기를 수 있는 황금기입니다. 책을 읽는 아이와 읽지 않는 아이의 격차는 상위 1%와 그렇지 않은 아이를 가릅니다.

독서는 모든 공부의 기초 체력이다

독서가 중요하다는 사실을 모르는 분은 없을 겁니다. 거기서 한 번만 더 짚고 넘어가겠습니다. 사람의 시간은 한정되어 있습니다. 지금 무엇을 선택하느냐는 동시에 무엇을 포기하느냐와 같습니다. 시간뿐 아니라 정신적·체력적 에너지도 마찬가지죠. 예를 들어, 영어 학원을 다니는 것은 분명 도움이 될 수 있습니다. 그러나 학원 수업의 양이나 난도가 아이와 맞지 않는다면 그로 인해 줄어든 독서와 휴식이 오히려 공부의 발목을 잡을 수도 있습니다. 부모는 고민합니다.

"지금의 선택이 정말 아이에게 옳을까?"

그럴 때 독서는 가장 가성비 좋은 공부가 됩니다. 국어는 물론 수학, 사회, 과학, 영어까지 모든 배움은 결국 '읽고 이해하는 힘' 위에서 가능하니까요. 독서는 모든 학문의 기초 체력에 해당하는 근력 운동입니다. 즉 다른 것을 포기하는 선택이 아니라 모든 것을 잘하기 위해 반드시 거쳐야 하는 필수 과정입니다.

중학생이 되면 이미 늦었다

중학생이 되면 학교 공부의 양이 급격히 늘어나 숙제, 시험, 수행

평가가 숨 돌릴 틈 없이 이어집니다. 이때는 학교 공부만 따라가기도 벅차 독서까지 선택하기 쉽지 않습니다. 하지만 초등 시기는 다릅니다. 아직 공식적인 시험이 없고 학습량도 상대적으로 적어 책을 편안히 읽으며 독서 근력을 기르기에 적합합니다. 한 번 길러 둔 독서력은 잠시 책에서 멀어지더라도 언제든 다시 몰입하는 힘이 됩니다.

물론 중·고등학생에게 모든 기회가 없는 건 아닙니다. 제가 고등학교 때 다녔던 입시 학원에는 서울대 법대 출신의 유명한 논술 강사님이 계셨습니다. 그분은 수험생들에게도 책을 읽히는 분으로 유명했지요. 비문학 책들을 억지로라도 읽게 했는데, 그 방법이 효과가 있었는지 강의실은 늘 학생들로 붐볐습니다. 저 역시 그 수업을 듣고 낯선 분야의 책을 접하며 큰 도움을 받았습니다.

선생님은 늘 이렇게 말씀하셨습니다.

"수능 지문은 결국 책에서 본 배경지식과 연결돼 있어. 책을 읽으면 처음 보는 지문도 쉽게 읽을 수 있지. 왜 이렇게 책을 안 읽니? 책 좀 읽어라!"

입시가 코앞인 고등학생에게도 책을 읽으라며 닦달하던 선생님을 떠올리면, 초등학생에게 주어진 지금 이 시간이 독서를 할 수 있는 얼마나 좋은 기회인지 다시 한번 생각하게 됩니다.

공부 자신감은
독서로 완성된다

책을 읽으면 글을 읽어 내는 힘이 생기고 이는 곧 공부 자신감으로 이어집니다. 자신감이 생기면 공부가 덜 두렵고 더 즐겁습니다. 물론 책은 좋아하지만 공부는 싫어하는 아이들도 있습니다. 제 경험상 독서 경험이 많은 아이들은 문제집이라는 형식만 익히면 금세 공부를 해냅니다.

독서의 진짜 힘은 여기서 멈추지 않습니다. 단순히 공부에 적응하는 수준을 넘어 책 속에서 접한 수많은 이야기와 생각들은 아이가 시험지 앞에서 흔들리지 않는 집중력과 사고력으로 이어집니다. 글을 읽고 이해하는 힘이 문제 풀이 능력으로 전환되는 것이지요.

저는 독서를 '내면을 단단하게 하는 습관'인 동시에 '성적 격차를 벌리는 관문'이라 생각합니다. 삶에는 누구에게나 기대어 쉴 언덕이 필요합니다. 부모, 친구, 음악, 운동, 종교…… 그리고 책 역시 그 언덕이 되어 줍니다. 하지만 공부라는 영역에서 책은 단순한 위안뿐 아니라 상위 1%를 갈라내는 결정적 기준이 됩니다. 마음을 지탱하고 꾸준히 쌓아 올린 독서 경험은 결국 아이의 평생 공부력을 세우는 토대가 됩니다.

아이들에게 늘 말합니다.

"책을 읽는다는 건 머릿속에 생각의 씨앗을 심는 일이야. 그 씨앗이 자라 너를 지켜 줄 뿐 아니라 남들이 보지 못하는 문제의 답을 보게 해 줄 거야."

이 책은 단순한 독서 권장서에서 그치지 않습니다. 최신 개정 교육 과정을 반영해 학년별·과목별로 꼭 읽어야 할 책들을 한눈에 볼 수 있도록 정리했습니다. "어떤 책을, 언제, 어떤 방식으로 읽혀야 할까?" 하고 고민하시는 부모님이 계신다면 이 책이 확실한 길잡이가 되어 줄 것입니다.

이서윤

차례

프롤로그 초등 시절 책 읽기가 공부 DNA를 만든다   4

1부   공부 체력을 다지는 초등 습관 독서

PART 1   상위 1% 아이들은 어떻게 책을 읽을까?

··· 해리포터를 원서로 읽는 아이들의 초격차 비밀   17
··· 책을 읽는 아이는 '점수'도, '생각'도 다르다   21
··· 공부와 독서 사이, 우리 아이는 어디쯤일까?   25
··· 왜 독서가 공부의 완성인가?   30
··· 뭘 시켜야 할지 모르겠을 땐 일단 독서가 먼저다   34
★ 우리 아이 독서 습관 점검표   38

PART 2 평범한 아이를 독서하는 아이로 만드는 법

- 우리 아이는 어떤 독서 유형에 속할까?   41
- 읽기 능력에도 '단계'가 있다   45
- 학년별 독서 독립의 단계별 로드맵   48
- 아이에겐 압력 독서가 필요하다   65
- 읽기 싫은 책도 읽게 되는 숨은 장치   69
- ★ 우리 아이 독서 동기 체크리스트   73

PART 3 무조건 읽게 만드는 독서 자극법

- 책을 읽고 싶게 만드는 세 가지   79
- 읽어 줘야 스스로 읽게 된다   83
- 책 안 읽는 우리 아이를 위한 원인별 해결 가이드   90
- 아이의 책장을 여는 '방아쇠', 트리거 독서   95
- 스스로 고른 책이 공부로 이어지는 이유   101
- ★ 학습 만화가 독서가 아닌 다섯 가지 이유   106

PART 4 성적 격차를 만드는 일상 속 책 읽기 루틴

- 하루 30분, 독서력을 키우는 시간 설정법 109
- 현재 수준보다 한 단계 높은 책을 골라라 112
- 소리 내는 읽기가 이해력의 격차를 만든다 115
- 집중력 근육을 키우는 묵독의 힘 120
- 책의 난이도에 따라 개입 강도를 달리하라 125
- ★ 독후록을 어렵지 않게 쓰는 네 가지 방법 129

2부   성적을 키우는 초등 학습 독서

PART 5 교과서 속 지식을 넓히는 교과 연계 학습 독서

- 교과 연계 학습 독서란? 135
- 배경지식을 넓히고 핵심 다지는 교과 연계 학습 독서 138
- ★ 문학과 정보 책, 다르게 읽고 다르게 감상하기 146

PART 6 학년별 교과 연계 학습 독서 로드맵

- **1학년** 처음 학교, 처음 공부, 처음 독서 — 149
- **2학년** 기초 학습력을 다지는 독서 — 172
- **3학년** 교과 지식을 생활과 연결하는 독서 — 199
- ★ 아이 생각을 활짝 여는 독서 대화 질문 31 — 226
- **4학년** 개념을 확장하고 이해력을 다지는 독서 — 228
- **5학년** 비판적 사고력을 키우는 독서 — 255
- **6학년** 중등 학습으로 점프하는 독서 — 280
- ★ 교과 연계 학습 독서 캘린더 — 302

에필로그 초등 6년의 독서력은 중·고등에서 격차를 만든다 — 303

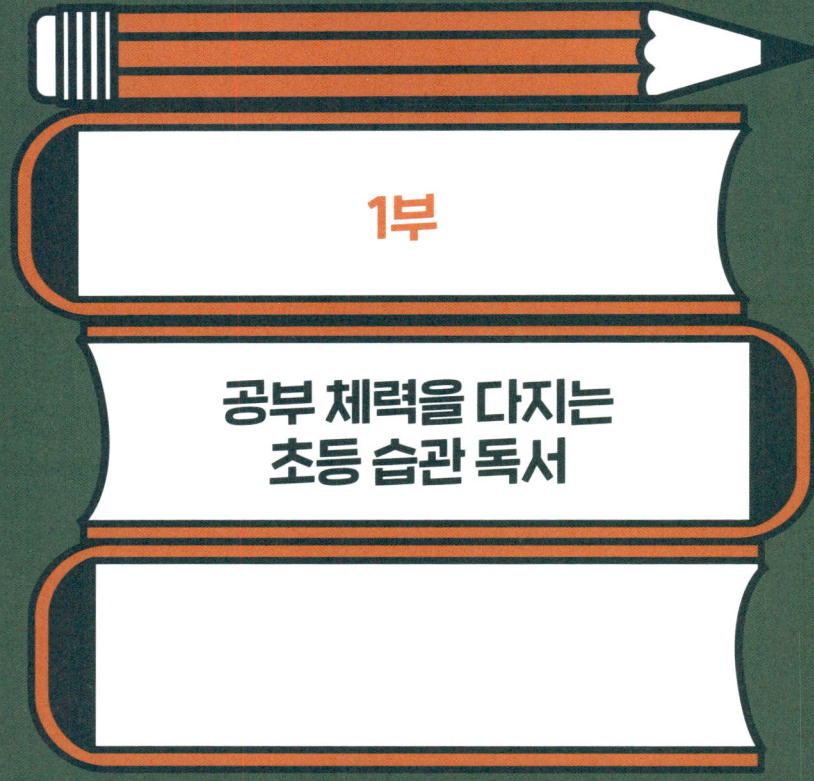

아침에는 아이를 깨워 학교에 보내고, 오후에는 숙제와 학원 스케줄을 챙기다 보면 책 읽을 시간은 늘 후순위로 밀립니다. 잠자리 독서로 조금 읽히다 보면 '독서가 그렇게 중요하다는데 이렇게만 읽어도 될까?' 하는 불안감이 밀려옵니다.

초등 시절에 독서 습관을 제대로 들이지 못한 아이는 어려운 지문을 만나면 글을 끝까지 읽지 못하고 '훑기'로 넘어가는 경우가 많습니다. 문제를 풀 때도 지문에서 근거를 찾기보다 대충 답을 찍어 버리고, 책을 고를 때는 얇고 쉬운 것만 선택합니다.

반면 초등 시절부터 독서를 생활화한 아이는 시험에서 처음 보는 지문이라도 끝까지 읽어 내는 인내심이 있고, 다양한 관점과 배경지식을 연결해 스스로 설명할 줄 압니다. 낯선 상황에서도 자기 생각을 조리 있게 표현하는 힘이 생기기도 합니다. 독서는 공부의 '보너스 활동'이 아니라 정서와 사고를 동시에 단련하는 '생활 기술'이기 때문입니다.

1부에서는 아이의 독서 발달 단계를 이해하는 법부터 생활 속에 독서 습관을 심는 방법, 책을 싫어하는 아이를 움직이는 현실적인 동기 부여법, 가족이 함께 꾸준히 지켜 갈 수 있는 독서 루틴 만들기까지 구체적으로 안내합니다.

초등 시기에는 감정과 습관이 함께 형성됩니다. 이때 심어 둔 독서는 아이에게 흔들리지 않는 정서 근육과 생각의 근력이 됩니다. 오늘 시작하는 하루 30분 독서가 앞으로 아이의 평생 공부와 삶을 바꾸는 첫 단추가 될 것입니다.

PART 1

상위 1% 아이들은 어떻게 책을 읽을까?

아이가 책을 좋아하게 만들기까지는 많은 노력이 필요합니다. 때로는 이런 고민이 생기기도 하지요.
"그 시간에 차라리 독해 문제집을 푸는 게 더 낫지 않을까? 책을 읽으면 좋다지만 정말 그렇게 큰 차이가 나는 걸까?"
시간에 쫓기다 보면 당장 숙제와 시험 준비가 더 중요해 보입니다. 독서의 효과는 점수처럼 즉시 드러나지 않기에 확신이 서지 않을 때도 있습니다. 그럴수록 독서의 가치를 다시 바라봐야 합니다. 독서는 단기간에 성적을 끌어올리는 기술이 아니라 아이의 공부 체력 속에 서서히 스며드는 힘입니다. 상위 1%의 아이들은 문제집이 아닌 책에서 힘을 쌓아 올립니다.

해리포터를 원서로 읽는
아이들의 초격차 비밀

지우와 진우는 이란성 쌍둥이로 같은 반이었습니다. 수업 태도도 훌륭했고 단원평가 점수도 늘 좋았습니다. 글쓰기를 보면 생각의 깊이가 드러나기 마련인데, 이 아이들은 생각의 그물이 촘촘히 짜여 있었습니다. 당시 저는 대학원 논문을 준비하면서 담임을 맡아 영어 수업까지 하고 있었는데(보통 영어는 전담 교사가 맡지만 제 전공이 초등 영어 교육이었기에 직접 수업했습니다.), 이 쌍둥이는 영어 실력마저 수준이 상당했습니다. 남매가 나란히 그러하니 이 아이들의 공부법이 무척 궁금했습니다.

"너희들 영어 학원 다니니?"

"아니요, 집에서 공부해요. 해리포터 책을 영어로 읽고 있어요."

4학년이었으니 해리포터를 한국어로 읽는 것만으로도 충분히 훌륭한데, 영어로 읽는다니 정말 대단하다고 생각했습니다.

저는 담임을 맡으면 아이들에게 일주일에 일기 한 편, 독서록 한 편을 숙제로 내줍니다. 독서록은 걷어 검사한 뒤 다시 나눠 주는데, 때에 따라 며칠이 걸릴 때도 있습니다. 그런데 어느 날 진우가 제게 와서 이렇게 말했습니다.

"선생님, 독서록 가져가도 될까요?"

처음엔 이유를 몰랐습니다. 알고 보니 쌍둥이 어머니께서 매주 읽을 책의 표지를 작게 인쇄해 공책 왼쪽 끝에 붙여 두셨던 겁니다. 무려 다섯 권의 책 표지가 미리 붙어 있었지요. 아이들은 하루에 한 권씩 독서록을 써 내려가고 있었는데, 제가 독서록을 가져간 동안 그 작업을 이어 갈 수 없어 다시 달라고 했던 겁니다.

읽기의 힘은 부모의 손끝에서 시작된다

책의 표지를 일일이 인쇄해 붙여 준다는 건 결코 쉬운 일이 아닙니다. 얼마나 손이 많이 가고 정성이 필요한 일인지요. 사실 저도 제 아이에게 그렇게까지는 해 주지 못합니다. 무엇보다 그런 엄마를 잘 따라와 준 쌍둥이가 무척 기특했습니다. 저는 단순히 아이들이 착해서 꼬박꼬박 실천했다고 보진 않습니다. 이 아이들은 학원에 다니지 않았습니다. 덕분에 여유 시간이 충분했지요. 학원을 보내지 않는 것이 부모 입장에서 결코 반가운 일만은 아닙니다. 그 시간에 스마트폰이나 TV만 붙들고 있는 게 아니라면, 엄마가 곁에서 일일이 공부도 챙기고 놀아 주기도 해야 하니까요. 어쨌든 넉넉한 시간을 가진 이 아이들이 그만큼 책을 많이 읽고 매일 독서록을 써 나갔기에 생각의 힘이 견고한 건 당연한 결실처럼 보였습니다.

거기다 부모와 아이들의 관계도 편안해 보였어요. 제가 공부에서 정서를 누누이 강조하듯이, 독서에서도 정서가 아주 중요합니다. 독서도 마음이 심란하면 잘되지 않습니다. 마음의 에너지를 독서와 공부에 쏟을 수 있는 환경이 갖춰져야 하지요. 쌍둥이에겐 그 토양이 충만해 보였습니다. 그리고 학년이 끝나는 종업식 날, 쌍둥이 아버지께서 전화를 주셨습니다.

"지우와 진우가 선생님 덕분에 1년 동안 많이 배우고 성장했습니다. 정말 감사합니다."

그 목소리에는 따뜻함과 진심이 고스란히 담겨 있었습니다. 사실 학교에 직접 전화를 주시는 아버지는, 더구나 좋은 내용으로 전화를 주시는 경우는 정말 흔치 않습니다. 그만큼 어머니와 아버지 모두 아이들을 정성껏 보살피고 있다는 방증처럼 느껴졌습니다. 따뜻하고 편안한 분위기 속에서도 분명한 권위를 지니고, 아이들의 시간을 최대한 보장하며, 독서에 힘을 실어 주고, '유난'이 아니라 '성심'을 다하는 부모님의 모습을 엿볼 수 있었기에 이 쌍둥이는 제게도 오래도록 기억에 남는 아이들입니다.

학년이 올라갈수록 책을 읽는 학생 수는 피라미드의 꼭대기처럼 점점 줄어듭니다. 게으름이나 의지 부족 탓으로 돌려서는 안 됩니다. 책을 읽는 일 자체가 본디 어렵습니다. 책을 고르고, 펼치고, 몰입하기까지는 많은 시간이 필요합니다. 특히 독서 초보이거나 관심 없는 분야의 책일수록 더더욱 그렇지요. 단순히 손가락으로 화면을 밀기만 하면 자극적인 이야기로 몰입하게 만드는 스마트폰이나 TV와는 근본부터 다릅니다. 아이에게 책을 혼자 읽으라고 하는 것은, 이제 막 이유식을 시작한 아이에게 매운탕을 내어 주며 "맛있으니 먹어 보라."라고 하는 것과 비슷합니다.

지우와 진우가 보여 준 독서 습관과 생각의 깊이는 단번에 만들어진 것이 아니었습니다. 수많은 시행착오와 아이들의 저항, 부모의 자책과 다짐이 겹겹이 쌓여 이루어진 결과로, 지금도 여전히 진행 중일 것입니다. 독서는 중·고등학생, 그리고 성인에 이르기까지 계속 이어지기 때문입니다.

아이들이 초등 시절에 보여 준 모습은 빙산의 일각일 뿐입니다. 올바른 독서를 통해 쌓인 공부 잠재력은 눈에 보이지 않는 부분이 훨씬 더 큽니다. 독서 습관도, 생각의 깊이도 저절로 만들어지지 않습니다. 그 뒤에는 조용히 오래 함께 걸어 주는 부모가 있어야 가능합니다. 그 첫발을 함께 내디뎌 보시겠습니까?

책을 읽는 아이는
'점수'도, '생각'도 다르다

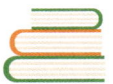

교실에서 아이들을 지켜보며 늘 같은 생각을 합니다.

'단원 평가에서 같은 점수를 받아도 공부의 깊이는 왜 제각각일까?'

누군가는 100점을 얻기 위해 가진 힘을 모두 쏟아 내고, 누군가는 아직 드러나지 않은 200점의 잠재력을 품고 있습니다. 겉으로는 같은 점수일지라도 그 안에 담긴 생각의 밀도와 흐름은 전혀 다릅니다. 아이의 진짜 공부력을 확인할 수 있는 순간은 서술형 평가, 수행평가, 발표, 글쓰기 활동 속에 있습니다. 문장을 유려하게 쓰지 않아도 생각이 차고 넘치는 아이는 확연히 보입니다. 말 한마디, 글 한 줄에도 깊이가 담겨 있고, 단순히 아는 것을 넘어 이해하고 연결하며 표현할 줄 압니다.

학원에 가느라
책 읽을 시간이 없는 아이들

궁금증을 풀기 위해 실제로 5~6학년 아이들 200여 명에게 물었습니다.

"하루에 얼마나 책을 읽니?"

"어떤 학원에 다니고 있니?"

결과는 예상보다 훨씬 극명했습니다.

질문	평균 응답 비율
영어 학원에 다닌다.	76%
수학 학원에 다닌다.	65%
기타 학원 다닌다(미술·태권도 등).	92%
하루 30분 이상 책을 읽는다.	약 15~20%
하루 한 시간 이상 책을 읽는다.	5~10%(한 반에 1~2명)
하루 한 시간 이상 유튜브를 본다/게임을 한다.	97% 이상

물론 지역에 따라서, 학교에 따라서, 또 상황에 따라서 차이는 있습니다. 하지만 제가 여러 곳에서 근무해 본 경험으로 보건대 충분히 유효한 결과라고 판단되었습니다. 조사에 따르면, 영어 학원에 다니는 친구들은 약 76% 정도였습니다. 특히 고학년이 될수록 그 비율이 더 높습니다. 중학년 때는 가정에서 영어 공부를 하고 학원에 다니지 않는 경우가 많지만, 고학년이 되면 학원으로 옮겨 가는

경우가 점점 늘어납니다. 수학 학원은 약 65% 정도로 영어보다는 낮았고, 영어와 수학 외에 미술, 태권도, 합기도, 수영, 논술 등 다른 학원에 다니는 친구들은 92%에 달했습니다.

"하루에 30분 이상 책을 읽나요?"라는 질문에는 차이가 뚜렷했습니다. 담임 선생님께서 독서 숙제를 내주는 반은 약 70% 정도가 손을 들었습니다. 그러나 숙제가 없는 반은 제가 평소 지켜본 모습과 크게 다르지 않았습니다. 즉 한 반을 20명 기준으로 볼 때 15~20% 정도에 불과했습니다. 하루 한 시간 이상 읽는다고 답한 학생은 한 반에 한두 명 정도였고요. 영어 영상이나 영어책을 하루 30분 이상 보는 학생은 10%, 사회·과학 문제집을 푸는 학생은 30% 정도였습니다. 반면 하루 한 시간 이상 스마트폰이나 컴퓨터로 유튜브를 보거나 게임을 하는 학생은 무려 97% 이상이었습니다.

한 끗 차의 힘은 학원이 아닌 책에서 나온다

과연 어디에서 공부 잠재력이 뛰어난 친구들이 차이가 났을까요? 바로 한 반에 한두 명, 하루에 한 시간 이상 혹은 적어도 하루에 30분 이상 꾸준히 책을 읽는 아이들이었습니다. 학원에 다니는 학생은 대부분이었지만, 책을 30분 이상 읽는 학생은 소수였습니다. 그리고 그 아이들은 확실히 달랐습니다.

학원을 덜 다니느냐가 핵심이 아닙니다. 독서 시간을 확보하느냐에 초점을 맞추어야 합니다. 어떤 아이는 영어와 수학 학원에 다니면서도 남은 시간을 책을 읽고 공부하는 데 썼습니다. 또 어떤 아이는 학원을 거의 다니지 않았지만 영어책과 한국어책을 모두 자발적으로 읽으며 자기만의 속도를 지켜 갔습니다.

저는 이 설문조사 결과를 통해 나름의 결론을 뒷받침하는 근거를 얻을 수 있었습니다. 그러면서 고등학교 시절 전설처럼 회자되던 '책벌레' 남학생이 떠올랐습니다. 어머니가 억지로 그룹 과외에 끼워 넣었지만, 그는 두 번 듣고는 스스로 "필요 없다."라고 말한 뒤 그 모임에서 빠졌죠. 중학교 때부터 고등학교 내내 전교 1등을 놓친 적이 없었고, 전국 모의고사에서도 늘 1~2등을 다투던 학생이었습니다. 그는 결국 서울대학교 의대에 진학했는데, 그 비결은 바로 '독서'에 있었습니다. 언어영역 지문이 대부분 자신이 이미 읽은 책에서 나왔기 때문에 틀릴 일이 거의 없었다고 했습니다. 그저 타고난 천재 아니냐고요? 그렇지 않습니다. 그는 어릴 때부터 습관처럼 책을 읽으며 자라 온 아이였습니다. 공부 잠재력이 뛰어난 아이들의 공통점은 단 하나입니다. 어떤 상황에서건 '책을 읽는 아이'라는 점입니다.

공부와 독서 사이,
우리 아이는 어디쯤일까?

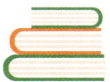

교실에서 아이들을 보고 있으면 공부와 독서의 관계에 대해 생각하지 않을 수 없습니다. 앞에서도 말씀드렸듯, 공부를 잘하는 학생들은 하루에 최소한 30분 이상은 꾸준히 책을 읽습니다. 많은 부모님이 이렇게 말씀하십니다.

"저희 아이는 공부는 잘하는데 책은 별로 안 읽어요."

"아이에게 독서를 시키느니 차라리 독해 문제집을 풀게 하려고요."

독서 습관을 들인다는 것이 이토록 어려운데 다른 지름길은 없나 고민되실 겁니다. 책 읽기를 싫어하는 아이를 붙잡아 억지로 읽히는 게 맞을까 하는 의문도 들 것입니다.

공부와 독서의 여덟 가지 연결 고리

공부와 독서의 상관관계를 나눠 보면 다음과 같이 분류해 볼 수 있습니다.

공부 잘함	독서광 a
공부 잘함	억지로든 숙제 때문이든 최소한의 독서는 함 b
공부 잘함	독서를 거의 하지 않음 c
공부 중간	독서광 d
공부 중간	억지로든 숙제든 최소한의 독서는 함 e
공부 중간	독서를 거의 하지 않음 f
공부 힘들어함	독서를 아주 조금 함 g
공부 힘들어함	독서를 하지 못함 h

공부를 잘하는 아이 중에는 크게 세 부류가 있습니다. 첫째, 독서광인 아이, 둘째, 부모의 압력에 의해서 최소한의 독서는 하는 아이, 셋째, 거의 책을 읽지 않는 아이입니다.

먼저 a 유형의 아이는 누구나 탐낼 만합니다. 독서광이 되기까지 후천적인 훈련이 있었을 수도 있고, 선천적인 성향일 수도 있습니다. 중요한 건 공부와 독서가 선순환을 이루면서 공부 잠재력이 매우 뛰어나다는 점입니다. b 유형의 아이는 최소한의 훈련을 통해 독서를 합니다. 독서광으로 발전할 수도 있고, 그렇지 않더라도 필요할 때 텍스트를 충분히 읽어 낼 힘 정도는 갖추게 됩니다. c 유형의 경우 초등 단계에서 듣고 외우는 정도의 공부는 충분히 가능합니다. 학습용 태블릿PC로 영상을 보고 설명을 이해하면서 어느 정도 공부를 이어 갈 수 있습니다. 그러나 학년이 올라가며 공부량이 많아지고 수준이 높아지면 한계에 부딪힙니다. 그 시점에서 포기하는 아이도 있고, 독해 문제집이나 학습지를 통해 읽기력을 보완하며 공부를 이어 가는 아이도 있으며, 일부는 뒤늦게 책을 읽기도 합니다. 하지만 책을 거의 읽지 않던 아이가 갑자기 독서 습관을 들이기란 쉽지 않기 때문에 많은 경우 국어 학원이나 독해 문제집에 의존해 극복하려는 모습을 보입니다.

공부를 중간 정도 하는 아이들을 보겠습니다. d 유형은 독서광이기 때문에 적당한 공부 기술과 동기만 생기면 학년이 올라가면서 성적이 급상승할 가능성이 큽니다. e 유형 역시 최소한의 독서 훈련을 꾸준히 이어 간다면 독서 실력과 함께 공부 실력도 함께 성장할 수 있습니다. 반면 f 유형은 학교 공부를 성실히 따라가면서 일정 수준의 성적은 유지하지만 별도의 독서를 하지 않기 때문에 따로 도움을 주지 않으면 점점 공부가 힘들어집니다.

공부를 힘들어하면서도 독서광인 경우는 제 경험상 본 적이 없습니다. g 유형보다 h 유형의 비율이 훨씬 더 많았고요. 책을 읽고 싶어도 기본적인 학습 능력이 부족하면 독서 자체가 쉽지 않습니다.

정리하면, c는 b로, f는 e로 만든다는 생각을 가지면 됩니다. b나 e 유형이라고 해서 반드시 a나 d를 목표로 할 필요는 없습니다. 시간이 흐르며 독서광이 될 수도 있고 그렇지 않을 수도 있지만, 중요한 건 최소한의 독서를 습관화하는 데 있습니다.

아이의 성향에 따라서도 차이가 있습니다. 문과 성향이 있는 아이들은 독서를 즐거워하지만, 이과 성향의 아이를 문과 성향 아이처럼 독서광으로 만들기는 쉽지 않을 수 있습니다. 책과 친해질 기회를 주지 않는다면 공부에 한계가 오는 순간이 생깁니다. 따라서 아이가 최소한의 독서 훈련을 이어 갈 수 있도록 꾸준히 기회를 제공해야 합니다.

학습 만화와 독해 문제집은 독서를 대체할 수 있을까?

"아이가 학습 만화 정도는 붙잡고 읽는데 그것도 최소한의 독서에 해당하나요?"

많은 부모님이 궁금해하는 부분입니다. 제 대답은 "아니요."입니다. 최소한의 독서란 글밥이 있는 책을 읽고, 관심사 밖의 책도 시도해 볼 수 있는 수준을 말합니다. 관심 있는 책만 골라 읽거나 만화 위주로만 보는 습관으로는 '읽기 자립'으로 이어지기 어렵습니다.

"그렇다면 독해 문제집으로 대신하는 것은 어떨까요?"

제 대답은 역시 "안 됩니다."입니다. 독서와 독해 문제집은 엄연히 다릅니다. 독서는 긴 호흡 속에서 생각을 확장해 나가는 발산의 작업이고, 독해 문제집은 짧게 끊어진 지문을 읽고 문제를 푸는 수

렘의 작업입니다. 초등 독해 문제집은 사실상 수능 국어영역을 초등 수준으로 바꿔 놓은 것이라 할 수 있습니다. 수요가 많다 보니 최근 출판사마다 다양한 독해 문제집을 쏟아 내고 있지요.

물론 아무것도 하지 않는 것보다는 낫습니다. 책을 전혀 읽지 않는 아이보다는 독해 문제집이라도 푸는 아이가 더 나으니까요. 하지만 수렴 훈련은 중·고등학교 때도 충분히 할 수 있습니다. 초등 시기에는 가능한 한 발산의 기회를 주는 것이 좋습니다. 긴 호흡의 텍스트를 몰입해서 읽는 경험이 훨씬 가치 있기 때문입니다.

독해력이 너무 떨어지는 경우라면 독해 문제집을 활용해 텍스트 읽는 연습을 한 뒤 책 읽기로 넘어갈 수도 있습니다. 그러나 독해 문제집이 책을 대체할 수는 없습니다. 책은 몰입이 가능하지만 독해 문제집은 몰입을 이끌어 내기 어렵거든요.

재미있는 책에 푹 빠져 밤새도록 읽어 본 경험이 있으신가요? 판타지 소설이라도 상관없습니다. 하지만 독해 문제집 앞에서 "더 하고 싶다. 멈출 수 없다."라는 마음이 든 적은 아마 거의 없을 것입니다.

독서는 확장과 몰입입니다. 독해 문제집은 수렴과 정리입니다. 초등 시기는 수렴하고 정리하는 시기가 아닙니다. 최대한 탐색하고 확장하고 경험해야 하죠.

"도저히 책을 안 읽으려 하니 차라리 독해 문제집이라도 읽히려는 거죠."라고 생각하신다면 다음 내용을 참고하신다면 좋겠습니다.

왜 독서가
공부의 완성인가?

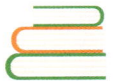

공부라고 하면 우리는 흔히 '많이 입력하는 것'을 떠올립니다. 그래서 학습 영상을 보고, 문제집을 풀고, 단어를 외우는 데 많은 시간을 쓰지요. 그렇게 열심히 반복했는데도 아이는 금세 잊어버리고 스스로 설명하지 못하는 경우가 허다합니다. 왜일까요?

많은 아이가 공부할 때 정보를 그저 '있는 그대로 받아들이기만' 합니다. 눈앞에 보이는 내용을 따라가고, 누가 알려 주는 대로 받아 적고, 문제를 풀면서도 왜 그런 답이 나오는지 모른 채 넘어갑니다. 다시 말해, 뇌가 깨어 있는 공부가 아니라 멍하니 받아들이는 공부만 하는 거죠. 몸만 자리에 앉아 있을 뿐 정신은 딴 데에 가 있는 경우가 부지기수입니다.

이런 공부는 하나를 입력해도 온전히 남는 게 거의 없습니다. 1을 배우면 2를 알긴커녕 겨우 0.2, 0.5만 남는다 해도 과하지 않습니다.

1을 입력했을 때 1을 유지한다면 대단히 열심히 한 공부라고 할 수 있습니다.

입력하는 공부 vs. 생각하는 공부

독서는 다릅니다. 책을 읽는다는 건 단순히 눈으로 글자를 훑는 일이 아닙니다. 문장을 따라가며 문맥을 파악하고, 저자가 왜 이런 표현을 썼을까 곱씹으며, 그것이 내게 어떤 의미로 다가오는지 스스로 해석합니다. 독서는 이렇듯 단어, 문장, 문단을 분석하고 연결하고 종합하는 고차원적 사고 활동입니다. 겉으로 보기에는 조용하지만 실제로는 무척 바쁘고 적극적인 과정이지요.

책을 읽는 동안 아이의 뇌는 쉼 없이 움직입니다. 앞의 내용을 기억하고, 다음을 예측하며, 새로운 정보를 기존 지식과 연결해 질문을 만들어 냅니다. 단순히 지식을 '외우는' 것이 아니라 자기 안에서 '의미 있게 다시 구성하는' 작업을 거치는 겁니다.

독서를 하는 아이는 한 권의 책을 읽었을 뿐인데도 그 안에서 열 가지를 떠올리고 백 가지로 확장시킵니다. 1이 10이 되고, 10이 100이 되는 거지요. 한 문장을 읽고 자기 경험을 꺼내 연결하고, 모르는 단어를 추측하고, 중요한 장면을 머릿속으로 그리며 이해의 지평을 넓혀 갑니다.

특히 어휘력을 키우는 데 독서만큼 탁월한 건 없습니다. 낱말의 뜻만 외우는 데는 한계가 있습니다. 책을 읽으며 문맥 속에서 단어를 익히고 뜻뿐 아니라 쓰임까지 이해하면서 어휘가 단단히 자리 잡습니다. 나아가 한자나 어원처럼 구조 중심으로 어휘를 익히면 모르는 단어를 유추해 내는 힘까지 길러집니다. 이는 단지 어휘력에서 그치지 않고 사고력과 문해력의 토대가 됩니다.

독서는 결국 생각하는 공부입니다. 하나하나 가르쳐 주는 게 아니라 스스로 질문하고 구성하는 힘을 길러 줍니다. 당장은 느려 보일 수 있어도 그 깊이와 확장성은 어떤 학습보다 크고 단단합니다. 하나를 입력하면 하나도 남기지 못하는 공부가 아니라 하나를 입력하면 열을 떠올리고 백으로 확장됩니다. 독서는 바로 그런 힘을 키워 주는 최고의 선생님입니다.

스스로 공부하는 힘을 키우는 책 읽기

많은 부모님이 '아이가 혼자서도 공부를 잘했으면 좋겠다.'라는 바람을 갖고 계십니다. 그런데 이 '혼자 공부하는 힘', 즉 자기 주도 학습 능력은 시간이 지난다고 저절로 생기지 않습니다. 하지만 독서를 꾸준히 해 온 아이는 이 능력이 눈에 띄게 향상됩니다. 특히 다음 네 가지 영역에서 뚜렷한 변화가 나타납니다.

- 책임감: 스스로 세운 공부 계획을 지키며 학습을 이어 갑니다.
- 학습 열정: 배우는 과정 자체를 즐기며 모르는 것을 알고 싶어 합니다.
- 개방성: 새로운 생각과 다양한 관점을 받아들이는 폭이 넓습니다.
- 자아 개념: '나는 공부를 잘할 수 있는 아이'라는 자기 이미지를 갖습니다.

　독서는 어떻게 이런 변화를 만들까요? 책을 읽는 과정은 단순히 글자를 따라가는 행위만이 아닙니다. 이야기를 이해하려면 집중이 필요하고, 모르는 단어를 해결하려면 문제 해결 능력이 요구됩니다. 책의 내용을 삶과 연결하는 순간 깊은 사고력 또한 발달하지요. 여기에 독서 토론, 책을 바탕으로 한 간단한 프로젝트, 참고 자료 찾아보기 같은 활동까지 더해지면 아이는 자연스럽게 자료를 탐색하고 정리하는 습관을 익힙니다. 이 습관은 교과 공부는 물론 일상 속 다양한 문제 해결로도 이어집니다.
　한 아이가 '환경'을 주제로 한 책을 읽었다고 해 봅시다. 책 속에서 일회용 플라스틱 문제를 접한 아이는 '우리 집에서 일회용 플라스틱 사용을 줄이는 방법'을 검색합니다. 여러 자료를 비교한 뒤 가족에게 다양한 방법을 제안하지요. 이 과정에서 아이는 '주제 설정 → 자료 조사 → 정리 → 발표'라는 완전한 학습 사이클을 스스로 경험합니다. 꼭 이런 과정이 아니더라도 책을 읽고 깨달음을 얻어 그 변화가 생각과 일상으로 이어진다면 그것이 곧 자기 주도 학습입니다.

뭘 시켜야 할지 모르겠을 땐
일단 독서가 먼저다

　세상은 하루가 다르게 변합니다. 부모로서 가장 불안한 순간은 '우리 아이가 커서 무엇을 하며 먹고살 수 있을까?' 하는 고민이 생길 때일 겁니다. 공부를 특별히 잘하는 것도 아니고, 예체능에 두드러진 소질이 있는 것도 아닌데, 미래 직업은 하루가 다르게 바뀌고 있으니 도대체 무엇을 준비시켜야 할지 답답하기만 합니다. 그럴 때 저는 이렇게 말씀드립니다.
　"일단 독서부터 시키세요."

아이가 무얼 좋아하는지 모를수록 책을 가까이 하라

독서는 단순히 책을 읽는 활동을 넘어 세상과 나를 잇는 가장 깊고 넓은 통로입니다. 같은 현상을 두고도 어떤 아이는 두려움을, 어떤 아이는 호기심을, 또 어떤 아이는 해결의 실마리를 봅니다.

이 차이는 '이해력'과 '사고력'에서 비롯되며, 그 바탕은 곧 문해력입니다. 문해력이란 결국 읽고, 생각하고, 연결하고, 표현하는 힘이지요. 학교 공부도 본질은 다르지 않습니다. 국어든, 수학이든, 과학이든, 영어든 모두 읽고 이해하며 그것을 내 언어로 정리하는 과정입니다.

요리를 배우기 전에 설거지를 하고, 축구를 배우기 전에 체력을 기르듯 공부도 본격적인 응용에 들어가기 전에 독서를 통해 사고의 근력을 길러야 합니다. 경제를 공부한다고 해 봅시다. 원리를 이해하고, 과거 흐름을 살피며, 미래를 예상한 뒤 그것을 내 언어로 정리하는 것이 바로 공부입니다. 심리학도 마찬가지입니다. 개념과 사례를 읽고 그 안에서 '나는 왜 이런 감정을 느낄까?' 하고 연결해 보는 과정이지요.

이 모든 과정은 '읽기'에서 출발합니다. 문해력이란 복잡한 내용을 핵심으로 간추리고 자신만의 언어로 정리한 뒤 필요한 순간에 꺼내 쓸 수 있는 능력입니다. 문해력은 단순한 국어 실력을 넘어 모든 공부와 진로, 그리고 삶의 기초 체력이 됩니다. 그러므로 진로가 막막하다면 묻지도 따지지도 말고 일단 독서부터 해야 합니다. 아이가 아직 무엇을 좋아하는지 모를수록 책과 최대한 가까이 해 주세요. 방향이 없는 시기일수록 최대한 넓게 사고를 확장하는 경험이 필요합니다.

특히 초등 시절은 인생에서 가장 크게 성장할 수 있는 시기입니다. 몸과 마음이 열리면서 새로운 세계를 만나고, 다양한 삶의 방식에 노출되며, '이런 것도 있구나!', '저런 삶도 멋지다!', '나도 해 보고 싶다!' 하는 감각이 차곡차곡 쌓입니다. 아이들은 책을 통해 세상을 경험하면서 다양한 삶을 간접적으로 살아 봅니다. 직업의 세계, 감정의 결, 생각의 갈래를 자연스럽게 탐색하게 되는 것이지요.

우연히 읽은 과학책을 통해 과학과 관련된 진로를 꿈꿀 수도 있습니다. 전공을 선택하는 순간 초등학생 때 재미있게 읽었던 책을 떠올릴 수도 있고요. 책을 읽으며 알게 된 직업에 관심을 가질 수도 있고, 그렇게 길러진 문해력으로 여러 관심 분야를 탐색하다가 정착하고 싶은 분야를 발견할 수도 있습니다.

확장된 경험은 당장은 효과가 없어 보일 수 있습니다. 하지만 성인이 되었을 때 그 경험 속에서 자기 안의 씨앗을 발견하게 됩니다. 무엇이 되고 싶은지, 어떤 삶이 나와 맞는지는 어릴 적 읽었던 책과 다양한 경험을 거쳐 마침내 '내가 진짜 원하는 것'으로 피어나기 시작합니다.

독서는 단순한 습관이 아닙니다. 아이의 미래를 여는 가장 확실한 준비입니다. 책은 아이의 진로를 대신 결정해 주지는 않지만 무엇을 하든 해낼 수 있는 힘을 길러 줍니다. 아이가 뭘 좋아하는지 모르겠고, 공부에도 흥미가 없어 보이며, 아이의 진로가 막막하게 느껴진다면 망설이지 말고 책부터 읽게 해 주세요. 오늘의 한 장, 한 권이 쌓여 내일 또 다른 책을 부르고, 그 힘은 마치 복리처럼 차곡차곡 불어나 아이의 삶을 바꿔 갑니다.

우리 아이 독서 습관 점검표

지난 2주간 아이의 모습을 떠올리며 해당하는 곳에 ✓ 표시하세요.

구분	체크 항목	✓
읽기 환경	집에 아이 눈높이에 맞는 책장이 있다.	☐
	책장의 3분의 1 이상이 아이가 좋아하는 책으로 채워져 있다.	☐
	수준에 맞지 않는 책은 아이의 성장에 맞춰서 바꿔 준다.	☐
읽기 시간	하루 평균 30분 이상 책을 읽는다(읽어 주기 포함).	☐
	잠자리 독서 시간을 주 4회 이상 갖는다.	☐
	주말 아침이나 오후에 자발적으로 책을 펼친다.	☐
읽기 태도	학교에 가거나 대중교통을 이용할 때 책을 가지고 다닌다.	☐
	책을 읽으면 20분 이상 집중해서 묵독을 한다.	☐
	만화책 외에 다양한 책을 읽는다.	☐
부모 역할	부모가 주 3회 이상 책을 읽어 준다.	☐
	부모도 책을 읽는다.	☐
	도서관·서점에 월 1회 이상 함께 간다.	☐

독서 확장	재미있는 책을 읽고 다른 사람에게 이야기하고 싶어 한다.	☐
	책을 읽으면서 모르는 단어의 뜻을 물어보거나 찾아본다.	☐

- **12~14개: 습관이 안정적으로 자리 잡았습니다.**
▶ 지금의 환경과 리듬을 유지하세요. 아이가 선택하는 책의 폭을 넓혀 장르와 난이도를 다양화해 보는 것이 좋습니다.

- **9~11개: 좋은 흐름입니다. 조금만 더 꾸준히 유지해 주세요.**
▶ 체크되지 않은 3~5개 항목을 집중 개선하세요. 예를 들어, '도서관 방문'이 없다면 가족 외출 일정에 넣어 습관화합니다.

- **0~8개: 지금이 습관 만들기의 골든타임입니다.**
▶ 한 번에 다 바꾸려 하지 말고 '읽기 환경 → 읽기 시간 → 읽기 태도' 순서로 한 항목씩 실천하세요. 잠자리 독서부터 시작하면 좋습니다.

PART 2

...

평범한 아이를
독서하는 아이로 만드는 법

생각보다 많은 아이가 책을 꾸준히 읽지 못합니다. '평범한 아이'가 '독서하는 아이', 더 나아가 '평생 독자'가 되기까지의 길은 멀고도 험하게 느껴지지요. 하지만 그 여정이 어떤 단계를 거쳐 완성되는지 알면 훨씬 수월해집니다. 막막해 보이던 길도 과정이 보이면 끝까지 걸어갈 수 있습니다. 자, 지금부터 그 길을 함께해 볼까요?

우리 아이는 어떤 독서 유형에 속할까?

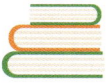

아이들은 저마다 다른 속도로 책을 받아들이고 즐깁니다. 어떤 아이는 책을 멀게만 느끼고, 또 어떤 아이는 책을 친한 친구처럼 여깁니다. 중요한 것은 단순한 읽기 능력이 아니라 아이가 책과 어떤 관계를 맺고 있는가입니다. 이 사실은 아이들뿐 아니라 중·고등학생, 나아가 성인에게도 그대로 적용됩니다. 그렇다면 지금 우리 아이는 어떤 독자일까요?

다섯 가지 독자 유형으로 우리 아이 이해하기

1. 비독자(Non-Reader): 책과 거의 관계를 맺지 않는 아이

- 책에 관심이 거의 없고, 자발적으로 읽으려 하지 않아요.

- 책 읽는 시간을 지루하다고 느껴요.
- 디지털 매체(게임, 유튜브 등)에 더 익숙해요.
- 책 읽기를 학습이나 벌처럼 느껴요.

부모 팁:

아이에게 책이 좋은 기억으로 남도록 첫인상을 심어 주는 것이 중요해요. 부담 없는 그림책을 읽어 주고, 흥미로운 이야기로 확장해 가며 아이에게 다가가 보세요.

2. 도구적 독자(Instrumental Reader): 필요할 때만 읽는 아이

- 필요할 때만 책을 봐요.
- 과제, 독서록, 시험 등을 위해 책을 읽어요.
- 책을 스스로 즐기기보다는 해야 하니까 읽어요.
- 줄거리 요약, 발췌 등 학습용 독서에 익숙해요.

부모 팁:

"책이 유익하다."라는 인식은 있지만 즐거움이 부족한 단계예요. 아이의 흥미에 맞는 책을 찾아 재미와 자율성을 경험하게 해 주세요.

3. 기회적 독자(Occasional Reader): 가끔은 몰입하는 아이

- 가끔 책을 즐겨요.
- 때때로 책을 읽고 몰입하기도 해요.
- 특정 작가나 시리즈에 빠지기도 하지만 꾸준하지는 않아요.
- 재미있는 책은 좋아하지만 독서 습관은 아직 부족해요.

부모 팁:

'재미'에 집중한 독서 경험을 충분히 쌓게 해 주세요.

시리즈물, 책과 관련된 활동(퀴즈, 북아트 등)으로 독서 환경을 풍부하게 해 주세요.

4. 적극적 독자(Active Reader): 책과 꾸준히 친한 아이

- 책을 자주 읽고 즐겨요.
- 스스로 책을 고르고 꾸준히 읽어요.
- 다양한 장르를 즐기면서 책에 대한 자기 취향을 드러내요.
- 책을 통해 생각을 정리하거나 이야기를 나누는 걸 즐겨요.

부모 팁:

아이의 독서 자율성을 응원해 주세요.

다양한 책과 활동으로 확장을 돕되, 간섭보다 지지를 중심에 두세요.

5. 정체성 독자(Reader as Identity): 책을 삶의 일부로 삼는 아이

- 책이 곧 자기 정체성의 일부예요.
- 책을 통해 스스로 표현하고 성장의 도구로 삼아요.
- 특정 주제나 분야에 깊이 빠져 있거나, 평소 책과 함께 많은 시간을 보내요.
- 책 속 이야기를 삶의 가치나 태도에 자연스럽게 연결 지어요.

부모 팁:

이미 '평생 독자'의 기틀을 가진 독자예요.

아이의 탐구와 표현을 존중해 주고, 독서 활동이 더 깊어질 수 있는 기회를 제공해 주세요.

책맹이 되지 않으려면
책과의 관계를 바꿔라

아이들은 자라면서 책과 맺는 관계도 달라집니다. 모든 아이가 똑같은 과정을 겪는 것은 아니지만 보통 유아기에는 누군가 책을 읽어 주는 시간이 필요하고, 초등 저학년이 되면 스스로 책을 읽기 시작하며, 고학년이 되면 책에서 지식을 얻습니다. 중·고등학생이 되면 책을 통해 다양한 관점을 배우고, 성인이 되면 책을 자기 성장을 위한 도구로 삼게 되지요.

글을 전혀 읽지 못하는 상태를 '문맹'이라 한다면, 읽을 줄 알면서도 읽지 않는 사람을 '책맹(冊盲, aliteracy)'이라고 부릅니다. 이처럼 책과 멀어진 사람을 '비독자'라고도 하지요. 하지만 독자의 유형은 고정되어 있지 않습니다. 환경과 경험, 시기에 따라 비독자에서 정체성을 가진 독자로 충분히 변화할 수 있습니다.

중요한 것은 아이가 '읽기'라는 경험을 즐겁고 의미 있게 느끼도록 돕는 일입니다. 책을 잘 읽는 것도 중요하지만 책을 좋아하고 편하게 대하는 마음이 함께 자라야 합니다. 독서 교육은 아이가 책을 얼마나 잘 읽는가를 평가하는 데서 그치는 것이 아니라 책과 어떤 관계를 맺고 있는지 따뜻하게 살펴보는 데서 시작해야 합니다. 그 관계를 좋게 만들려면 억지로 책을 들이밀기보다 먼저 아이 곁에서 책을 즐기는 모습을 보여 주어야 합니다. 부모가 책을 좋아하는 모습을 보여 줄 때 아이도 책을 삶의 일부로 받아들이게 됩니다.

읽기 능력에도 '단계'가 있다

 책 읽는 능력을 단숨에 키우고 싶은 부모님들의 마음은 이해하지만 그 능력은 결코 한 번에 자라지 않습니다. 책을 읽어 주는 소리를 들으며 언어의 리듬을 익히고, 글자와 소리를 연결하며 해독을 배우고, 소리 내어 문장을 읽어 내며, 마침내 재미있는 이야기를 혼자 끝까지 완독하는 긴 과정을 거칩니다. 이렇게 책 읽는 법을 익힌 아이는 점차 책을 통해 새로운 지식을 배우면서 세계를 넓혀 갑니다. 책을 읽으며 다양한 시선을 얻고, 더 깊고 넓게 세상을 이해하게 되지요.
 말을 배우고, 글자를 익히며, 생각을 키워 가는 과정에서 아이의 읽기 능력은 단계별로 차근차근 성장합니다. 아이가 책을 잘 읽지 않는 것처럼 보일 때는 '왜 책을 안 읽지?'라고 고민하기보다는 '지금 우리 아이는 어느 단계에 있을까?', '어떤 책이 필요할까?', '어떻게

도와주는 게 좋을까?'라는 질문으로 시선을 바꾸어야 합니다.

우리 아이 읽기 단계 점검하기

단계	특징	연령
0	글자 모양과 소리에 관심을 가지고, 글자를 '읽기'보다 '듣고 이해'하는 활동이 중심이 된다.	0~6세
1	낱자와 소리를 연결해 단어를 읽기 시작한다. 짧고 단순한 책 이해가 가능하고, 그림책 중심의 독서가 이루어진다.	초등 1~2학년
2	해독이 안정되고 읽기 속도와 정확성이 향상된다. 문장·단락 단위로 의미 파악이 가능하며, 기초 어휘가 확장된다.	초등 3~4학년
3	글의 주제와 세부 내용을 파악하고, 새로운 지식을 얻기 위해 읽기 시작한다. 설명문·간단한 정보의 글 독해가 가능하다.	초등 5~6학년
4	다양한 글 구조와 어휘를 이해하고, 추론·비판적 읽기를 시작한다. 교과 학습 중심의 독해가 강화된다.	중등 1~2학년
5	여러 관점과 자료를 비교·분석하며 읽는다. 목적과 상황에 맞게 읽기를 전략적으로 선택한다.	중등 3학년~ 고등 1학년
6	주제에 대해 스스로 자료를 탐색·종합하며 의미를 재구성하고, 학문적·전문적 읽기가 가능하다.	고등 2학년 이후

아이마다 발달 속도는 다릅니다. 만약 아이의 읽기 수준이 또래보다 두 단계 이상 뒤처져 있다면 전문가의 도움이나 맞춤형 프로그램을 고려하는 것이 좋습니다. 평균보다 한 단계 낮은 경우라면 교실 수업 안에서도 충분히 지도할 수 있습니다. 이 과정을 '교정 읽기'라고 합니다. 교정 읽기는 글자와 소리를 연결하는 능력, 띄어 읽

기, 읽은 내용을 이해하는 훈련 등을 포함합니다. 담임교사의 개별 피드백이나 가정에서 짧고 집중적인 읽기 연습만으로도 충분히 개선될 수 있습니다.

평균보다 두 단계 이상 낮거나 발달 단계에서 오랫동안 멈춰 있다면 '치료 읽기'가 필요한 상황입니다. 치료 읽기는 단순히 습관을 고치거나 반복 연습을 시키는 차원이 아니라, 시각·청각 처리 능력, 음운 인식, 어휘 발달, 작업 기억력 등 읽기에 필요한 여러 인지 기능을 함께 다루는 전문 과정입니다. 이 경우에는 읽기 장애(난독증) 가능성 평가를 비롯해 음운 훈련, 단계별 해독 훈련 등 전문 프로그램이 필요하며, 읽기 전문가나 언어 치료사의 지속적인 지도와 모니터링이 뒤따라야 합니다.

발달 속도가 빠른 게 중요한 게 아닙니다. 핵심은 지금 우리 아이가 어느 단계에 있든 그 자리에 맞는 현실적인 독서 지원이 필요하다는 점입니다. 억지로 끌어올리는 것보다 아이의 속도에 맞추어 책을 건네고 작은 성취를 함께 기뻐해 주는 일이 결국 '읽는 힘'을 키우는 가장 확실한 방법입니다.

학년별 독서 독립의
단계별 로드맵

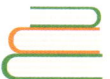

초등 부모님들이 아이들에게 독서를 시키고자 하는 이유는 중고등학교 때 성적으로 이어진다는 사실을 모르지 않기 때문입니다. 하지만 거기서 더 나아가 독서의 가장 본질적인 목적은 아이를 '평생 독자'로 성장시키는 데 있습니다. 평생 독자란 스스로 삶의 문제를 마주하고 해결하기 위해 기꺼이 책을 펼치는 사람입니다. 이런 독자는 단순한 '읽는 힘'뿐 아니라 '읽고자 하는 마음'까지 갖춘 사람이지요.

그렇다면 질문이 생깁니다. 과연 아이는 언제 독서 독립을 할 수 있을까요? 어떤 과정을 거쳐 읽는 힘이 자라날까요? 우리 아이는 지금 어디쯤 와 있을까요? 부모로서, 교사로서 우리는 어떤 도움을 줄 수 있을까요?

다양한 독서 방법을 살펴보기 전에 먼저 아이가 어떤 단계를 거처 독자로 성장해 나가는지 '독서 발달 단계'를 이해하는 것이 필요합니다. 이 과정을 알면 아이의 현재 위치를 더 정확히 볼 수 있고, 그에 맞는 책 읽기 지도법을 적용할 수 있습니다. 아이의 문해력은 우연히 자라지 않습니다. 단계별 독서 발달을 이해할 때 초등 시절 공부에서 남다른 차이가 시작됩니다.

	읽기의 7단계 발달		
단계 1	읽기 맹아기	읽기 전 단계	0~6세
단계 2	읽기 입문기	초기 읽기와 해독 단계	초등학교 1~2학년
단계 3	기초 기능기	해독 공고화, 유창성	초등학교 3~4학년
단계 4	기초 독해기	새로운 지식 학습을 위한 읽기 단계	초등학교 5~6학년
단계 5	고급 독해기		중학교 1~2학년
단계 6	읽기 전략기	다양한 관점으로 읽는 단계	중학교 3학년~고등학교 1학년
단계 7	독립 읽기	의미의 구성과 재구성 단계	고등학교 2학년 이후

1단계(0~6세, 읽기 맹아기)
읽진 못해도 독서의 뿌리는 자라고 있어요

아직 글자를 스스로 읽지 못하지만 마음속에서 읽기 준비가 조용히 자라나는 시기입니다. '맹아'는 풀이나 나무에 돋아나는 새싹을 뜻하지요. 겉으론 보이지 않아도 식물의 눈 속에서 싹이 자라듯 아이의 마음과 언어 감각도 안에서 차근차근 자라고 있습니다. 말을 들으며 어휘가 늘고, 그림책을 보며 이야기 세계에 빠지며, 부모의 따뜻한 목소리를 통해 책에 긍정적인 감정을 쌓아 가는 시기입니다. 이 경험은 아이 마음속에 '나는 책이 좋은 아이'라는 씨앗으로 남습니다.

■ 이 시기의 중요 목표
- 책은 재미있는 것, 따뜻한 것이라는 정서적 기반 만들기
- 언어에 대한 감각 키우기(소리, 운율, 어휘 등)
- 책과 친해지는 습관 형성(일상 속에 자연스럽게 책이 있는 환경)하기

■ 부모의 역할
- 따뜻한 목소리로 책 읽어 주기
- 같이 그림책 보기
- "이건 뭐야?", "어떻게 됐을까?"와 같은 간단한 질문을 하며 상상 놀이하기
- 말놀이·노래·동화 듣기 등 언어 놀이 자주 하기
- 글자에 대한 자연스러운 노출(낱말 카드, 알파벳 자석 등 활용)

■ 추천 자료
- 반복 구조가 있는 리듬감 있는 그림책
- 짧고 간단한 문장, 큰 글씨, 선명한 그림
- 낱말 카드, 글자 퍼즐, 역할 놀이형 책
- 동물, 가족, 일상 등 생활 어휘가 나오는 책

■ 자주 들려주면 좋은 말
- "이 책 너무 재밌다! 우리 또 읽어 보자!"
- "이 그림은 뭐 하는 걸까? 같이 상상해 볼까?"
- "책은 언제 봐도 좋아!"

■ 포인트

책을 읽는 것이 목적이 아니라 책을 통해 사랑받는 감정과 즐거움을 느끼게 해 주는 것이 가장 중요합니다. 아이의 마음속에서 책은 '따뜻한 시간의 상징'이 될 거예요.

2단계(초 1~2학년, 읽기 입문기)
한 글자, 한 문장을 읽으며 뿌듯함을 느껴요

아이가 처음으로 '혼자 읽기'에 도전하는 시기입니다. 한글을 해독하고 글자를 소리 내어 읽기 시작하지요. 아직은 읽는 속도가 느리고 글의 내용을 완전히 이해하지 못할 수도 있습니다. 하지만 그보다 중요한 건 '읽는다.'라는 경험 자체에서 오는 자신감입니다.

이 시기의 핵심은 '해독 자동화'입니다. 글자를 읽는 데 시간이 너무 오래 걸리면 내용 이해까지 에너지를 쓰기 어려우므로 낱말과 문장을 술술 자연스럽게 읽을 수 있도록 도와야 합니다. 문장을 읽을 때는 뜻이 잘 드러나도록 띄어 읽기를 할 수 있어야 하고, 글 전체를 소리 내어 자연스럽게 읽는 능력도 필요합니다. 이때는 뜻의 파악이 아직 중요한 단계는 아닙니다. 어른 책 내용을 이해하지는 못해도 소리 내어 읽을 수는 있어야 하지요. 중요한 건 단순히 소리를 내는 것이 아니라 의미 단위로 적절히 띄어 읽는 데 있습니다. 생활문, 우화, 동화 같은 글을 활용하고, 독서 방법으로는 함께 읽기나 합창독(여러 명이 함께 소리 맞춰 읽기)이 도움이 됩니다.

■ 이 시기의 중요 목표
- 글자를 정확하게 파악한 뒤 문장을 자연스럽게 띄어 읽기
- 읽는 경험에 대한 뿌듯함과 자신감 심어 주기
- '책은 혼자 읽을 수 있는 것'이라는 인식 만들기

■ 부모의 역할
- 짧고 쉬운 책을 골라서 아이에게 맞는 수준의 성취감 경험 제공하기
- 책 읽어 주기, 함께 소리 내어 읽기, 번갈아 읽기
- 아이가 책 한 권을 끝까지 읽었을 때 "우와, 네가 혼자 다 읽었구나! 멋지다!"와 같은 구체적인 칭찬과 격려하기
- 글자를 빠르게 읽는 데 부담 주지 않기

■ 추천 자료
- 문장이 짧고 반복적인 구조가 있는 그림책
- 생활 이야기, 우화, 짧은 동화 등 쉽고 익숙한 내용의 책

- 재미있는 캐릭터가 이야기를 이끌어 가는 시리즈

■ **자주 들려주면 좋은 말**
- "혼자서도 잘 읽을 수 있구나!"
- "소리 내서 읽으니까 재미있다. 또 읽어 볼까?"
- "조금 느려도 괜찮아. 천천히 또박또박 읽는 게 중요해."

■ **포인트**

이 시기에는 뜻을 정확히 이해하는 것보다 소리 내어 읽는 자신감과 유창성을 키우는 것이 더 중요해요. 쉬운 책을 여러 번 읽으며 편안함을 느낄 때 아이의 얼굴에는 자신감 어린 미소가 번질 거예요.

3단계(초 3~4학년, 기초 기능기)
읽는 속도가 빨라지고 이해력이 자라나요

이 시기의 아이는 글자를 읽는 데 더 이상 힘을 들이지 않아도 술술 읽을 수 있고, 글의 흐름을 따라가며 내용을 이해하는 능력이 자라기 시작합니다. 예전에는 한 글자씩 읽느라 바빴다면, 이제는 이야기를 처음부터 끝까지 읽고 줄거리까지 파악할 수 있게 되지요.

- 중심 낱말(핵심어) 찾기

- 중요한 내용 파악하기
- 사실과 의견 구분하기
- 생략된 내용, 단어의 의미 추측하기
- 등장인물의 마음 짐작하기

이런 읽기의 핵심 기능을 바탕으로 아이는 단순히 눈으로 글자를 따라가는 묵독을 넘어 점차 '의미 중심의 읽기'로 나아갑니다. 설명문, 주장하는 글, 안내문처럼 정보를 전달하는 글도 읽기 시작하면서 자기 생각을 정리하고 표현하는 독후 활동이 가능해집니다. 이 시기부터는 학습 독서가 본격적으로 시작됩니다. 학교에서는 사회·과학 교과서를 통해 '공부를 위한 읽기'가 진행되며, 국어 시간에 배운 읽기 방법을 다른 과목에서도 도구처럼 활용하게 되지요.

■ 이 시기의 중요 목표
- 묵독 능력 향상
- 줄거리 파악, 추론, 정리 능력 기르기
- 읽는 재미 꾸준히 느끼게 하기
- 정보 글과 이야기 글을 골고루 접하게 하기

■ 부모의 역할
- 책을 읽은 후 간단한 질문으로 생각을 정리하게 하기
- 이야기책뿐 아니라 정보책, 설명문, 전기문 등 다양한 글의 세계 열어 주기

- 학교 교과와 연결되는 책을 읽도록 유도하여 교과 공부에 대한 자신감 높이기

■ **추천 자료**
- 다양한 이야기책
- 쉽고 짧은 정보 글, 설명문, 전기문
- 학습 독서에 필요한 사회·과학 관련 교양 도서
- 읽은 내용을 정리해 볼 수 있는 활동지나 질문 카드

■ **자주 들려주면 좋은 말**
- "와, 너 책 읽는 속도가 무척 빨라졌구나!"
- "이제는 글 내용을 잘 파악하고 있네!"
- "너의 생각을 들으니 더 재미있다!"

■ **포인트**

읽기 능력이 본격적으로 '공부'와 연결되기 시작하는 중요한 시기예요. 읽기 능력이 올라가면 사회, 과학, 수학에서도 문제를 이해하고 해결하는 능력이 향상돼요. 책은 이제 재미뿐 아니라 학습과 사고력의 도구가 됩니다. '읽는 재미'를 놓치지 않도록 아이의 관심사에 맞는 다양한 책을 연결해 주세요.

4단계(초 5~6학년, 기초 독해기)
재미를 넘어서 지식과 생각이 생겨요

이 시기의 아이들은 책을 읽는 것이 점점 정보를 얻기 위한 도구가 되어 갑니다. 이야기책뿐만 아니라 설명문, 논픽션, 주장하는 글을 통해 세상에 대한 지식과 생각을 넓혀 가기 시작하지요. 문단을 구분하고, 중심 내용을 파악하며, 자신의 의견을 정리하거나 친구들과 생각을 주고받는 등의 독서 활동이 가능합니다.

이 시기에 익혀야 할 핵심 기능은 다음과 같습니다.

- 문단 단위로 중심 내용 파악하기
- 정보와 주장 구분하기
- 글의 구조 이해하기
- 작가의 의도와 목적 파악하기
- 자신의 의견이나 반응 정리하여 표현하기

이 시기에는 공감하며 읽는 힘이 자랍니다. 단순히 정보를 얻는 것을 넘어 글에 담긴 감정이나 가치, 작가의 의도를 느끼고 공감할 수 있게 됩니다. 이러한 읽기를 '공감적 독서'라고 하는데요. 문학뿐 아니라 지식 정보를 주는 책을 읽을 때도 '왜 이렇게 썼을까?', '이 내용에 나는 어떤 감정을 느끼지?'를 생각하며 텍스트 너머의 작가와 연결되는 감각을 키우는 것이 중요합니다.

■ 이 시기의 중요 목표

- 읽은 내용을 자신의 지식으로 소화하고 확장하기
- 글의 구조나 목적을 파악하며 비판적으로 읽기
- 다른 사람과 생각을 나누며 읽기를 즐기기

■ 부모의 역할

- 다양한 정보 글(논픽션)을 읽도록 돕기
- 책 한 권을 읽고 난 후 자연스럽게 대화 이어 가기
- 토론이나 생각 나누기 활동 경험하기
- 학교 교과와 연계된 책 골라 주기

■ 자주 들려주면 좋은 말

- "그런 생각을 하다니 멋지다!"
- "이 책을 읽고 네가 느낀 점을 듣고 싶어."
- "글 속에 숨어 있는 이야기까지 발견했네!"

■ 추천 자료

- 정보 도서(사회·과학), 논픽션
- 이야기책, 주장하는 글
- 인물 이야기, 고전 읽기 시리즈
- 책을 읽고 생각을 정리할 수 있는 워크시트, 서평 쓰기 활동지 등

■ **포인트**

단순한 줄거리 파악을 넘어 정보를 분류하고, 정리하고, 자기 생각을 확장하는 읽기로 나아가는 시기입니다. 읽은 내용을 말하거나 글로 표현해 보는 활동을 함께하면 독서력은 물론 비판적 사고력, 소통력까지 키워 줄 수 있어요. 아이와 함께 책을 매개로 대화하는 시간이 많아질수록 책은 지식의 통로이자 마음을 나누는 도구가 되어 줍니다.

5단계(중 1~2학년, 고급 독해기)
정보를 연결하고 논리적인 질문을 해요

이 시기 아이들은 단순히 글을 이해하는 데서 그치지 않고 글쓴이의 주장과 의도, 목적, 구조를 파악하며 읽는 능력을 키웁니다. 정보 글이든 문학 작품이든 '이 글은 무엇을 말하려는 걸까?', '왜 이렇게 썼을까?' 하는 비판적이고 전략적인 질문을 스스로 던질 수 있는 시기예요. 이때 익혀야 할 핵심 기능은 다음과 같습니다.

- 글쓴이의 주장과 근거 파악하기
- 중심 문장, 핵심 정보 요약하기
- 글의 구조나 전개 방식 분석하기
- 자신의 관점 정리하고 표현하기
- 비판적 사고를 통해 텍스트 바라보기

전략적으로 읽는 힘이 자라는 시기입니다. 아이들은 단순히 글을 이해하는 단계를 넘어 자신의 목적에 맞게 능동적으로 방법을 선택하며 읽기 시작합니다. 글을 펼치기 전에는 '왜 이 책을 읽을까?', 읽는 중에는 '이 정보가 내 목적과 어떻게 연결될까?', 읽고 난 뒤에는 '이 내용을 어디에 활용할 수 있을까?'를 스스로 묻습니다. 이렇게 사고하고 조절하는 초인지 능력이야말로 이 시기의 독서력을 결정짓는 핵심입니다.

■ 이 시기의 중요 목표
- 스스로 읽는 목적을 세우고 전략적으로 읽어 내는 힘 기르기
- 글에 담긴 메시지를 해석하고 자신의 의견으로 확장하기
- 자신의 생각을 말하거나 글로 정리하는 표현력 키우기

■ 부모의 역할
- 함께 읽은 책에 대해 의견 나누기
- 다양한 시각을 보여 주고 비판적으로 생각하도록 이끌기
- 주제 중심 독서와 프로젝트형 독후 활동하기

■ 자주 들려주면 좋은 말
- "그 주장은 어떤 근거에서 나왔을까?"
- "이 글을 읽고 너는 어떤 입장이야?"
- "읽은 내용을 어디에 활용해 볼 수 있을까?"

■ **추천 자료**

- 사회적 이슈가 담긴 책, 논쟁적인 주제의 도서
- 비판적 사고를 요구하는 칼럼, 시사 정보 글
- 고전, 전기, 철학적 주제를 담은 문학 작품
- 요약, 정리, 토론 활동이 포함된 독후 활동 자료

■ **포인트**

중학생이 되면 독서가 단순한 취미나 공부가 아니라 자기 생각을 키우고, 표현하고, 세상을 바라보는 창이 됩니다. 이 시기에는 글을 읽고 나서 '내 생각'을 명확히 말하고 쓸 기회를 많이 만들어 주세요. 독서는 이제 '지식'뿐 아니라 '나'를 성장시키는 도구가 됩니다.

6단계(중 3학년~고 1학년, 읽기 전략기)
다양한 글을 넘나들며 나만의 관점을 세워요

이 시기의 아이들은 하나의 글을 넘어서 여러 글의 관점을 비교하고, 다른 견해를 파악하며, 자신의 생각을 정리하고 표현하는 힘을 키워 갑니다. 읽기가 곧 비판적 사고와 사고력 훈련이 되는 시기입니다. 이때 익혀야 할 핵심 기능은 다음과 같습니다.

- 글쓴이의 의도와 숨은 관점 파악하기

- 텍스트에 담긴 가치 판단하기
- 여러 관점을 비교·통합하기
- 자신의 입장을 논리적으로 정리하고 표현하기
- 사회적 맥락 속에서 글을 비판적으로 바라보기

이 시기부터는 '비판적 독자'의 문이 열립니다. 아이는 글을 단순히 받아들이는 데서 멈추지 않고, '왜 이렇게 썼을까?', '이 주장에는 어떤 의도가 있을까?'와 같은 질문을 스스로 던집니다. 글 자체만 보는 것이 아니라 그 글이 탄생한 시대적·사회적 맥락까지 살펴보는 거지요. 비판적 문식성은 무조건 반대하거나 흠을 찾는 태도가 아닙니다. 텍스트 속에 숨어 있는 의미와 구조, 가치 판단을 읽어 내고 분석하는 힘을 말합니다.

■ 이 시기의 중요 목표
- 하나의 관점이 아닌 다양한 시선으로 세상과 텍스트 바라보기
- 읽은 내용을 자신의 생각으로 정리하고 표현하기
- 비판적 문식성 기초 다지기

■ 부모의 역할
- 다양한 입장이 담긴 글을 함께 읽으며 비교하거나 토론하기
- 현실과 연결된 사회적 이슈에 대해 이야기 나누기
- 비판은 반대가 아니라 이해와 분석이라는 점 알려 주기

■ 자주 들려주면 좋은 말

- "이 글은 어떤 관점을 강조하고 있을까?"
- "이건 사실일까, 의견일까?"
- "다른 글과 비교하면 어떤 차이가 있어?"
- "너는 어떤 입장이야? 왜 그렇게 생각했어?"

■ 추천 자료

- 시사 잡지, 칼럼, 논쟁적인 주제의 글
- 같은 주제를 다룬 서로 다른 관점의 기사나 책
- 비판적 독서 활동지를 활용한 비교, 정리 과제
- 시사 기반 토론 책, 사회과 관련 독서 자료

■ 포인트

중 3~고 1 시기는 자기 생각을 정리하고 나만의 언어로 표현하는 힘을 기를 수 있는 중요한 때입니다. 이 시기를 잘 지나면 학습은 물론 사회 문제에 대한 이해와 참여 능력까지 확장됩니다. '내가 읽는 글이 그리는 세계는 무엇일까?'라는 물음을 던질 수 있는 아이로 자라도록 이끌어 주세요.

7단계(고 2학년 이후, 독립 읽기)
스스로 의미를 재구성할 수 있어요

이 시기는 단순히 정보를 받아들이는 데서 그치지 않고 읽은 내용을 삶 속에서 해석하고 적용하며 자신의 생각을 더 깊고 넓게 구성해 나갑니다. 여러 글을 주제별로 엮고 비교해 자기만의 관점으로 재구성하고, 글뿐만 아니라 영상·이미지·통계 자료 등 다양한 매체를 아우르며 통합적으로 분석하는 '융합형 읽기'를 하게 됩니다. 또 읽은 내용을 바탕으로 글쓰기, 발표, 프로젝트 같은 창의적 생산 활동까지 확장됩니다.

이 시기의 독서는 이제 '무엇을 읽었는가?'보다 '어떻게 해석했는가?', '어떻게 내 삶과 연결했는가?'가 더 중요합니다. 성인 독자에게 독서는 공부를 위한 도구가 아니라 자신을 돌아보고 성장시키는 삶의 길잡이가 됩니다. 이 시기야말로 독자가 비독자로 돌아가지 않도록 꾸준히 책과의 관계를 이어 가는 것이 필요합니다.

이 시기에 익혀야 할 핵심 기능은 다음과 같습니다.

- 단일 텍스트를 넘어 다중 텍스트 비교·종합하기
- 다양한 관점을 조망하며 비판적 균형 감각 기르기
- 글쓴이의 주장뿐 아니라 숨겨진 맥락까지 읽어 내기
- 텍스트를 삶에 적용하거나 새로운 의견이나 텍스트 창조하기
- 학문적 독서, 직업적 독서로의 전환 준비하기

■ **이 시기의 중요 목표**

책을 통해 생각을 확장하고, 사고의 깊이와 통합력을 키우며, 미래의 학업과 진로를 준비할 수 있도록 이끌기

■ **부모의 역할**

- 설명자가 아닌 경청자이자 대화 파트너되기
- 책에 대한 공감과 대화를 여전히 이어 가기
- 열린 질문으로 자기 삶과 연결하는 생각을 이끌어 주는 대화하기

아이에겐
압력 독서가 필요하다

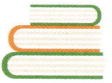

아이들이 피자와 햄버거를 좋아하게 만드는 건 어렵지 않습니다. 한두 번만 먹어도 자극적인 맛에 금세 빠져들고 말지요. 반면 깻잎이나 미나리처럼 향이 깊고 씁쓸한 자연의 맛을 좋아하게 만들려면 수십 번, 어쩌면 백 번 이상 반복해서 먹어 보게 해야 겨우 친숙해집니다. 아무리 먹어도 어린 시절에는 쉽게 좋아하기 어렵지만 오히려 어른이 되면 '이게 깻잎 맛이구나!', '이게 미나리의 향이구나!' 하고 스스로 깨달으며 그 맛을 그리워합니다.

책도 마찬가지입니다. 피자와 햄버거가 유튜브 쇼츠나 모바일 게임이라면, 책은 깻잎과 미나리에 가깝습니다. 깊고 은은한 독서의 맛은 자극적인 영상처럼 단번에 익숙해지지 않습니다. 그래서 더 어릴 때, 더 자주, 다양한 방식으로 책을 접하게 해 주어야 합니다. 깻잎을 나물로도 먹고, 쌈으로도 싸 먹고, 국에도 넣듯이 책도 읽어 주고, 같이 읽고, 혼자 읽게 하며 그 맛을 차츰 익히게 해 주어야 하지요.

독서에도 영재가 있습니다. 후천적 독서 영재도 있고, 선천적 독서 영재도 있어요. 실제 교실을 보면 책을 유난히 잘 읽는 아이들이 있습니다. 부모님께 물어보면 두 부류로 나뉩니다. 하나는 "제가 정말 열심히 읽어 줬어요." 하는 경우이고, 또 하나는 "제가 해 준 게 없는데 스스로 책을 엄청 잘 읽어요." 하는 경우입니다. 후자는 선천적 독서 영재인데 사실상 흔치 않습니다.

결국 대부분 아이들은 책을 좋아하게 되기까지 훈련이 필요합니다. 그 시작은 누군가가 아이를 책의 세계로 데려가서 "한번 봐 봐, 재밌지?" 하고 보여 주는 데서 시작됩니다. 아이는 그 세상에 잠깐 올라갔다가 "재밌네!" 하고 내려옵니다. 하지만 한두 번으로는 스스로 그 사다리를 오르지 않습니다. 올라갔다가 힘들어하며 다시 내려오기도 하지요. 이 오르내림을 여러 번 반복하면서 아이는 점점 책 읽기의 즐거움을 체득합니다.

이 과정에는 반드시 '독서 사다리'가 필요합니다. 책의 세계는 쉽게 도달할 수 있는 평지가 아니라 올라가야 하는 고지이기 때문입니다. 올라가야 비로소 맛볼 수 있는 세계이기에 안전한 사다리를 놓아 주는 일이 무엇보다 중요합니다.

억지도 시작해도 괜찮습니다

이때 '압력 독서'가 필요합니다. 아이의 자발성만 기다리다가는 책이라는 세계의 문턱조차 넘지 못할 수 있기 때문입니다. 우리는 종종 '아이 스스로 읽고 싶어질 때까지 기다리고 싶다.'라고 생각합니다. 이상적으로 들리지만, 문제는 많은 아이가 그 '읽고 싶어질 때'를 영영 맞이하지 못한다는 데 있습니다. 책보다 훨씬 자극적인 대체재가 넘치기 때문이지요.

"심심해서 책꽂이에 꽂힌 책을 꺼내 읽다가 푹 빠졌다." 하는 이야기는 이제 전설처럼 들립니다. 영상 콘텐츠는 빠르고, 쉽고, 재미있습니다. 한번 손에 익으면 책은 그 어떤 방식으로도 경쟁하기 어렵습니다. 그래서 아이가 처음 책을 손에 잡기 전까지는 약간의 외부 압력, 즉 '좋은 압력'이 반드시 필요합니다. 책 읽기의 자발성은 때로 '비자발적인 압력'에서 비롯됩니다.

싫든 좋든 매일 피아노 연습곡을 치다 보면 어느 순간 악보가 익숙해지고 손가락이 저절로 움직입니다. 책도 마찬가지입니다. 처음에는 "30분만 읽어 보자!", "이건 엄마랑 같이 읽자!"와 같은 작은 약속으로 시작합니다. 그렇게 정해진 시간에 읽는 루틴이 생기고, 읽어 주는 시간이 반복되면 아이는 점점 책의 리듬에 익숙해지기 시작합니다.

우리는 수학 문제집을 풀 때 시간을 따로 정합니다. 그런데 왜 책 읽기는 '시간 남을 때' 하게 둘까요? 독서를 하고 싶은 마음은 기다

린다고 생기지 않습니다. 공부 시간처럼 정해진 시간이 있어야 합니다. 책은 여가의 부스러기 시간이 아니라 의도적으로 시간을 내어야 하는 중요한 활동입니다. 적극적인 노력이 있어야 읽을 수 있고, 즐길 수 있고, 결국 자기 것으로 만들 수 있습니다.

물론 예외는 있습니다. "저희 아이는 아무도 시키지 않았는데 스스로 책을 꺼내 읽고, 한글도 깨치고, 지금도 즐겨 읽어요."라고 말하는 부모님들이 있지요. 그런 경우라면 '우리 아이는 타고난 독서 영재구나. 내가 전생에 복을 많이 지었구나!' 하고 감사해하시면 됩니다. 하지만 그런 경우는 극히 드뭅니다.

대부분 아이들은 책을 좋아하게 되기까지 반드시 어른의 도움이 필요합니다. 쉬운 책에서 어려운 책으로, 만화책에서 글밥 많은 책으로 저절로 넘어가는 일은 거의 없습니다. 어른이 독서 사다리를 놓아 주고 함께 손을 잡아 주어야 아이가 한 칸, 또 한 칸 올라설 수 있습니다. 부모의 도움으로 차근차근 계단을 오른 아이는 언젠가 혼자서도 거뜬히 올라설 수 있습니다.

읽기 싫은 책도
읽게 되는 숨은 장치

타고난 기질과 지금까지의 경험, 자주 접해 본 분야에 따라 아이의 독서 성향은 제각기 다릅니다. 아이가 좋아하는 분야는 이미 자주 비춰 본 길, 즉 익숙한 밝은 길이지요. 반대로 아직 접해 보지 않은 분야는 낯설고 어두워서 쉽게 다가가지 못합니다. 이럴 때 필요한 것이 바로 부모의 손전등 역할입니다.

아이가 잘 모르는 분야일수록 부모가 함께 손을 잡고 "이런 세계도 있어!" 하며 비춰 주는 경험이 필요합니다. 창작 동화만 좋아하는 아이에게 과학책을 권하고 싶다면 억지로 읽히기보다 부모가 먼저 읽어 주며 자연스럽게 호기심을 불러일으킬 수 있습니다. 이렇게 책을 통한 간접 체험을 넓혀 주면 아이의 독서 지평을 확장할 수 있습니다.

지하철에서 멍하니 앉아 있다 보면 자연스레 핸드폰을 찾게 되듯 아이도 심심하면 자극적인 것을 찾습니다. 어디를 가든 '심심할 때 읽을 책'을 챙겨 주세요. '심심한데 뭐하지?' 하고 생각하는 순간에 '책을 읽으면 되는구나!'라는 연결고리를 만들어 주는 것입니다. 이때는 가볍고 재미있어 집중하지 않아도 술술 읽히는 책이 좋습니다. 책 읽는 습관이 자리 잡으면 외출할 때 아이가 먼저 "엄마, 책 챙겨야지."라고 말하는 모습을 볼 수 있습니다. 부모의 손전등이 만들어 준 작은 기적이지요.

초등 시절은 국어, 수학, 사회, 과학은 물론 예체능까지 다양하게 배우며 세상을 넓히는 때입니다. 그러다 중등, 고등을 지나 성인이 되면 전공이나 일과 관련된 분야에 집중하면서 점점 전문성을 갖추게 됩니다. 즉 우리는 넓고 얕은 지식에서 출발해 좁고 깊은 지식으로 점점 더 정교하게 성장해 나갑니다. 흔히 말하는 'T자형 인간'이 되는 거지요. 그렇기에 초등 시절에는 최대한 가 보지 않은 세상, 낯선 분야의 책을 접해 보는 것이 중요합니다. 부모가 손전등을 비추어 줄 때 아이는 더 넓은 세계를 두려움 없이 탐험하게 됩니다.

집에서 시작된 작은 실험, 국어쌤 북클럽

'우리 아이의 독서 습관을 위해 내가 할 수 있는 건 무엇일까?' 고민 끝에 '국어쌤 북클럽'을 직접 운영하기 시작했습니다.

방식은 간단했습니다. 매주 책 한 권을 선정해 활동지를 만들고, 아이와 함께 수업을 진행한 뒤 활동지와 후기를 '초등생활처방전' 카페에 공유하는 프로젝트였습니다. 초반 3개월 동안은 아이 친구 세 명을 집으로 초대해 네 명이 함께 북클럽을 이어 갔습니다.

물론 매주 활동지를 만드는 일은 쉽지 않았습니다. 학교에서 학생들을 가르치고 집필과 강의 촬영까지 하면서 틈틈이 활동지를 직접 제작해야 했으니까요. 하지

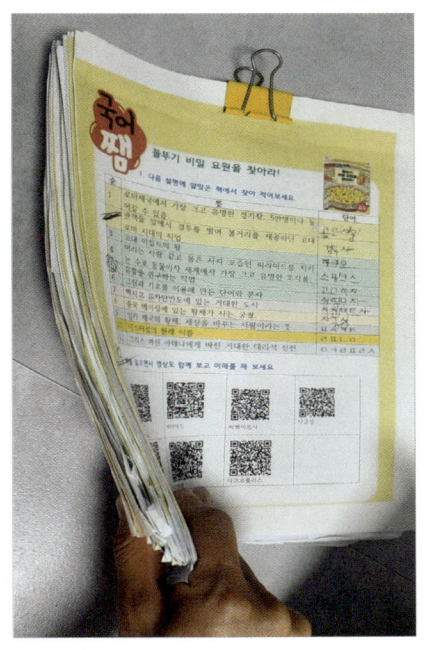

국어쨈 활동지

만 단순한 활동으로는 부족하다 생각해 배경지식을 넓혀 줄 수 있는 영상 자료를 찾고, 내용 이해와 확장을 돕는 과제를 고민하며 한 장 한 장 정성껏 만들었습니다.

그렇게 하다 보니 놀라운 변화가 생겼습니다. 그냥 대충 책장을 넘기던 아이였는데 한 권, 한 권의 꼼꼼한 북클럽 활동을 거듭할수록 책 읽는 습관이 자리 잡으면서 책 읽는 재미까지 느끼기 시작한 것입니다.

지식 정보가 담긴 그림책은 초등 저학년을 위한 책이라도 고학년이나 성인이 읽기에 충분히 유익하고 밀도도 높은 경우가 많습니

다. 아이는 다양한 분야의 책을 폭넓게 읽으며 자연스럽게 '책은 이렇게 읽는 거구나.' 하는 독서의 방법을 배워 갔습니다.

국어쌤 북클럽 활동지는 큐알 코드로 공유드릴 예정이니 필요하신 분들은 아이와 함께 활용해 보시면 좋겠습니다. 아이의 성장을 직접 눈으로 보면서 저는 적극적 독서와 다독이 반드시 함께 가야 한다는 확신을 얻었습니다. 여러분도 함께 그 성장을 확인하시길 바랍니다.

국어쌤 활동지 큐알 코드

우리 아이 독서 동기 체크리스트

독서 동기에 영향을 미치는 요인은 단순하지 않습니다. 책을 대하는 태도는 어떤지, 독서의 목적은 어디에 있는지, 또 환경은 어떻게 갖춰져 있는지 다양한 부분을 아이와 함께 점검해 보아요.

※ 아주 그렇다.(4)/ 조금 그렇다.(3)/ 별로 그렇지 않다.(2)/ 전혀 그렇지 않다.(1)

		문항	
읽기 태도	효능감	1. 책의 글자가 작아도 잘 읽는다.	4 3 2 1
		2. 책에 사진이나 글자가 없더라도 잘 읽는다.	4 3 2 1
		3. 책을 읽고 질문을 받으면 잘 대답한다.	4 3 2 1
		4. 읽은 책의 내용을 잘 이해할 수 있다.	4 3 2 1
		5. 책에서 읽은 내용을 정확히 기억할 수 있다.	4 3 2 1
	도전	1. 어려운 책도 잘 읽을 수 있다.	4 3 2 1
		2. 책을 읽기 시작하면 끝까지 다 읽으려고 노력한다.	4 3 2 1
		3. 책의 낱말이 어려워도 읽을 수 있다.	4 3 2 1
		4. 길고 복잡한 이야기를 잘 읽는다.	4 3 2 1
		5. 내용이 이해하기 힘든 책이라도 이해하기 위해 계속 읽는다.	4 3 2 1
	몰입	1. 책을 읽을 때 푹 빠지곤 한다.	4 3 2 1
		2. 읽기에 너무 집중해서 다른 사람이 말을 해도 못 알아듣곤 한다.	4 3 2 1
		3. 책을 읽는 동안에는 시간 가는 줄 모른다.	4 3 2 1

읽기 태도	몰입	4. 책을 읽을 때 그 장면이 상상되면서 눈앞에 그려진다.	4 3 2 1
		5. 나는 길고 열중할 수 있는 이야기나 내용을 좋아한다.	4 3 2 1
	불안	1. 책을 읽을 때 글자만 봐도 두려워진다.	1 2 3 4
		2. 나에게는 책을 읽는 것이 가장 어려운 일이다.	1 2 3 4
		3. 책을 읽을 때 자신감이 없다.	1 2 3 4
읽기 목적	흥미	1. 책 읽기가 재미있다.	4 3 2 1
		2. 책 읽기를 좋아한다.	4 3 2 1
		3. 다른 일을 하는 것보다 책 읽는 것이 즐겁다.	4 3 2 1
		4. 누가 시켜서가 아니라 내가 좋아서 책을 읽는다.	4 3 2 1
		5. 책 읽는 것이 재미있어서 주로 쉴 때 책을 읽는다.	4 3 2 1
	호기심	1. 선생님께서 말씀하신 책 내용에 관심이 생겨 책을 찾아 읽는다.	4 3 2 1
		2. 다른 사람이 읽은 책에 대한 이야기를 들으면 그 책을 읽고 싶다.	4 3 2 1
		3. 관심 있는 분야에 대해 알기 위해 책을 읽는다.	4 3 2 1
		4. 새로운 것을 더 잘 알기 위해 책을 읽는다.	4 3 2 1
	도구적 가치	1. 훌륭한 사람이 되려면 책을 많이 읽어야 한다고 생각한다.	4 3 2 1
		2. 책 읽기를 통해 어렵고 몰랐던 것을 배울 수 있다.	4 3 2 1
		3. 책을 많이 읽으면 원하는 직업을 얻을 수 있다고 생각한다.	4 3 2 1
		4. 책 읽기가 학교 공부에 중요하고 도움이 된다고 생각한다.	4 3 2 1

읽기 목적	경쟁심	1. 친구들보다 책 읽기를 더 잘하기 위하여 열심히 노력할 것이다.	4 3 2 1
		2. 친구들보다 책을 더 많이 읽고 싶다.	4 3 2 1
		3. 다른 친구들보다 더 많이 알기 위해서 책을 읽는다.	4 3 2 1
		4. 책 읽기를 통해서 친구들보다 더 많은 것을 배우고 싶다.	4 3 2 1
	인정	1. 책 읽기로 칭찬이나 상을 받아 보고 싶다.	4 3 2 1
		2. 책을 읽고 있을 때 누군가 알아주면 기쁘다.	4 3 2 1
		3. 선생님께서 내가 책을 잘 읽는다고 칭찬해 주시면 좋겠다.	4 3 2 1
		4. 부모님께서 내가 책을 읽고 있을 때 칭찬해 주시면 좋겠다.	4 3 2 1
		5. 친구들이 내가 책을 잘 읽는다고 인정해 주면 좋겠다.	4 3 2 1
	기대 순응	1. 부모님이 책을 읽으라고 하셔서 읽는다.	4 3 2 1
		2. 선생님이 책을 많이 읽으라고 하셔서 읽는다.	4 3 2 1
		3. 선생님이 읽으라고 하신 책만 읽는다.	4 3 2 1
		4. 부모님이 읽으라고 하신 책만 읽는다.	4 3 2 1
		5. 읽어야 하니까 어쩔 수 없이 책을 읽는다.	4 3 2 1
	성취	1. 공부를 잘하기 위해 책을 읽는다.	4 3 2 1
		2. 좋은 학교에 가기 위해서 책을 읽는다.	4 3 2 1
		3. 학교 수업 때 잘하고 싶어서 책을 읽는다.	4 3 2 1
		4. 책을 읽고 난 후에 문제를 풀어서 좋은 점수를 받고 싶다.	4 3 2 1

읽기 환경	사회적 상호작용	가정/ 부모	1. 부모님은 내가 책 읽기를 잘한다고 이야기해 주신다.	4 3 2 1
			2. 가족과 읽은 책에 대해 대화를 한다.	4 3 2 1
			3. 부모님은 좋은 읽을거리를 권해 주신다.	4 3 2 1
			4. 부모님은 책을 읽고 어떤 질문을 해도 좋아하신다.	4 3 2 1
			5. 부모님은 서점이나 도서관에 갔을 때 내가 원하는 책이나 좋아하는 책을 고르도록 존중해 준다.	4 3 2 1
			6. 가족과 함께 도서관, 서점에 간다.	4 3 2 1
			7. 어렸을 때 책을 읽고 있으면 누가 칭찬해 주신 적이 있다.	4 3 2 1
			8. 어렸을 때 누가 그림책이나 동화책을 많이 읽어 주셨다.	4 3 2 1
		학교/ 교사	1. 학교 선생님은 어떤 책을 읽으라고 추천하신다.	4 3 2 1
			2. 선생님께서 책 읽기가 중요하다고 강조하신다.	4 3 2 1
			3. 학교 선생님은 책 고르는 방법이나 책 읽는 방법을 가르쳐 주신다.	4 3 2 1
			4. 선생님께서 말씀하신 책에 관심이 있으면 나는 그것을 구해 읽는다.	4 3 2 1
			5. 선생님은 책을 읽는 학생에게 관심을 갖고 격려해 주신다.	4 3 2 1
			6. 선생님과 함께, 읽은 책에 관해 그리기, 만들기, 이야기하기 등을 한다.	4 3 2 1
		또래	1. 친구들과 책을 돌려보거나 서로 바꿔 읽기를 좋아한다.	4 3 2 1
			2. 친구들과 책에 대해 이야기 한다.	4 3 2 1
			3. 친구가 책 읽기 하는 것을 돕고 싶다.	4 3 2 1
			4. 친구들이 책을 읽으면 나도 읽는다.	4 3 2 1

읽기 환경	물리적 사회작용	독서 여건	1. 우리 반 학급문고나 학교 도서관에는 다양하고 많은 책이 있다.	4 3 2 1
			2. 우리 집에는 다양한 종류의 책이 있다.	4 3 2 1
			3. 학교나 집에서 자유롭게 책을 읽을 수 있는 시간이 있다.	4 3 2 1

※ 문항 참고: 정수정·최나야(2017). 초등학생 읽기 동기 척도 개발 연구, 초등교육연구 30, 한국초등교육학회, 151-187.

- **224~280점(매우 높음)**
  ▶ 전반적으로 매우 높은 독서 동기를 보이며, 이는 독서 습관화로 정착 될 가능성이 크다.

- **210~223점(보통)**
  ▶ 평균 이상의 독서 동기가 있으며, 유지 및 일부 영역 보완이 필요하다.

- **140~209점(낮음)**
  ▶ 독서 동기가 부족해 흥미·환경 개선이 필요하다.

- **70~139점(매우 낮음)**
  ▶ 전반적으로 독서 거부감·불안이 높아 집중 지원이 필요하다.

PART 3

...

무조건 읽게 만드는
독서 자극법

책을 읽는 힘은 억지로 키워지지 않습니다. 아이가 스스로 책장을 펼치게 하려면 먼저 '읽고 싶다.'라는 마음이 자라야 하지요. 그 마음의 불씨가 켜져야만 독서는 습관이 되고, 습관은 결국 아이의 힘이 됩니다. 그래서 이 파트에서는 아이가 책을 가까이하고 싶어지도록 불씨를 지피는 다양한 방법을 다룹니다. 작은 호기심을 어떻게 키울지, 흥미를 어떻게 이어 갈지, 그리고 그 불씨를 어떻게 오래 타오르게 할지를 구체적으로 보여 드리겠습니다.

책을 읽고 싶게 만드는 세 가지

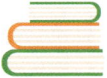

아이들이 책을 힘들어하는 이유는 무엇일까요? TV나 유튜브는 켜는 순간 바로 재미를 줍니다. 아이가 좋아하는 분야의 영상이고, 자신의 수준에 맞는 콘텐츠라면 특별히 노력하지 않아도 곧바로 집중할 수 있지요. 하지만 책은 다릅니다. 책 읽기에는 눈으로 글자를 따라가는 시각 능력뿐 아니라 몇 가지 기본 재료가 갖추어져야 진입할 수 있습니다. 책을 읽으려면 필요한 다음과 같은 조건이 필요합니다.

- 독서 동기: 독서를 하려는 마음
- 독서 효능감: 성공적인 독서를 할 수 있을 거라는 기대와 믿음
- 어휘력: 글자를 해독하고 의미를 이해하는 힘

책 읽기는 결국 마음에서 출발합니다. 보상처럼 외재적 동기가 작용할 수도 있고, 호기심 같은 내재적 동기가 힘이 될 수도 있습니다. 하지만 형태가 어떻든 마음속에 '읽고 싶다.'라는 의지가 있어야 글자가 눈에 들어옵니다. 그렇지 않으면 책을 손에 쥐고도 멍하니 넘기기만 하게 되지요. 그런데 이 동기의 바탕에는 효능감이 있습니다. '나는 책을 끝까지 읽어 낼 수 있어.'라는 믿음이 필요하죠. 아이가 책을 읽고 싶어지려면 먼저 성공적으로 읽었던 경험이 쌓여야 합니다. 작은 성취가 쌓일수록 '나도 할 수 있다.'라는 자신감이 동기로 이어집니다.

생각해 보세요. 유튜브를 보는 데 효능감이 필요한가요? '나는 영상을 끝까지 볼 수 있어.'라는 믿음 따위 없어도 그냥 틀면 흘러갑니다. 하지만 독서는 다릅니다. 쉽지 않은 일이기 때문에 노력과 시간이 필요하고 그만큼 읽어 낸 경험이 있어야 다음을 시도할 마음이 생깁니다.

또 하나 중요한 요인은 어휘력입니다. 단어 뜻을 이해하지 못하면 문장이 눈에 들어와도 머릿속에 그림이 그려지지 않습니다. 그래서 많은 아이가 그림책이나 만화책만 찾습니다. 그림이 의미 이해를 도와주기 때문이지요.

독서력의 차이는 곧
독서 효능감의 차이

아래 그림은 독서 동기, 독서 효능감, 어휘력이 서로 어떻게 연결되어 있는지 시각적으로 나타낸 구조입니다.

가장 먼저 독서 효능감을 먼저 길러야 합니다. 그래야 '책도 읽을 만하네!'라는 생각이 들고, 완독한 책이 늘수록 어휘력이 향상됩니다. 이 선순환이 시작되면 '읽고 싶다.', '읽을 수 있다.'라는 마음으로 자연스럽게 이어집니다.

독서 효능감은 자발적인 독서의 마중물입니다. 아이 마음속에 '나는 책을 읽어 낼 수 있어!'라는 믿음이 자리 잡을 때 비로소 스스로 책을 펼칩니다. 하지만 이 믿음은 그냥 생기지 않습니다. 단 한 권이라도 제대로 읽어 본 성공 경험은 그래서 반드시 필요합니다.

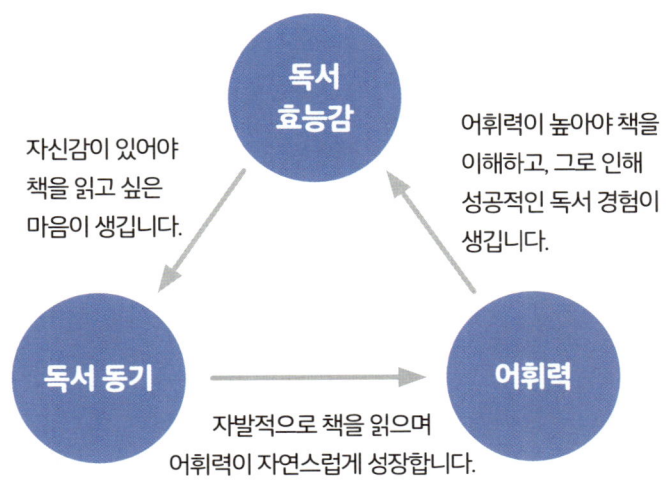

처음에는 '엄마가 읽어 주니까 듣는 것'에서 시작해, '혼자 조금은 읽을 수 있어!'로, 그리고 마침내 '나는 책을 읽는 아이야!'라는 자기 정체성으로 나아갑니다. 이 변화가 곧 독서 효능감을 만듭니다.

'효능감 → 동기 → 더 많은 독서 → 어휘력 성장 → 더 강한 효능감'의 고리를 끊지 않고 이어 주는 것이 부모와 교사의 역할입니다.

이제부터 독서 효능감과 동기를 키우는 방법을 차근차근 살펴보겠습니다.

읽어 줘야
스스로 읽게 된다

"아이가 일요일 아침 일어나자마자 유튜브를 보겠다고 하길래 책 한 권을 읽으면 보게 해 주겠다고 했습니다. 집에 있는 위인전 한 권을 꺼내 주었더니 금세 다 읽었다는 거예요. 너무 빨리 읽은 것 같아 내용을 물어보니, 글쎄 잘 모른대요. '그럼 책 속에 나온 사람이 누구니?' 하고 물었더니, 이름도 모른다는 겁니다. 위인전인데 주인공 이름조차 모른다는 게 이해가 되나요? 결국 아이는 '다 읽었는데 왜 못 보게 하냐?'라고 울고, 저는 화내고…… 난리도 아니었어요."

혹시 여러분도 이와 비슷한 경험 있으신가요? 책에 흥미도 없고, 읽는 힘도 부족한 아이에게 "책을 읽으면 유튜브를 보게 해 줄게!"라는 보상만으로 갑자기 독서력이 생기지는 않습니다. 이럴 때 가장 확실한 방법이 있다면 바로 '읽어 주기'입니다.

책을 읽어 주는 건 아이에게 가장 안전한 독서예요. 잘 이해가 되지 않아도 억지로 읽느라 좌절할 필요 없이 목소리를 따라가며 상상하고 고개를 끄덕이기만 하면 됩니다. 글자를 스스로 읽지 못해도, 관심 없는 분야라도, 조금 어렵더라도 상관없습니다. 부모의 목소리로 들려주는 경험은 책에 대한 긍정적인 감정을 심어 주니까요.

즐거움과 자신감이 차곡차곡 쌓이면 아이는 언젠가 스스로 책장을 넘기며 '나는 책을 잘 읽을 수 있어!'라는 믿음을 갖고 이는 곧 독서 효능감으로 이어집니다.

읽기 능력은 저절로 생기지 않는다

책을 읽는 일은 결코 쉽지 않습니다. 그림책이나 만화책은 그림을 보며 술술 넘길 수 있지만 본격적인 글 읽기는 다릅니다. 글자를 해독하고, 문장의 뜻을 이해하고, 전체 흐름을 따라가며 생각을 확장하는 과정은 훈련 없이는 결코 자연스럽게 되지 않습니다.

축구공을 하나 던져 주며 "자, 축구해 봐!"라고 한다고 바로 경기를 할 수 있을까요? 피아노 앞에 앉혀 놓고 "연주해 봐!"라고 한다고 곡을 칠 수 있을까요? 그렇지 않죠. 축구를 잘하려면 기본자세부터 배우면서 반복되는 연습과 실전 경험을 거쳐야 합니다. 피아노도 악보를 읽고 양손을 연습하며 점차 곡을 완성하는 단계를 거쳐야 하고요. 수학 역시 처음부터 어려운 문제를 푸는 게 아니라 개념을 배우고 예제를 풀며 사고 과정을 익히는 훈련이 필요합니다.

이처럼 배움이 눈에 보이는 영역에서는 단계적 성장을 당연하게 받아들입니다. 그러나 독서는 다릅니다. 머릿속에서 조용히 일어나는 과정이기에 우리는 종종 착각합니다. '한글만 떼면 책을 읽을 수 있겠지.' 하지만 사실 읽기란 단순히 글자를 소리 내는 것을 넘어 의미를 파악하고 생각을 이어 가는 고차원적인 사고 활동입니다.

읽어 주기를 통해 혼자 읽기로 확장된다

아들이 초등학교 1학년 때 매일 '독서 타임'을 가졌습니다. 다른 건 못하더라도 매일 한 시간은 책을 읽는 시간을 가지겠다고 결심했거든요.

"1학년 아이가 한 시간씩 책을 읽는다고요?" 설마요. 1학년은 이제 막 한글을 떼고 더듬더듬 읽는 단계입니다. 한글을 잘 읽는 아이라 해도 읽기 경험이 풍부하지 않아 혼자 책을 읽으며 의미를 온전히 이해하는 경우는 거의 없습니다. 그래서 한 시간 중 50분은 제가 읽어 주었습니다. 아이는 그저 편안하게 '듣는 독서'를 한 것이죠. 나머지 10분 정도만 혼자 읽어 보게 했습니다. 아이는 자기가 원하는 책을 더듬더듬 읽기도 하고 그림만 보기도 하며 그 시간을 보냈습니다.

평일 동안 독서 타임을 하고 나서는 '초등생활처방전' 네이버 카페에 인증 사진을 올렸습니다. 카페 회원분들도 함께 올리며 서로 응원을 주고받았지요. 물론 빠뜨리는 날도 있었지만 인증 과정 자체가 꽤 큰 동기부여가 되었습니다.

읽어 준 책은 글밥이 조금 있는 저학년 문고류가 많았습니다. '도대체 언제쯤 혼자 읽을까?' 하는 생각에 지칠 때도 있었지요. 그렇게 83일 차가 되는 날이었습니다. 아들이 환하게 웃으며 이렇게 말하는 거예요.

"엄마! 이제 혼자 책이 읽혀."

1학년 2학기 가을 무렵이었습니다. 그렇게 '듣는 독서'에서 '읽는 독서'로 자연스럽게 옮겨 가더군요. 그 뒤로는 제가 읽어 주는 시간을 40분, 30분, 20분으로 점점 줄이면서 아이가 혼자 읽는 시간을 늘려 갔습니다.

책 읽는 교실에서 성장하는 아이들

교실에서는 아침마다 짧은 책 읽기 시간을 운영했습니다. 그러던 어느 날 한 아이가 말했습니다.

"선생님, 하준(가명)이는 책을 읽는 척만 하고 있어요."

하준이는 학교 공부도 겨우 따라오는 아이였고, 책을 읽으라고

하면 늘 학습 만화만 골랐습니다. 학습 만화를 제한하자 글밥 있는 책을 가져오긴 했지만 내용은 눈에 들어오지 않는 눈치였습니다. 해석도 되지 않아 그저 책을 '바라보고만' 있었던 것이지요. 그래서 저는 다시 그림책 수준의 아주 쉬운 책을 골라 주었습니다. 읽기의 시작점은 아이마다 달라 그림책에서 글이 조금 있는 책으로, 다시 글밥 있는 책으로 나가는 계단식 구성이 필요하기 때문입니다. 저는 '온 책 읽기'를 통해 하준이에게 읽어 주기를 시작했습니다.

제가 근무했던 학교에서는 매달 학급 전체가 같은 책을 함께 읽는 '온 책 읽기'를 운영했습니다. 학교 도서관에서 같은 책을 30권씩 구입해 학급마다 돌아가며 읽기도 하고 예산이 넉넉하고 전교생이 적은 학교에서는 모든 아이에게 한 권씩 책을 나누어 주기도 했습니다. 저는 이 시간을 '혼자 읽기'가 아니라 제가 직접 읽어 주는 시간으로 운영했습니다.

왜냐고요? 책을 스스로 읽을 수 있는 아이는 선정 도서를 잘 읽고 활동에도 잘 참여합니다. 하지만 읽기가 서툰 아이는 하준이처럼 책을 보는 척하다 끝나는 경우가 많습니다. 특히 가정에서 읽어 주는 경험이 없는 아이에게는 선생님의 읽어 주기가 유일한 독서 경험이 되기도 합니다. 책을 읽기 힘든 아이에게 그저 "읽어 봐!"라고만 하는 것은 수영을 못하는 아이를 물속에 그냥 밀어 넣는 것과 다르지 않습니다. 누군가 곁에서 소리 내어 읽어 주고, 감정을 담아 표현해 주며, 중간중간 질문을 던져 주는 징검다리가 필요합니다.

이렇게 읽어 주는 동안 아이들은 언어의 흐름, 이야기 구조, 감정의 결을 익히며 독서의 즐거움을 몸으로 배웁니다. 바로 이때 '나도 책을 읽을 수 있어!'라는 자신감이 싹틉니다. 고학년 아이들도 책을 읽어 주면 무척 좋아합니다. 선생님의 목소리에 집중하며 눈은 책의 글자를 따라가고, 어느 순간 반짝이며 제 얼굴을 올려다보는 모습에서 '아, 지금 책 속에 푹 빠져 있구나.'라는 확신이 듭니다. 그래서 저는 힘들어도 읽어 주기를 멈출 수가 없습니다.

저희 아들도 마찬가지입니다. 지친 하루 끝에도 제 목소리를 들으면 눈을 반짝입니다. "여기까지 읽고 내일 읽자."라는 말에 "아!" 하며 아쉬워하는 모습을 보면 저는 다시 책을 펼칠 힘을 얻습니다. 엄마 목소리를 들으며 잠이 드는 순간 역시 아이와 책이 연결되는 가장 따뜻한 시간이지요.

물론 자극적인 동영상이나 게임 같은 매체를 책이 이기기는 쉽지 않습니다. 그래서 더더욱 재미있는 책을 자주, 의도적으로 접하게 해야 합니다. 책이라는 물성을 가진 사물을 손에 쥐고, 글자를 읽고, 그림을 넘기는 경험은 영상으로는 절대 대체할 수 없습니다.

아이들은 책을 싫어하는 게 아닙니다. 사실은 못 읽어서 포기한 경우가 대부분입니다. 시험에서 점수를 잘 받으면 칭찬받는 걸 알듯 책을 읽으면 칭찬받을 수 있다는 사실을 아이들은 알고 있습니다. 하지만 끝까지 완독한 경험이 없어 '책 읽는 나'를 상상하지 못하고 포기하고 맙니다.

단 한 권이라도 끝까지 혼자 읽어 내면 아이는 달라집니다. 자신감이 생기면서 책이 주는 성취와 만족을 알게 됩니다. 어느 날 제 아이가 이렇게 말했습니다.

"생각해 보니까 책도 행복이 될 수 있는 것 같아. 책이 행복이야."

그 순간 전율이 일었습니다. 아이의 입에서 나온 그 한마디가 제가 왜 책을 아이 곁에 두어야 하는지에 대한 모든 이유를 대신해 주는 듯했기 때문입니다. 책을 혼자 읽는 아이로 자라게 하는 일은 하루아침에 되지 않습니다. 하지만 재미있고 수준에 맞는 책 한 권을 완독하는 경험에서부터 시작된다는 건 틀림없는 사실입니다.

책 안 읽는 우리 아이를 위한 원인별 해결 가이드

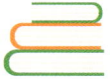

아이 스스로 책을 읽게 하려면 어떻게 해야 할까요? 먼저 아이들이 책을 힘들어하는 이유부터 생각해 보세요. 이유를 알면 답은 의외로 간단합니다. 그 원인을 하나씩 덜어 내 주면 되니까요. 물론 원인은 여러 가지가 겹쳐 있습니다. 하지만 차근차근 해결해 나가면 아이는 어느 순간 자연스럽게 스스로 책을 읽습니다.

"무슨 말인지 하나도 모르겠어요!" 인지적 원인

많은 아이가 단순히 읽는 훈련이 부족해서 책을 힘들어합니다. 책을 펼쳐도 글자가 눈에 들어오지 않고 읽어도 뜻이 해석되지 않으니 지루해져서 금세 딴짓을 하지요. 이럴 때는 쉬운 책부터 읽어 주는 것이 가장 좋습니다. 듣는 독서 시간이 충분히 쌓이면 자연스럽게 혼자 읽는 힘도 따라옵니다. 또 아이의 수준에 맞는 책을 고르는 것도 중요합니다. 너무 어렵지도, 너무 쉽지도 않은 이해 가능한 수준의 책부터 선택해 성공 경험을 쌓아야 합니다. 만화책이나 짧은 글도 괜찮습니다. 무엇이든 시도해 보면서 '책은 부담스럽지 않다.'라는 경험을 만들어 주세요.

"책이 싫고 재미없어요!" 정서적 원인

책 읽기가 긍정적인 경험이 될 수 있도록 도와주세요. 읽기 능력이 부족하거나 부모의 지나친 잔소리 때문에 책에 대해 부정적인 감정이 생겼을 수 있습니다. 이럴 때는 부담을 덜어 주고 아이가 흥미를 느낄 수 있게 재미있는 책을 함께 읽어 주세요. 특히 흥미로운 시리즈를 완독하면서 성취감을 맛보게 하고 작은 변화에도 아낌없이 칭찬하는 것이 중요합니다.

"책 말고 다른 게 더 재밌어요!" 환경적인 원인

TV, 스마트폰, 게임기처럼 책보다 훨씬 자극적인 매체가 가까이에 있는 요즘 아이들은 책에 집중하기 어렵습니다. 조용히 읽을 수 있는 독서 공간이 없거나 주변 소음이 많다면 독서 습관을 만드는 데 어려움을 겪을 수밖에 없습니다. 이럴 때는 가정 안에 책 중심의 공간과 시간을 의도적으로 만들어 주세요. 예를 들어, '저녁 8시는 온 가족 독서 시간', '잠자기 전 10분은 조용히 책 읽기'처럼 일정한 독서 루틴을 정해 주는 것이 좋습니다. 아이에게는 '재미있는 읽을거리'와 함께 '집중할 수 있는 소리의 여백이 있는 공간'이 필요합니다. 이 두 가지가 잘 갖춰질 때 비로소 독서가 즐거운 습관이 될 수 있습니다.

"책을 왜 읽어야 해요?" 동기 부족 원인

"왜 책을 읽어야 하지?"라는 질문에 설득력 있게 답해 주지 못하면 아이는 책을 그냥 해야만 하는 일로 느끼고 금세 흥미를 잃습니다. 목표나 성취감 없이 읽기만 하는 경우도 동기를 갉아먹죠. 해결의 실마리는 읽은 뒤의 즐거운 결과물입니다. 가볍게라도 성과를 느끼게 해 주세요. 예를 들어, "다 읽고 독서 퀴즈 골든벨 열자!", "가장 좋았던 장면을 그려 보자!", "주인공에게 한 줄 편지를 써 볼래?", "3분 발표로 가족에게 소개해 볼까?" 등 책과 놀이, 창의적 표현 활동을 연결해 보는 겁니다. 독서의 결과물이 생기면 동기도 자연스럽게 따라옵니다. 또 좋아하는 캐릭터가 등장하는 영화의 원작을 소개하거나, 친구들과 책에 관한 대화를 나눌 수 있는 자리를 만들어 주는 것도 좋은 방법입니다. 아이가 독후 활동을 특히 힘들어한 다면 억지로 시키기보다 외재적 동기를 활용한 보상 시스템을 시도해 보세요. 책을 읽은 권수만큼 스티커를 붙여 주거나 원하는 물건을 사 주는 방법은 단점도 있지만, 초반에는 독서에 대한 흥미를 끌어올리는 데 효과적입니다. 책을 몇 권 이상 읽으면 선물 받기, 책을 읽을 때마다 칭찬해 주기, 열 권 이상 읽고 대화까지 나누면 용돈 받기 등 아이에게 동기를 줄 수 있는 보상을 마련해 보시길 권합니다.

원인 유형	구체적인 원인	해결 방법
인지적 원인	읽기 능력이 부족해 읽는 것이 힘들다.	수준에 맞는 책부터 시작해 성공 경험을 안겨 주기 / 같이 읽어 주기 / 짧은 글, 만화로 시작하기
	어휘력이 부족해서 내용 이해가 어렵다.	그림책, 쉬운 설명이 많은 책 읽기 / 읽어 주면서 어휘력 쌓기 / 독서 후 함께 이야기하며 낱말 정리하기
정서적 원인	책을 읽는 경험이 실패로 남아 있다.	글밥이 있지만 그림은 많고 재미있는 시리즈 책 완독해서 성취감 얻기 / 함께 웃으며 읽는 경험 쌓기 / 다 읽고 나서 "무슨 내용이었어?" 하고 물어보지 않기
	독서에 대한 강요나 잔소리로 부정적 감정을 가지고 있다.	같이 도서관에 가서 책 읽어 주고 고르기 / 선택권 주기 / 온 가족 독서 타임 갖기
	"나는 책을 싫어해!"라는 정체성이 형성되었다.	관심 주제와 연결된 책 추천하기 / 독서 이외의 흥미와 연결하기 / 그림은 많고 재미있는 시리즈 책을 완독했을 때 칭찬 많이 해 주기

환경적 원인	주변에 책이 없다.	눈에 잘 보이는 곳에 책 배치하기 / 도서관 가는 날 정하기
	TV, 스마트폰, 게임 등 자극적인 것들이 많다.	책과 가까운 환경 만들기 / 독서 타임 정하기 / 스마트폰은 멀리 두고 조용한 공간 만들기 / 가족 모두 함께 책 읽는 시간 만들기
동기 부족 원인	목표 없이 읽게 해서 성취감을 느끼지 못한다.	책 00권 읽고 보상해 주기 / 칭찬해 주기 / 재밌는 책 추천해 주고 읽어 주기
	재밌는 책을 몰라서 무슨 책을 읽어야 할지 모른다.	재밌는 책 추천해 주고 읽어 주기 / 책보다 재미있는 것들 제거하기
	친구나 어른들과 책에 관한 이야기를 나눌 기회가 없다.	가족 북 토크, 친구와 책 놀이 / 어른이 먼저 읽은 책 이야기를 들려주거나 아이가 읽을 책의 내용을 요약해 들려주기

아이의 책장을 여는 '방아쇠', 트리거 독서

"책 좀 읽어!" 하고 말하는 순간 아이는 고개를 돌리고 소파에 얼굴을 파묻습니다. TV 리모컨을 누르거나 유튜브를 켜는 일은 쉽고 편하지만 책을 펼치는 일은 어쩐지 마음의 힘이 필요해 보입니다.

책에는 생각보다 큰 심리적 장벽이 있습니다. 읽기 시작하기까지가 어렵고 낯선 문장의 세계로 들어가는 첫발이 부담스러울 수 있죠. 그래서 아이에게 독서 습관을 들이려면 먼저 책을 펼칠 수 있도록 도와주는 '시작의 힘'이 필요합니다.

저는 이걸 '트리거 독서'라고 부릅니다. '트리거(trigger)'란 원래 총의 방아쇠를 뜻하는데, 어떤 행동이나 반응을 유발하는 계기를 말하기도 하죠. 아이든, 어른이든 많은 사람에게 책은 부담스럽고 어렵고 귀찮게 느껴집니다. 이때 누군가가 그 문을 살짝 열어 주고 첫발을 함께 디뎌 주는 것이 바로 독서의 트리거입니다. 책 읽기라는 방아쇠를 대신 당겨 주는 것이죠.

사실 모든 배움의 시작엔 트리거가 있습니다. 수학 시간에 선생님이 개념을 설명하고 함께한 문제를 풀어 본 뒤 나머지를 혼자 풀게 합니다. 이때 함께 푸는 문제가 트리거입니다. 영어 시간에 교사가 지문을 소리 내어 읽으면 아이들이 한 줄씩 따라 읽습니다. 이때 따라 읽는 시간이 트리거입니다.

책장을 열게 하는 마법의 한마디

아이와 책을 가까워지게 하는 트리거 방법에는 두 가지가 있습니다. 배경지식으로 흥미를 확장하는 것과 감정을 통해 접근하는 것입니다.

먼저 감정적인 접근이 필요합니다. 아이가 책을 부담스럽게 느끼지 않도록 책을 고르는 순간부터 함께하는 것이 좋습니다. 아이와 함께 서점이나 도서관에서 재미있어 보이는 책을 고르고, 아이가 좋아할 만한 책을 자연스럽게 추천해 주는 것만으로도 관심이 생깁니다. 책을 펼친 뒤에는 앞부분을 소리 내어 함께 읽어 보거나, 책의 내용을 짧게 소개하며 "어떤 내용일 것 같아?" 하고 물어보는 것도 좋은 시작입니다. 표지와 제목, 목차를 함께 살펴보며 "이 책은 무슨 이야기를 담고 있을까?" 하고 상상해 보는 과정은 책 속 세계로 들어가는 문을 열어 줍니다. 책 속 문장을 한 줄만 무작위로 읽고 그 문장을 바탕으로 이야기를 만들어 보는 것도 재미있는 놀이가 됩니다. 또 "엄마가 읽어 봤는데 진짜 재밌더라!"와 같은 말로 먼저 감정을 나누는 것도 책에 대한 호기심을 끌어올리는 데 도움이 됩니다.

한편 아이가 이미 알고 있는 배경지식을 책과 연결해 주는 것도 효과적입니다. 책 속에 나오는 주제나 배경지식을 함께 이야기하면 아이는 익숙한 지식 위에 새로운 정보를 쌓게 됩니다. 예를 들어, 동물에 관한 책을 읽기 전에 동물원 영상이나 사진을 함께 보거나, 공룡 이야기를 읽기 전에 박물관 관련 영상을 찾아보는 식입니다. 책 속 이야기와 연계된 체험도 좋은 방법입니다. 요리책을 읽고 간단한 요리를 함께해 본다든지, 책에 등장하는 장소나 사물을 놀이로 연결해 보면 책은 더 이상 단순한 텍스트가 아니라 풍부한 경험이 됩니다. 책을 본격적으로 읽기 전에 표지와 목차, 첫 문단만 읽고 줄거리를 상상해 보는 '책 미리 보기 미션'도 재미있는 트리거가 됩니다. 유튜브나 영화로 먼저 흥미를 끌고 이후에 원작 책으로 자연스럽게 넘어가는 흐름을 만들 수도 있고, 책 리뷰 영상을 함께 시청하며 "이 책, 재미있겠다!" 하는 생각이 들게 해 주는 것도 한 방법입니다.

책 읽기의 진입장벽을 낮춰 주는 다양한 트리거 행동을 실천하다 보면 어느새 아이는 스스로 책장을 여는 힘을 갖게 됩니다.

책 읽기의 문턱을 낮추는
대화의 기술

트리거는 읽고 싶은 마음을 만들어 주는 감정적인 준비 과정입니다. 읽기의 세계로 향하는 문 앞에 놓인 따뜻한 환영 인사이기도 하죠.

담임교사로 아이들과 생활할 때 저는 일주일에 한 번 도서관에 갔습니다. 아이들은 책장을 살피며 설레는 눈빛을 보이기도 하고, 어떤 책을 골라야 할지 몰라 서성이기도 하지요. 이때 제 역할은 두 가지입니다.

먼저 책의 제안자가 되는 것입니다.

책을 고르지 못하고 망설이는 아이에겐 가볍게 다가가서 책을 건넵니다. "이거 한번 읽어 볼래?" 하고 조심스럽게 제안하죠. 중요한 건 그 책이 정말 완벽한 책인지보다 제안의 순간 자체가 트리거가 된다는 것입니다. 책 고르기가 막막한 아이에게 방향을 제시해 주는 것만으로도 마음이 한결 가벼워집니다. 제 아이와 도서관에 갈 때도 마찬가지예요. 혼자 고르라고 하면 익숙한 만화책이나 이미 읽어 본 책만 집어요.

저는 마치 책을 서빙하듯 책을 들이밉니다. 열 권 중 여섯 권은 거절당하지만 네 권은 흥미를 보입니다. 그중 꼭 읽었으면 하는 책이 있으면 제가 빌려서 읽어 줘요.

"이번엔 엄마가 읽어 줄게. 듣기만 해도 돼."

그러면 아이는 신기하게도 듣기 시작하고, 듣다 보면 빠져듭니다.

두 번째는 책 동행자가 되는 것입니다.

아이들이 책을 읽는 동안 저도 제 책을 꺼냅니다. 조용히, 같은 공간에서, 나란히 책장을 넘기는 시간은 말 없는 메시지를 보냅니다.

"책 읽는 건 자연스러운 거야."

"이 시간은 우리 모두의 독서 시간이야."

아이와 함께 있을 때도 마찬가지입니다. 처음엔 책을 읽어 주고, 그다음엔 각자 책을 읽는 시간으로 자연스럽게 넘어갑니다. 함께 책을 고르고, 함께 읽고, 나란히 앉아 책장을 넘기는 그 순간들 속에서 아이의 독서는 조금씩 그러나 분명히 시작됩니다.

부모님이 실수하기 쉬운 말은 다음과 같이 바꿔 보세요.

✕	책 좀 읽어! 무슨 내용이었어? 한 번 읽었으면 끝까지 읽어야지!	○	이거 엄마가 읽어 봤는데 진짜 재밌더라! 가장 기억에 남는 장면이 뭐였어? 앞부분만 같이 읽어 보자. 재미있으면 계속 읽고, 아니면 다른 책도 괜찮아.

트리거 독서는 책장을 넘기기 전에 마음을 여는 준비 과정입니다. 아이의 독서가 아직 습관화되지 않았거나 스스로 책을 고르는 데 어려움을 느낀다면 더욱 필요한 과정이지요. 매번 아이가 읽는 책을 부모가 다 읽고 준비할 순 없지 않나 생각하실 수 있습니다. 맞아요. 직접 읽은 후에 추천해 줄 수도 있지만 꼭 책을 미리 다 읽고

준비하지 않아도 괜찮습니다. 서점이나 도서관에서 고른 책을 아이와 함께 표지를 넘겨 보고 앞부분 몇 쪽을 같이 읽는 것만으로도 아이는 훨씬 편안한 마음으로 책 속으로 들어갈 수 있습니다. 책의 세계로 향하는 문을 열어 주는 첫 손잡이가 바로 '트리거 독서'입니다.

"함께 한 페이지만 읽어 볼까?"라고 먼저 제안해 보세요. 책 속 세상을 향해 마음이 열릴 수 있도록 먼저 다가가 주세요. 그 말 한마디가 아이의 마음속에 책의 불씨를 지피는 방아쇠가 될 수 있습니다.

스스로 고른 책이
공부로 이어지는 이유

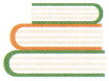

    중학년 이후 아이가 스스로 책을 고를 수 있는 시기가 되면 '어떤 책을 어떻게 고를 것인가'를 알려 주는 것이 중요합니다. 그럴 때 사용할 수 있는 전략 중 하나가 우츠(Wuts)와 웨드윅(Wedwick)이 제안한 'BOOKMATCH'입니다. BOOKMATCH 전략은 책의 길이, 글의 난이도, 장르 선호도, 주제의 적합성 등을 고려하여 아이 스스로 자기 수준과 흥미에 맞는 책을 골라 읽도록 도와주는 책 고르기 도구입니다. 단순히 재미있어 보이는 책을 고르거나 친구가 추천한 책을 무작정 읽는 데 그치지 않고, 자신의 수준과 흥미를 종합적으로 고려해 성공하는 독서 경험을 하도록 설계된 전략입니다. 모든 순간에 이렇게 하나하나 따질 수는 없지만 어떤 기준으로 책을 고르는지 알려 주면 도움이 될 수 있습니다. 물론 부모나 교사가 고를 때도 BOOKMATCH 전략에 따라 생각하면 도움이 됩니다.

BOOKMATCH 책 선정 방법

요소	영문 약자	질문 예시 / 기준
책의 길이	B (Book Length)	• 분량은 적당한가? • 너무 길거나 짧지는 않은가? • 읽을 수 있는 정도인가?
언어의 친숙성	O (Ordinary Language)	• 아무 쪽이나 펴서 크게 읽어 보아라. 글이 자연스럽게 읽히는가? 읽을 때 글의 의미가 잘 통하는가?
글의 구조	O (Organization)	• 책은 어떤 구조로 이루어져 있는가? • 책의 크기나 한쪽당 단어의 개수는 적정한가? • 챕터의 길이가 긴가 혹은 짧은가?
배경 지식	K (Knowledge Prior to Book)	• 제목을 읽고 겉표지를 보거나 책 위의 요약문을 읽어라. • 책의 주제, 필자, 삽화에 대해 내가 이미 알고 있는가?
텍스트 적정성	M (Manageable Text)	• 책의 단어 수준은 나에게 적합한가? 쉬운가? 어려운가? 읽고 있는 부분을 이해할 수 있는가?
장르 선호도	A (Appeal to Genre)	• 책의 장르나 글의 유형은 무엇인가? 전에 이 장르나 글의 유형을 접해 본 적이 있는가? • 좋아할 만한 장르나 유형인가?
주제 적합성	T (Topic Appropriateness)	• 이 책의 주제에 어려움은 없는가? • 내가 이 주제에 관하여 읽을 준비가 되었다고 느끼는가?
개인적 연관성	C (Connection)	• 나와 이 책의 내용을 연관 지을 수 있는가? • 이 책은 어떤 것이나 어떤 사람을 나에게 상기시키는가?
흥미 유발 요소	H (High Interest)	• 이 책의 주제에 관하여 흥미가 있는가? • 필자나 삽화가에 대하여 흥미가 있는가? • 이 책을 다른 사람이 추천하였는가?

※ 참고: 《독서교육론》, 이순영 외 4명, 사회평론아카데미

BOOKMATCH 전략을 사용하여 교실이나 가정에서 다음과 같이 책을 고르는 연습을 할 수 있습니다.

■ 1단계: 교사나 부모가 시범 보이기

실제 책 한 권을 선정하고 BOOKMATCH 요소를 기준으로 평가합니다.

예) 《학교라는 세계》(마사히나 아스카 지음, 라임) 선택하기

B: 268쪽으로 길지만 2주 동안 충분히 읽을 수 있음.

O: 충분히 이해가 됨.

O: 글자가 많은 편이기는 하나 챕터가 나뉘어 있어 며칠에 걸쳐 읽으면 될 것 같음.

K: 이전에 비슷한 주제의 책을 읽은 경험 있음.

M: 일상에서 사용하는 단어가 많음.

A: 단편소설이 여러 개 있어서 읽기 편하고 친근함.

T: 학교에서 있었던 일이 나오는 거라 편안함.

C: 친구 관계 때문에 고민이 많았는데 도움이 될 것 같음.

H: 우리 학교에도 따돌림 문제가 있어서 친구들과도 같이 읽고 싶음.

■ 2단계: 학생의 책 선정 및 공유 활동

열 권 이내 다양한 책을 놓아두고 각자 'BOOKMATCH' 기준으로 책을 선정합니다. 선정 후 '선택 이유'를 책 선정 활동지에 작성하며 친구들과 공유합니다.

　학생이 스스로 책을 고르고, 자신의 리듬에 맞춰 읽고, 읽은 내용을 공유하는 과정은 단순히 한 권의 책 읽기를 넘어서는 성장 과정입니다. 이 과정을 반복할수록 아이는 독서에 대한 성공 경험을 쌓으며 독서 효능감을 얻게 됩니다. 그 결과 아이는 점차 통제된 읽기에서 벗어나 자유로운 읽기로 나아가 독립 독서의 기반을 다지게 됩니다.

　이 전략을 통해 아이는 "내가 고른 책이라 더 재밌어.", "이 책은 지금 내게 딱 맞아." 하는 감각을 익히게 되고, 이 감각은 독서에 대한 내적 동기를 키우는 데 큰 역할을 합니다. 자율성은 독서의 지속성을 만듭니다. 학생들이 '읽으라고 해서 읽는 책'만 계속 접하면 언젠가 책이 의무가 되어 흥미를 잃어버립니다. 반면에 스스로 골라 읽는 습관이 자리 잡은 아이는 자연스럽게 책을 찾고 독서가 일상이 됩니다. 연구에 따르면, 자기 주도적으로 책을 고른 아이들이 독서를 더 오래, 더 깊게 지속한다고 합니다.

　부모와 교사의 역할은 자율을 설계하는 것입니다. 아이에게 너무 많은 자유를 주면 오히려 책을 고르지 못하고 방황할 수 있습니다. 그래서 성인의 역할은 완전한 방임이 아니라 '선택지를 디자인해 주는 일'입니다. 처음에는 선택권을 좁혀서 제안해 주다가, 익숙해질수록 'BOOKMATCH'를 사용해서 골라 보다가, 나중에는 어떤 도구 없이도 고를 수 있도록 해 주는 것이죠.

- 초등 저학년: 주제나 난이도에 맞는 책 바구니를 구성해 고르게 유도하기
- 중학년 이상: 자기 수준을 고려한 책 선정 전략 익히기

읽기 능력은 결국 자율성 속에서 성장합니다. 스스로 골라 읽는 책, 친구와 나누는 이야기, 자기 속도에 맞춘 책 고르기와 같은 모든 과정이 아이만의 독서 루틴을 만들어 줍니다. 자꾸 고르다 보면 아이 스스로 좋은 책을 고를 수 있는 눈과 마음을 갖게 될 것입니다.

'통제된 읽기'는 부모의 안목과 보호 속에서 이루어지는 안정된 독서입니다. '자유로운 읽기'는 아이가 자기 마음을 따라 책을 고르고 스스로 읽어 내는 독립된 독서입니다. 이 두 가지가 같이 갈 때 독서력이 성장합니다. 책을 읽는다는 건 단지 정보를 얻는 것이 아니라 자신을 알아 가는 과정입니다.

학습 만화가 독서가 아닌 다섯 가지 이유

여기서 잠깐! '학습 만화라도 읽는 게 어디야?' 하고 생각하신 분, 손 한번 들어보세요. 저도 처음엔 그랬습니다. 교실에서 허용했죠. 그런데 시간이 지나 보니 학습 만화만 읽는 아이들은 글밥 있는 책으로 잘 넘어가지 못하더군요. "아닌데요? 우리 애는 학습 만화만 읽다가도 글밥 잘 읽던데요?" 하실 수도 있습니다. 맞습니다. 그런 아이들은 예외적으로 누군가 책을 읽어 줬거나, 재미있는 글 책을 이미 접했거나, 주변에서 읽는 모습을 본 경험이 있었던 경우일 가능성이 큽니다. 그렇지 않으면 대부분은 만화의 편안함에 오래 머무릅니다. 독서에도 단계가 필요합니다. 그 단계는 대개 '읽어 주는 경험'에서 시작해 차근차근 글밥을 늘려 가는 것이죠. 자, 그럼 왜 학습 만화만 읽으면 곤란한 걸까요?

1. 시각 정보에 지나치게 의존한다

학습 만화는 그림이 먼저 눈에 들어옵니다. 그림만 잘 따라가도 줄거리를 놓치지 않으니 굳이 긴 문장을 끝까지 읽지 않아도 됩니다. 덕분에 아이는 '아는 것 같은 착각'에 빠집니다. 하지만 실제로는 문장을 해석하고 글의 구조를 따라가는 훈련이 부족합니다. 책장을 덮고 나면 '뭐가 기억에 남았지?' 싶은 순간이 많습니다.

2. 글밥 책으로의 전환이 어렵다

만화는 재미있습니다. 그림도 많고 대사도 짧으니 읽기가 편하죠. 생각해 보세요. 푹신한 소파에 앉아 있는데 누가 일부러 딱딱한 의자에 가고 싶을까요? 글밥 책으로 넘어가는 건 바로 그런 일입니다. 재미있고 편한 만화에서 덜 재미있고 불편한 글밥 책으로 옮겨 가는 건 쉽지 않습니다. 아이가 스스로 힘든 길을 택할 가능성은 생각보다 적습니다.

3. 글만 있는 책 앞에서 자신감을 잃는다

학습 만화는 부담이 적습니다. 눈이 즐겁고 머리도 덜 아픕니다. 하지만 글책은 다릅니다. 그림 하나 없이 글자만 꽉 차 있으면 아이는 순간적으로 압박을 느낍니다. '이걸 다 읽어야 해?'라는 두려움이 앞서죠. 학습 만화만 읽은 아이는 '글책은 나랑 안 맞아!'라는 자기 확신을 가지게 되고 자연스레 글밥 많은 책을 멀리하게 됩니다.

4. 글밥 책을 병행하지 않으면 독서 근육이 자라지 않는다

책 읽기는 마치 근육 운동과 비슷합니다. 가볍고 쉬운 운동만 계속하면 몸이 커지지 않듯 만화만 읽어서는 어휘력·문장, 이해력·긴 글 읽기의 지구력이 늘지 않습니다. 학습 만화가 도입부에서 도움을 줄 수는 있지만 근육을 키워 주는 건 글책입니다. 글책을 병행하지 않는다면 아이는 언제까지나 가벼운 운동만 하는 데서 머무르게 됩니다.

5. 독서 단계에 결핍이 생긴다

읽기는 단계를 밟아야 합니다. 누군가 '읽어 주는 경험 → 짧은 그림책 → 짧은 글밥 책 → 긴 글밥 책'으로 점진적으로 나아가야 합니다. 하지만 학습 만화만 읽는 아이는 이 중요한 계단을 건너뛰게 됩니다. 계단을 뛰어넘다 보면 언젠가는 발목을 삐끗하듯 글밥 책을 읽어야 하는 순간이 왔을 때 아이는 갑자기 큰 벽에 부딪히게 됩니다. 독서 근육이 없으니 버티지 못하고 '책은 어려워!'라는 낙인을 스스로 찍어 버립니다.

물론 학습 만화가 전혀 필요 없다는 뜻은 아닙니다. 학습 만화는 아이가 책에 친숙하지 않을 때, 새로운 분야에 첫발을 내디디고 싶을 때, 영상과 글의 중간 단계를 거치고 싶을 때 좋은 징검다리가 됩니다. 독서가 학습 만화에만 의존하지 않는다면 장점도 많습니다. 다만 글밥 책을 읽는 시간을 따로 두고 학습 만화를 곁들여 활용하면 더 효과적입니다.

PART 4

성적 격차를 만드는 일상 속 책 읽기 루틴

성적의 차이는 거창한 비법이 아니라 결국 매일의 '책 읽기 루틴'에서 만들어집니다. 만약 아이가 늘 같은 장르만 읽고, 비슷한 수준의 책만 반복하고, 익숙하고 안전한 책에서 벗어나지 못한다면 어떻게 해야 할까요? 무작정 보상을 걸고 억지로 책을 읽히면 될까요? 현실에서 독서를 시킨다고 해도 문제집을 다 푼 뒤 자기 전에 잠깐 읽는 책이 전부이거나 아이 스스로 골라 읽으라는 말로 끝나는 경우가 많습니다. 그렇다면 조금 더 체계적이면서도 간편하게 책을 고르고 독서 타임을 만들어 가는 방법은 없을까요?

하루 30분, 독서력을 키우는 시간 설정법

"아이들이 책을 너무 안 읽어서 토요일 하루는 아침 9시부터 오후 6시까지 책만 읽는 '독서 데이'를 하고 있어요."

옆 반 동료 선생님이 말씀하셨어요.

"그 긴 시간 동안 아이들이 정말 책만 읽어요?"

제가 무척 놀라서 묻자, 선생님이 웃으며 답하셨습니다.

"아니요. 아이들이 딴짓도 하다가 책도 읽다가 그래요. 하지만 스마트폰이나 TV는 절대 금지예요. 저랑 남편이 책을 읽고 있으면 아이들도 자연스럽게 책을 잡아요. 그날은 배달 음식만 시키고 집안일도 안 해요. 그냥 무조건 책만 읽는 날이죠."

6개월쯤 지나 다시 만나 뵈었을 때 선생님은 이렇게 말씀하셨습니다.

"이제는 독서 습관이 잡혀서 독서 데이를 한 달에 한 번만 해도 돼요. 그런데 선생님, 처음 시작할 때 제일 힘들었던 게 뭔 줄 아세요?"

'아이들이 하기 싫다고 버텼던 걸까?' 하고 고민하는 사이에 의외의 대답이 돌아왔습니다.

"우리 남편이요. 책 읽는 걸 좋아하지 않아서 동의를 얻는 게 제일 힘들었거든요."

집에서 시작하는 작은 독서 루틴

온 가족의 동의를 얻어 책 읽는 시간을 빼내는 건 무척 어려운 일입니다. 하루 종일 책만 읽는 독서 데이는 누구나 시도하기 어렵습니다. 하지만 토요일 30분, 혹은 하루 1시간 정도는 충분히 가능합니다. 아이와 함께 어른 한 명만이라도 참여해 '우리 집 독서 타임'을 만들어 보세요.

수학 문제집을 풀 때나 영어 학원에 갈 때처럼 책 읽는 시간도 정식 공부 시간처럼 확보해야 합니다. 이 시간을 '독서 타임'이나 '우리 집 독서 홈스쿨링 시간'이라고 이름 붙여도 좋습니다. 하루 30분에서 1시간 정도 독서 타임을 정하세요. 예를 들어, 15분은 부모가 읽어 주는 잠자리 독서, 15분은 아이 혼자 앉아서 하는 책상 독서로 나눠도 좋습니다. 같은 책이라도 누워서 듣는 것과 바른 자세로 스스로 읽는 것은 몰입도와 이해도 면에서 차이가 있습니다. 책 읽는 자세 자체가 아이의 태도를 바꾸는 중요한 요소가 됩니다.

아이와 함께 약속을 정해 보세요.

- "하루에 몇 분 독서 타임을 할까?" (최소 30분 이상)
- "몇 시부터 몇 시까지 할까? 잠자리 독서와 책상 독서는 언제 할까?"
- "읽은 책을 어떻게 정리해 볼까?" (기록, 스티커 보상, 대화 등)

이렇게 정한 약속을 눈에 잘 보이는 곳에 붙여 두면 실천력이 훨씬 높아집니다.

현재 수준보다
딱 한 단계 높은 책을 골라라

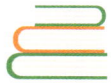

아이의 독서 수준이 제자리걸음인 것 같을 때 그대로 두어도 괜찮을지 고민될 때 있으신가요? 괜히 어려운 책을 권했다가 지금 읽고 있던 책마저 손에서 놓을까 걱정되신 적은요? 책은 즐겨 읽지만 제대로 읽고 있는지 불안해서 자꾸 내용을 물어보거나 새로운 책을 권하고 싶어질 때는요? 혹시 그 과정에서 아이가 갖고 있던 흥미까지 잃을까 두려워지진 않으세요? 이런 상황에서는 어떻게 하는 것이 좋을까요?

플러스 원 독서 전략

아이에게 적당한 독서 자극을 주는 가장 좋은 방법은 '플러스 원 독서'입니다. 저는 이것을 '건강한 독서 압력'이라고 부릅니다. 여기서 플러스 원이란, 아이의 현재 독서 수준보다 딱 한 단계만 어려운 책을 의미합니다.

아이가 현재 혼자 그림책을 읽는다면 글밥이 조금 더 많은 그림책이나 간단한 문학책이 플러스 원입니다. 만약 줄거리가 있는 문학 책을 좋아한다면 그보다 조금 더 복잡한 이야기 구조나 어휘가 담긴 책이 플러스 원이 됩니다. 아이가 학습 만화만 읽고 있다면 간단한 지식 정보 책이나 스토리텔링이 강한 비문학 책이 플러스 원입니다.

이처럼 아이가 편안하게 읽는 책(a)보다 살짝 어려운 책(a+1)을 전략적으로 읽어 주는 것이 문해력 성장을 이끄는 중요한 전략입니다. 어떤 아이는 스스로 a+1 책으로 점프해 올라가는 독서 영재일 수 있지만 대부분 부모나 교사의 도움, 그리고 의도적인 '읽어 주기'가 있어야 조금씩 독서 수준을 끌어올릴 수 있습니다.

플러스 원 독서는 억지로 아이를 끌어올리는 방식이 아닙니다. 아이가 이해할 수는 없지만 귀 기울이면 따라갈 수 있는 수준의 책을 통해 자극을 주고, 이야기의 재미와 지식의 깊이를 느끼게 해 주는 것입니다. 이것이야말로 아이의 문해력 성장에 필요한 건강한 자극이자 교육적인 배려입니다. 읽어 주기를 통해 기회를 주지 않으면 재미없어 보여서, 귀찮아서, 읽기 힘들 것 같아서 등의 다양한 이유로 a+1의 책에 손을 내밀지 않게 되거든요.

a	a+1
그림책	글이 조금 있는 동화책
학습 만화	글이 있는 동화책
문학책	글이 더 많은 문학책 또는 지식 정보책
지식 정보책	글이 더 많거나 개념 수준이 더 높은 지식 정보책 또는 문학책

독서 타임을 가질 때 a는 혼자 읽게 해 주고, a+1은 함께 읽어 주세요.

소리 내는 읽기가 이해력의 격차를 만든다

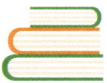

소리 내어 읽는 것을 음독이라고 하고 소리 내지 않고 눈으로 읽는 것을 묵독이라고 합니다.

음독(音讀) 눈 → 입 → 귀 → 두뇌
묵독(默讀) 눈 → 두뇌

음독과 묵독의 인지 과정을 살펴보면, 음독은 이해에 이르기까지 여러 단계를 거치기 때문에 묵독에 비해 속도와 효율성이 떨어집니다. 그러나 독서의 최종 목표가 묵독이라면 그 출발점은 반드시 음독이어야 합니다. 모든 일에는 순서가 있듯 묵독이 목표라면 음독은 시작인 셈이죠.

따라서 저학년 때는 아이가 스스로 소리 내어 책을 읽어 보거나 부모와 교대로 읽어 보는 경험이 필요합니다. 일본 도호쿠대학교 카와시마 류타 교수도 연구에서 "소리 내어 읽을 때 뇌의 신경 세포가 70% 이상 활성화된다."라는 결과를 보고했습니다.

저 또한 아이들의 문해력을 평가할 때 가장 간단한 방법으로 교과서를 소리 내어 읽게 합니다.

- 5단계: 소리 내어 정확하게 읽는 동시에 의미 해석이 되어서 강조할 부분을 강조하고, 천천히 읽을 부분은 천천히 읽으면서 강약 조절과 빠르기 조절을 한다.
- 4단계: 소리 내어 읽으면서 약간의 틀린 부분이 있으나 어느 정도 의미 해석이 된다.
- 3단계 : 소리 내어 잘 읽는데 읽고 나서 무슨 내용인지 모른다.
- 2단계 : 읽으면서 틀린 글자가 많고 무슨 내용인지 모른다.
- 1단계 : 더듬거리며 읽고 틀리는 글자가 많다.

아래로 갈수록 문해력이 떨어진다는 것을 알 수 있습니다. 음독은 아이가 읽기를 얼마나 유창하게 하는지, 발음을 어떻게 하는지를 살펴보는 좋은 방법입니다. 아이가 묵독을 할 때는 내용을 잘 이해하지만 음독을 하면 글자를 틀리지 않고 읽는 데만 집중하느라 내용은 파악하지 못한다면 아직 문해력이 1·2단계 수준에 머물러 있다는 뜻이겠지요.

음독을 하며 쉬운 책 묵독을 시작하라

중요한 것은 음독에서 묵독으로 잘 넘어가는 것입니다. 음독을 할 때는 이해도가 높은데 묵독을 하면 오히려 이해가 떨어지는 경우가 있습니다. 이런 현상은 대체로 읽기 능력이 평균보다 부족한 아이들에게서 두드러집니다. 따라서 문해력이 크게 떨어지는 학생들에게는 초반에 책을 읽어 주는 시간과 더불어 아이 스스로 소리 내어 읽는 시간을 병행하게 합니다.

일반 학생들은 음독과 묵독에 따른 이해도의 차이가 크지 않습니다. 이는 읽기가 부진한 학생들이 음독에서 묵독으로 넘어가는 과도기를 제대로 거치지 못했기 때문이라 볼 수 있습니다.

초등 1~2학년은 음독이 특히 중요합니다. 한글을 막 배우며 글자와 소리의 관계를 익히는 시기이기 때문입니다. 그러나 3~4학년이 되면 음독의 속도보다 묵독의 속도가 빨라지기 시작합니다. 이른바 음독과 묵독의 전환기입니다. 저학년 때 충분히 음독 훈련을 해야 중학년 때 안정적으로 묵독으로 넘어갈 수 있습니다.

음독과 묵독 중 어느 하나가 더 낫다고 단정할 수는 없습니다. 읽기의 목적에 따라 달라지니까요. 책 읽기 초기에는 음독을 충분히 경험해야 하고, 학년이 올라가면서는 많은 글을 빠르고 정확하게 읽어 내기 위해서 묵독이 필요합니다. 만약 묵독할 때 책에 대한 이해도가 떨어진다면 다시 음독을 더 많이 연습하는 것이 좋습니다.

이때는 쉬운 책부터 묵독을 시도해 보는 것이 효과적입니다.

다음과 같은 문제가 있다면 묵독으로 억지로 넘어가기보다 음독 훈련을 충분히 거쳐야 합니다.

- 한 글자, 또는 한 낱말씩 읽는다.
- 단어나 구절의 끊어 읽기가 안 된다.
- 앞뒤 낱말의 순서를 바꿔 읽는다.
- 한 줄을 건너뛰고 읽는다.
- 익숙하지 않은 글자는 빼고 읽는다.
- 조사를 자주 빼고 읽는다.
- 책에 없는 낱말을 덧붙이거나 다른 낱말로 바꿔 읽는다.
- 쉼표, 온점, 물음표, 느낌표 등 문장부호를 무시한다.
- 손가락으로 글자를 짚어야 읽을 수 있다.
- 묵독할 때 자연스럽지 못하고 입으로 중얼중얼하며 읽는다.
- 읽는 속도가 느리다.
- 읽고 나서 무엇을 읽었는지 글의 내용을 이해하지 못한다.

저학년인데도 소리 내어 읽기를 꺼리고 묵독만 하려는 아이 때문에 걱정하는 부모님들이 있습니다. 묵독을 해도 글을 잘 이해한다면 문제 되지 않습니다. 이미 음독을 충분히 경험하고 자연스럽게 넘어간 경우이기 때문이죠. 다만 아이의 이해 여부를 확인하는 것이 아주 중요합니다. 소리 내어 읽기가 귀찮아서 내용을 제대로 이해하지 못하면서도 그냥 묵독하는 경우가 있거든요. 만약 묵독했을 때 이해가 잘되지 않는다면 함께 낭독해 보세요. 부모와 교대로 소리 내어 읽거나 부모가 직접 읽어 주는 시간을 늘리는 것도 좋은 방법입니다.

저는 아이들이 음독하기 싫어할 때 이런 방법을 활용했습니다.

- 가위바위보를 해서 진 사람이 한 페이지씩 읽기
- 릴레이로 틀리지 않고 최대한 오래 읽기
- 음독하는 장면을 동영상으로 녹화하거나 음성 녹음해서 들어 보기

상황에 따라 음독과 묵독을 오가며 우리 아이에게 맞는 읽기 리듬을 찾아 주세요.

집중력 근육을 키우는
묵독의 힘

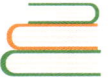

　음독이 충분히 된 아이는 묵독을 자연스럽게 좋아하게 됩니다. 음독은 속도가 느리기 때문에 어느 순간부터는 덜 힘들고 더 빠르게 읽을 수 있는 묵독으로 옮겨 가고 싶어지기 때문입니다. 하지만 요즘 아이들은 조용히 오래 앉아 있는 시간을 힘들어합니다. 끊임없이 바뀌는 자극적인 화면에 익숙해져 스스로 몰입하기가 어려운 시대이기도 합니다. 그래서 더욱 강조해야 할 것이 바로 '지속적 묵독'입니다. 지속적 묵독은 정해진 시간 동안 아무 말 없이 조용히 책을 읽는 활동입니다. 쉽게 말해 '혼자 속으로 읽기'를 조금 멋있게 표현한 이름이죠. 누가 뭐라 하지 않아도 책장을 넘기며 자신만의 속도로 문장을 따라가는 것을 말합니다. 단순해 보이지만 이 시간은 아이의 집중력과 내면의 힘을 키우는 데 매우 중요한 과정입니다.

재미있는 책이
묵독의 힘을 키운다

묵독을 하면서 글밥을 늘릴 때 가장 도움이 되는 것은 바로 '진짜 재미있는 책'입니다. 글밥이 있으면서 학습이나 교훈보다 이야기 자체의 재미를 주는 책이 필요합니다. 그래야 아이가 글밥 있는 책을 끝까지 읽어 내며 독서 자신감을 얻을 수 있습니다.

조금 두꺼운 책도 읽을 수 있다는 성취감을 맛보게 하려면 판타지 소설이나 스토리킹 수상작, 혹은 재미있게 읽었던 시리즈의 같은 작가 작품 등을 활용해 보세요. 특히 시리즈물은 한 권을 읽은 뒤 아이의 반응을 보고 계속 이어 갈지 말지 결정하면 됩니다. 이렇게 재미의 사다리를 타고 올라가며 아이는 자연스럽게 글밥을 늘려 가게 됩니다. 다음은 묵독의 힘을 키워 주는 재미있는 시리즈 책입니다.

쾌걸 조로리 시리즈 하라 유타카, 을파소

낭만 강아지 봉봉 시리즈
홍민정, 다산어린이

나무 집 시리즈 앤디 그리피스, 시공주니어

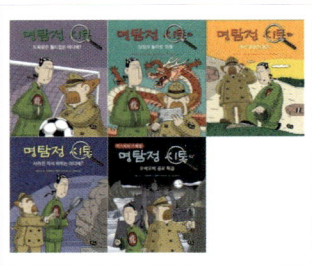

명탐정 시토 시리즈
안토니오 G. 이투르베, 풀빛

고양이 해결사 깜냥 시리즈 홍민정, 창비

건방이의 건방진 수련기 시리즈
천효정, 비룡소

의사 어벤저스 시리즈 고희정, 가나출판사

숭민이의 일기 시리즈 이승민, 풀빛

스무고개 탐정 시리즈 허교범, 비룡소

이상한 과자 가게 전천당 시리즈
히로시마 레이코, 길벗스쿨

아이들에게 묵독을 가르치는 방법

처음에는 아이들이 5분만 조용히 읽는 것도 어려워할 수 있습니다. 이때는 무리하지 말고 짧게 시작하는 것이 좋습니다. 만약 하루 한 시간의 독서 타임을 운영한다면 처음에는 '읽어 주는 시간' 50분과 '혼자 읽는 시간' 10분으로 배분합니다. 이후 읽어 주는 시간을 40분, 30분, 20분으로 점차 줄이고 그만큼 혼자 읽는 시간을 20분, 30분, 40분으로 늘려 가면 됩니다.

여기서 중요한 포인트는 두 가지입니다.

첫째, '정해진 시간 동안'이라는 규칙성을 지키는 것, 둘째, '소리 내지 않고 조용히'라는 훈련을 함께하는 것입니다.

이 과정을 통해 아이들은 점차 혼자 책 속에 머무는 시간이 길어지고 자연스럽게 집중력과 내면의 힘이 커집니다. 이런 정적인 순간 속에서 아이들은 생각이 확장되는 특별한 경험을 하게 됩니다.

묵독은 책을 소화하는 힘을 기르는 훈련입니다. 읽는 도중에 설명하거나 질문할 필요가 없습니다. 어른이 옆에서 해설자가 될 필요도 없습니다. 그저 아이가 책과 일대일로 마주하도록 해 주세요. 바로 이 조용한 시간이 가장 강한 내적 성장을 만들어 냅니다.

'읽어 주기'나 '소리 내어 읽기'는 비교적 통제와 개입의 정도가 높은 방식입니다. 반면 '지속적 묵독'은 아이가 스스로 책을 읽으며 내용을 음미하는 방식으로, 부모나 교사의 개입이 최소화되고 아이 자신이 독서 과정의 중심이 되는 형태입니다. 말씀드린 읽기 방법을 학년별로 정리해 보겠습니다.

학년	저학년	중학년	고학년
읽어 주기(a+1 수준)	60~70%	30~40%	10~20%
음독(a 수준)	10%	필요에 따라	
지속적 묵독(a 수준)	20~30%	60~70%	80~90%

책의 난이도에 따라
개입 강도를 달리하라

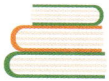

초등 학부모님들께 강의를 하면 독서와 관련해 가장 자주 듣는 고민이 있습니다.

"아이가 책은 잘 읽는데 독후 활동을 너무 싫어해요. 그냥 읽게만 놔둬도 될지 고민돼요."

"책을 너무 빨리, 대충 보는 것 같아요. 그냥 놔둬도 되는 걸까요?"

"지식 정보책은 너무 싫어해서 이야기책만 읽으려 해요. 편독인데 괜찮을까요?"

"학습 만화만 읽어요. 이대로 괜찮을까요?"

예전에는 이런 고민에 대해 다음과 같이 말씀드리곤 했습니다.

"독후 활동을 안 해도 책만 읽는 것만으로도 기특한 일이에요."

"책을 대충 보는 것 같아도 그만큼 빨리 읽을 수 있다는 의미니까 괜찮아요."

"편독을 한다면 좋아하는 분야의 수준만 조금씩 높여 주세요."

"학습 만화만 읽는 경우라면 글밥 있는 책으로 옮겨 가도록 도와주셔야 합니다."

요즘은 이 말에 조금 더 덧붙입니다. 단순히 '읽기만 해도 괜찮다.'라는 안도에서 끝내지 않고 책 한 권을 깊이 읽으며 함께 이야기를 나누는 경험이 아이의 성장을 더 크게 돕는다는 점을 강조하고 싶거든요. 무엇보다도 이런 질문을 해 주시는 부모님들의 불안감이 그대로 전해지기에 그 불안을 달래면서 구체적인 독서 방법을 제안하려고 합니다.

'통제된 읽기'와 '자유롭게 읽기'

아이를 키우면서 저도 똑같은 고민을 했어요. 책을 읽는 것 같긴 한데 도대체 얼마나 이해하고 있는 건지 물어보면 대답도 잘하지 못하더라고요. 이대로 그냥 두어도 괜찮은 건지 참 불안하고 답답했습니다. 그래서 어느 순간부터 학교에서 하던 책 읽기 수업 방식을 집에서도 적용해 보기로 했습니다. 학교에서는 아이들에게 책을 읽어 주고, 함께 이야기도 나누고, 또 일부 책은 도서관에서 자유롭게 읽도록 합니다. 이 원리를 집에서도 그대로 가져온 거예요. 모든 책을 제가 하나하나 확인하고, 어떻게 읽는지 매번 감시하거나 통제할 수는 없잖아요. 그래서 저는 혼자 자유롭게 읽는 책과 함께 읽어 주는 책을 분리해서 운영해 보기로 했습니다.

'읽어 주기 시간'에는 아이가 좀처럼 읽고 싶어 하지 않거나, 혼자 읽기엔 어려운 책을 골라 함께 읽었습니다. 책을 다 읽고 나면 가볍게 이야기 나누기도 했고요. 반면 아이 스스로 고른 책은 그냥 자유롭게 읽게 했어요. 다만 "독서 타임에는 학습 만화는 빼고 정해진 시간을 채우면 만화책을 읽어도 좋아!"와 같은 방식으로 글밥 책의 비율을 조절해 주었습니다.

'통제된 읽기'라고 해도 그 안에서 개입의 강도는 달라질 수 있습니다. 어떤 책은 아이와 대화까지 나누지만 또 어떤 책은 읽어 주기만 하고 끝내기도 하지요. 왜냐하면 "엄마, 질문 좀 안 하면 안 돼?", "그냥 책만 읽자!" 하며 불편해하는 경우도 있기 때문입니다. 그래서 대화를 나누는 책은 한 달에 한두 권 정도로 줄이고, 매일 잠자리 독서 시간에는 특별히 질문을 하거나 대화를 나누지 않고 그냥 책을 읽어 주었습니다. 아이의 독서 경험을 모두 통제하기보다는 제가 관여할 수 있는 부분과 자유롭게 두는 부분을 나누어 균형을 맞추려고 했던 거죠.

통제의 정도

| 책을 읽어 주고 같이 대화까지 나눠 보는 책 | 그냥 읽어만 주는 책 | 혼자 자유롭게 읽는 책 |

책에 따라 개입의 정도를 달리하면 아이는 부담 없이 책을 읽을 수 있고, 부모 역시 전 과정을 통제하지 않아도 되니 마음이 한결 편해집니다. 혹시 엄마가 고른 책은 거부하면서 읽어 주는 것조차 싫어하고 자기가 고른 책만 고집하는 경우가 있나요? 그럴 때는 정말 재미있는 책으로 읽어 주기를 시작해 보세요. 한 권만 아주 재미있게 읽어 주면 아이는 홀린 듯 빠져듭니다. 그리고 다음에 또 읽어 주겠다고 하면 고개를 끄덕이게 되지요. 심리적 장벽을 낮춘 후 자연스럽게 a+1 단계의 책을 살짝 끼워 넣는 것이 좋습니다.

'통제된 읽기'는 양을 지나치게 늘릴 필요는 없습니다. 저학년 아이들은 글밥이 적은 책이 많기 때문에 한 달에 여러 권을 읽어 줄 수도 있지만, 학년이 올라가 글밥이 많은 책을 만나면 몇 달에 걸쳐 한 권을 읽어 주기도 합니다. 중요한 것은 속도가 아니라 천천히 곱씹어 읽을 책이 있다는 사실입니다. 이런 책이 있다는 것만으로도 아이가 혼자 읽는 책까지 좋은 영향을 주게 됩니다.

개입 정도	통제된 읽기	자유롭게 읽기
읽을거리 수준 또는 읽기 편한 정도	a	a+1
읽기 방식	읽어 주기(또는 같이 소리 내어 읽기)	혼자 읽기(지속적 묵독)
독서 선택권	지도자 선택 중심	자기 선택적 독서
독서 환경	잠자리 독서	책상 독서

독후록을 어렵지 않게 쓰는 네 가지 방법

읽는 건 억지로 한다 쳐도 쓰는 건 아이들에게 훨씬 더 큰 부담으로 다가갑니다. 맞습니다. 아이에게 독후 활동을 요구하면 가장 먼저 나타나는 반응은 막막함입니다. 책을 덮고 나면 도대체 무엇을 써야 할지 모르겠고 책이 두꺼울수록 당혹감은 더 커집니다. 무작정 "독후감 써!"라고 한다고 해서 글이 술술 나오진 않지요. 그런데 방법은 의외로 단순합니다. 몇 가지 간단한 전략만 알면 아이가 독후록을 쓰는 일이 훨씬 가벼워집니다.

1. 밑줄 독서로 시작하세요

책을 읽는 도중 마음에 드는 문장, 인상 깊은 장면, 궁금하거나 재밌는 표현에 밑줄을 그어 보세요. 밑줄을 친다는 건 책을 '그냥 읽는 것'이 아니라 '생각하며 읽는다.'라는 태도입니다. 독서록은 그 밑줄만 모아도 독후감이 됩니다. 처음에는 이렇게 시작해 보세요. "내가 고른 문장은 이것이에요. 왜냐하면……." 단 한 줄의 문장과 그 이유를 적는 것만으로도 생각이 담긴 독서록이 됩니다.

2. 형식을 바꾸면 글이 술술 나와요

"독후감을 써 보자!" 하면 아이들이 갑자기 머뭇거리기 시작합니다. 하지만 "이야기 속 인물에게 편지를 써 볼까?", "친구한테 이 책을 소개하는 편지를 써 보자!" 이렇게 이야기하면 놀라울 정도로 술술 써 내려갑니다. 예를 들어, 《나의 라임오렌지나무》를 읽고 '제제에게 편지 쓰기'를 하면 감정이입과 함께 문장이 자연스럽게 이어집니다. 친구에게 이렇게 쓸 수 있어요.

서윤이에게

안녕, 서윤아. 나는 오늘 《수상한 미래에 접속하였습니다》라는 책을 읽었어.

그 책에서 가장 인상 깊었던 구절이 있어서 너에게 소개해 주고 싶어.

편지 형식 외에도 주인공에게 상장을 만들어 주거나, 책 내용을 만화로 표현해 보는 활동은 아이들이 재미있어 하고 부담 없이 시도할 수 있습니다.

3. 책의 종류에 따라 독서록도 달라야 합니다

문학 책과 정보 책은 독서 방식도, 독서록의 방향도 달라야 합니다. 문학 책은 이야기의 흐름을 따라가며 인물, 사건, 배경, 갈등과 해결을 정리하는 것이 좋습니다. 시간이나 장소의 흐름에 따라 이야기를 정리하게 도와주면 아이 스스로 줄거리를 요약하는 힘이 자랍니다. 정보 책(비문학 책)은 새로운 정보를 중심으로 정리해야 합니다. 이때 KWL표를 활용하면 좋습니다.

- K (Know): 이 책 주제에 대해 내가 이미 알고 있는 것
- W (Want to Know): 더 알고 싶은 것
- L (Learned): 책을 통해 새롭게 배운 것

책에 대해 호기심을 가지고 읽고, 새롭게 배운 것을 정리하는 과정에서 사고력이 자랍니다.

4. 글쓰기의 틀을 정해 두면 훨씬 쉬워져요

독서록을 막연하게 "써 보자!"라고 하기보다는, 독서록을 쓰기 전에 독서록에 무엇을 쓸 것인지 글의 틀을 미리 알려 주는 것이 좋습니다.

- **서론**: 책을 읽게 된 이유, 책 소개
- **본론**: 줄거리 요약, 인상 깊은 장면, 느낀 점
- **결론**: 책을 통해 배운 점, 바뀐 생각, 추천하고 싶은 이유

처음부터 자유롭게 쓰게 하면 부담이 크므로 구조를 잡아 주는 것만으로도 훨씬 수월하게 글이 나옵니다. 모든 책을 읽고 반드시 독서록을 써야 하는 것은 아닙니다. 책을 읽는 즐거움이 먼저입니다. 아이가 독후 활동을 싫어하는 이유가 독서 자체를 회피하게 만드는 원인이 된다면 그건 오히려 독이 될 수 있어요. 어떤 날은 책 제목만 적어 보는 것도 좋고, 어떤 날은 한 줄 소감만 쓰는 것도 괜찮습니다.

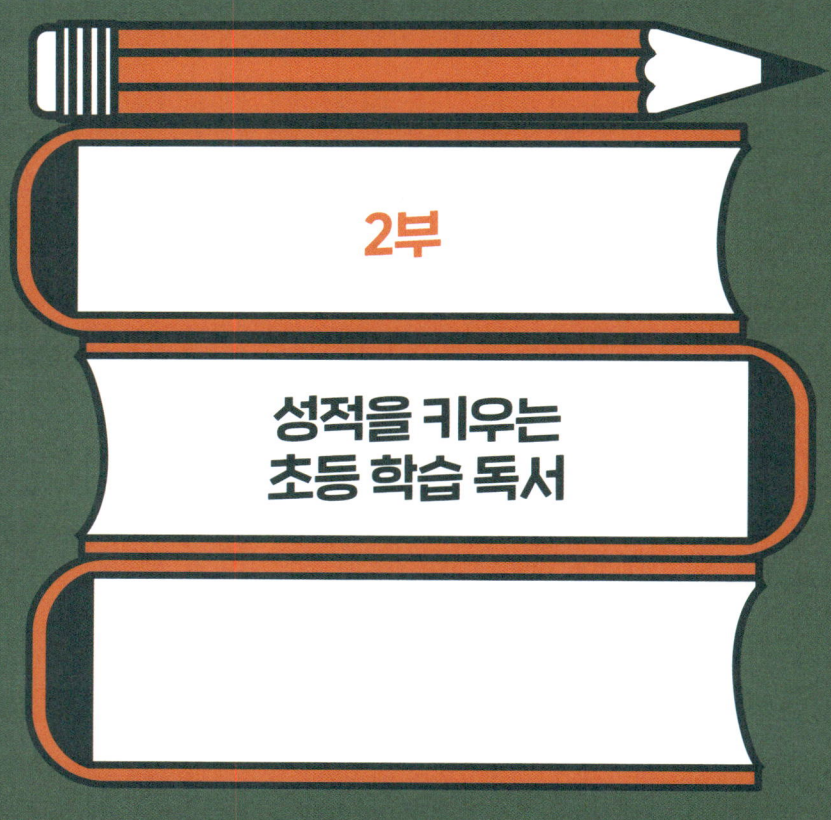

2부

성적을 키우는 초등 학습 독서

책 읽기는 단순히 '좋은 습관'에서 끝날 수도 있고 '확실한 공부'로 이어질 수도 있습니다. 여기서 차이를 만드는 것은 방향성입니다.

아이가 스스로 고른 책은 호기심과 몰입을 이끌지만 그 자체로는 습관의 차원에 머물 수 있습니다. 부모가 교과서 속 주제와 연결해 주는 순간 책 읽기는 곧 배경지식을 쌓는 공부가 되고, 더 나아가 문제를 해결하는 힘을 기르는 과정으로 확장됩니다.

이렇게 쌓인 배경지식은 단순한 지식의 축적에서 그치지 않습니다. 교과서의 내용을 더 깊이 이해하고, 시험 문제를 풀 때 쉽게 떠올릴 수 있는 연결 고리를 만들어 줍니다. 가장 중요한 것은 아이가 스스로 생각하는 힘을 기르게 된다는 데 있습니다. 성적의 격차는 바로 여기서 생깁니다. 같은 문제를 만나도 단순히 문제집 풀이 경험에만 의존한 아이와 풍부한 책 읽기 경험으로 다양한 배경지식을 축적한 아이의 사고 깊이는 확연히 다를 수밖에 없습니다.

학습 독서는 단순한 취미 활동이 아니라 아이의 학습력·문해력·사고력을 동시에 키워 주는 전략입니다. 핵심 포인트는 책을 어떤 방향으로 읽히느냐, 부모가 어떻게 개입하느냐입니다. 책의 종류와 난이도, 학년과 과목에 따라 개입의 강도는 달라져야 하고, 아이의 성장 단계에 맞는 독서 설계가 필요합니다.

"책만 많이 읽히면 공부도 잘하겠지."라는 막연한 기대만으로는 부족합니다. 이제는 읽는 책의 방향과 설계까지 부모가 챙겨야 합니다. 바로 이 지점에서 독서가 좋은 습관에서 멈추는 것이 아니라 '성적의 격차'를 만드는 초격차 독서 전략으로 거듭나게 됩니다. 이제부터는 학년별, 과목별 교육 과정을 실제로 어떻게 독서와 연결할 수 있는지, 또 어떤 방식으로 아이의 책 읽기가 공부로 이어지는지 구체적으로 살펴보겠습니다.

PART 5

교과서 속 지식을 넓히는
교과 연계 학습 독서

책을 읽는 이유는 다양합니다. 즐거움을 위한 여가 독서가 있는가 하면 새로운 지식을 얻기 위한 학습 독서도 있습니다. 특히 초등학교 고학년 이후에는 교과 학습과 관련된 정보가 급격히 늘어나기 때문에 단순히 재미로 읽는 것을 넘어 '학습을 위한 읽기'가 중요해집니다.

이 시기의 독서는 단순히 아는 것에 그치지 않고 교과서 속 개념을 확장하고 깊이 이해하는 데 있습니다. 한 걸음 앞서 나가는 아이는 교과서에 담긴 내용을 넘어 더 넓은 지식의 세계를 만납니다. 바로 그 경험이 중·고등학교 성적의 차이를 결정짓습니다.

교과 연계
학습 독서란?

교과 연계 학습 독서는 아이가 학교에서 배우는 교과서 내용과 관련된 책을 함께 읽는 것을 말합니다. 4학년 과학 시간에 '태양계'를 배우고 있다면, 수업에서 배운 내용만으로 끝내지 않고 《행성 이야기》나 《우주 탐험》 같은 책을 읽는 것이죠. 이렇게 하면 교과서의 짧은 설명이 더 풍부해지고 아이의 이해도 깊어집니다.

교과 연계 학습 독서의 효과

교과 연계 학습 독서는 교과서에 담긴 짧은 지식을 확장하고 아이의 사고를 더 깊고 넓게 만들어 주는 힘이 있습니다. 단순히 교과서를 보충하는 데서 그치지 않고, 배운 내용을 생활과 연결하며, 스스로 탐구하는 습관까지 길러 줍니다.

　사회 시간에 '우리 고장의 문화유산'을 배운다고 가정해 봅시다. 이때 지역 역사나 인물에 관한 책을 함께 읽으면 교과서 속 단순한 정보가 실제 공간과 연결되면서 생생한 역사적 맥락을 얻게 됩니다. 과학에서 '식물의 한살이'를 배운다면 식물 일지나 생태 그림책을 곁들여 읽으며 직접 씨앗을 심고 관찰하는 경험으로 교과서 속 개념을 확장할 수 있습니다. 국어에서 시 단원을 배운다면 어린이 시집을 읽으며 교과서의 몇 편을 넘어 다양한 시 세계를 경험하고, 나아가 나만의 시 쓰기로 확장하며 자기표현의 힘을 단단히 기를

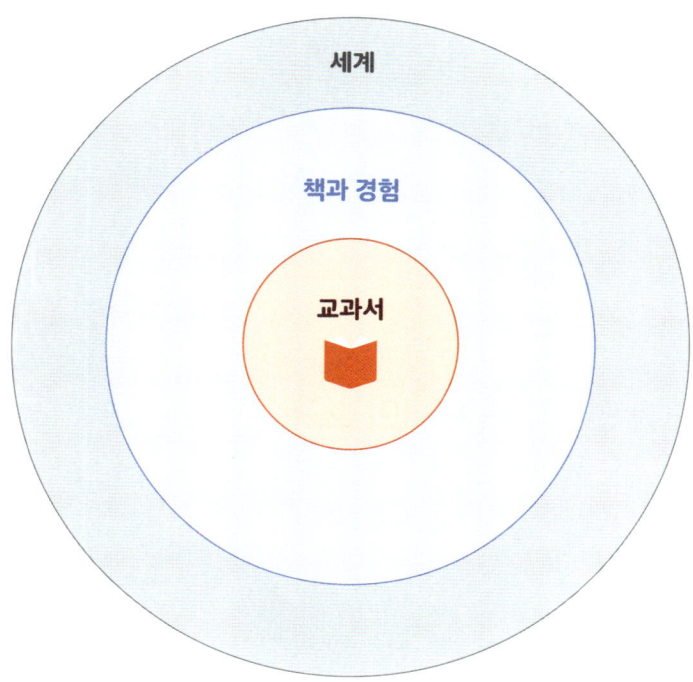

수 있습니다.

 이처럼 교과 연계 학습 독서는 단순히 책 한 권을 더 읽는 차원을 넘어섭니다. 책을 통해 배경지식을 확장하고, 배운 내용을 반복하면서 이해력과 기억력을 강화하며, 스스로 교과와 관련된 책을 찾아 읽는 과정 속에서 아이는 자기주도 학습 습관을 형성하게 됩니다. 자기주도 학습 습관을 가진 아이는 단순히 책을 많이 읽는 데 그치지 않고, 교과 개념을 반복해 다지고 문제 해결력을 키우게 됩니다. 이런 태도와 능력이 시험 준비 과정에서 큰 힘을 발휘하고, 결국 중·고등학교 성적의 차이를 만들어 냅니다.

배경지식을 넓히고 핵심 다지는
교과 연계 학습 독서

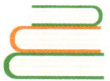

    교과 공부는 크게 두 가지로 나눌 수 있습니다. 바로 확장과 수렴입니다. 확장은 배경지식을 넓히는 과정으로, 교과 공부의 기초 토양을 다지는 일입니다. 책을 읽고, 경험을 쌓고, 다양한 사례를 접하면서 사고의 범위가 커지고 이해의 맥락이 풍부해집니다. 반면 수렴은 그중 꼭 알아야 하는 내용을 정리해 놓은 교과서를 중심으로 공부하고 익히는 과정입니다. 시험 문제를 풀고, 개념을 암기하고, 틀을 정확히 잡는 학습이죠.

    이 두 방향은 별개가 아니라 서로를 보완하는 뼈대가 됩니다. 확장은 아이가 살아가며 만나는 모든 배움의 기초가 되고, 수렴은 그 배움을 실제 시험이나 평가 속에서 발휘할 수 있도록 다져 줍니다. 운전면허, 자격증, 입시처럼 인생의 어느 단계에서든 정해진 분량 안에서 이해하고 적용하는 능력은 필요합니다. 그 능력을 뒷받침하는 힘은 결국 풍부한 배경지식에서 나옵니다.

초등 시절에는 이 두 가지를 균형 있게 경험해야 합니다. 방학 때는 문제집보다 독서와 체험을 우선하세요. 책을 통해 배우고, 현장에서 경험하면서 배경지식을 넓히는 시간이 되어야 합니다. 문제집은 학기 중 교과 진도가 나갈 때 활용하면서 교과서의 내용을 정리하고 수렴시키면 됩니다. 이렇게 확장과 수렴을 번갈아 연습하는 과정이 초등 교과 공부의 진짜 힘을 길러 주는 길입니다.

핵심을 다지는 수렴 공부 방법

이 책은 '독서로 확장하기'에 방점을 두되, 동시에 '교과서와 문제집으로 수렴하기'의 중요성도 함께 강조하고자 합니다. 국어와 수학은 최대한 수업 시간에 집중해서 열심히 참여하고, 숙제가 있다면 착실하게 하세요. 거기에 수학 문제집을 꾸준히 풀어 나가면 교과서와 문제집으로 충분히 학습을 수렴할 수 있습니다.

사회와 과학 과목에서 수렴 공부는 우선 교과서를 한 번 쭉 읽어 보는 데서 시작합니다. 요즘은 교과서를 학교에 두고 다니는 경우가 많으니, 집에서 공부할 수 있도록 하나를 더 사거나 2주에 한 번 정도는 학교에서 가져오도록 해야 합니다. 그것도 어렵다면 잘 정리된 문제집을 활용해도 괜찮습니다.

보통 아이들에게 교과서를 읽으라고 하면 그냥 훑어보거나 모든 문장에 밑줄을 치고 넘어가는 경우가 많습니다. 중요한 게 뭔지 모르다 보니 다 중요해 보이기 때문이죠. 그래서 저는 아이들에게 교과서 읽는 법 6단계를 알려 줍니다.

① 쭉 읽기
② 중요한 부분 밑줄 치기
③ 그중에서도 더 중요한 부분 형광펜으로 표시하기
④ 핵심 단어에 괄호 치기
⑤ 그 괄호 친 단어를 수정 테이프로 지우기
⑥ 지운 단어를 마음속으로 채워 넣으면서 다시 읽기

지운 단어를 마음속으로 채우면서 읽는 6단계는 특히 강력한 학습법이에요. 뇌가 '어, 이거 뭐였지?' 하며 자동으로 회상하고 복습하게 되거든요. 아이들이 "선생님, 지우면 잊어버릴 것 같아요."라고 하면, 저는 "그럼 옆에 살짝 적어 놔!" 하고 말해 줍니다. 그러면 아이들도 안심하고 수정 테이프를 씁니다. 배우는 내용을 출력할 수밖에 없는 상황을 일부러 만들어 주는 것이죠.

그다음은 문제집이에요. 교과서로 공부한 만큼 문제집에서 한 번 더 풀어 보는 시간을 가져야 합니다. 그렇다고 교과서와 문제집 복습을 매일매일 독서, 수학, 영어처럼 해야 한다는 건 아니에요. 사회 시간에 '헌법에 나오는 국민의 의무'를 배운다고 해 봅시다. 학교에서는 인터넷 조사, 발표, 나만의 헌법 만들기 같은 다양한 활동을 하면서 여러 차시에 걸쳐 하나의 개념을 배웁니다. 사실 이 내용만 강의식으로 전한다면 한 시간 안에 끝낼 수도 있어요. 그래서 "오늘 배운 내용을 바로 복습해!"라고 하면 복습할 내용이 너무 적게 느껴질 수 있어요.

일주일에 한 번, 혹은 2주에 한 번, 아니면 한 단원이 끝날 때 교과서와 문제집으로 정리하는 것이 가장 효과적입니다. 특히 사회나 과학은 한 학기 단원 수가 많지 않아서 한 단원을 끝내는 데 짧게는 한 달, 길게는 두 달도 걸려요. 그래서 단원이 끝났을 때는 꼭 마인드맵으로 구조화해 보길 권합니다. 단원의 이름을 공책 가운데 쓰고 소단원의 이름을 적은 뒤 교과서를 읽으며 뽑아 두었던 핵심 단어들을 정리하고 중요한 내용을 그림으로 표현해 보세요.

정리하면, 일주일이나 2주일에 한 번 교과서를 다시 읽고 문제집으로 확인하고, 한 단원이 끝날 때는 마인드맵으로 구조화하는 것이 교과 수렴 공부의 완성 단계입니다.

지식을 키워 주는 확장 공부 방법

교과 공부를 수렴시킨다면 반드시 그에 앞서 확장하는 공부가 필요합니다. 책을 읽는다는 것은 세상에 흩어져 있는 수많은 지식과 지혜를 받아들이는 일입니다. 그중에서 꼭 알아야 할 핵심만 체계적으로 추려 놓은 것이 바로 교과서입니다. 학기 중에는 수업을 따라가며 교과서를 중심으로 수렴 공부를 하면 되지만, 방학까지 문제집과 교과서에 매달리면 확장할 시간이 사라집니다. 사회와 과학을 예습한다고 교과서를 혼자 읽어도, 수업 시간에 선생님과 함께 배우는 것과는 전혀 차원이 다릅니다. 낯설고 어렵게 느껴지기도 하고 막상 수업이 시작되면 오히려 지루하다고 느끼는 경우도 많습니다. 똑같은 자석 단원이라도 교과서를 미리 읽고 오는 것과, 자석에 관한 책을 다양하게 읽어 배경지식을 충분히 쌓아 온 상태에서 교과서로 정리하는 것은 효과가 확연히 다릅니다. 확장된 배경지식 위에 교과서로 핵심을 정리하는 방식이 훨씬 덜 지루하면서도 학습 효과는 훨씬 큽니다.

배경지식을 확장하는 가장 좋은 방법은 독서입니다. 다음 학기 사회 시간에 헌법을 배운다면 헌법 관련 책을 미리 읽어 두고, 과학 시간에 동물의 한살이를 배운다면 관련된 책을 찾아 읽어 봅니다. 검색만 해도 다양한 그림책과 탐구서, 스토리북이 나오기 때문에 아이의 눈높이에 맞게 충분히 고를 수 있습니다. 확장은 독서에만 그치지 않고 체험으로도 이어질 수 있습니다. 박물관이나 유적지에 가 보거나, 신문을 읽거나, 다큐멘터리·영화를 보는 활동 모두가 직접 경험과 간접 경험으로 이어져 튼튼한 배경지식이 됩니다. 이렇게 넓혀 놓은 지식은 기초 토양이 되어 나중에 교과서에서 핵심만 뽑아 정리할 때 훨씬 단단한 기반이 되어 줍니다.

학기 중에는 교과서와 문제집으로 수렴 공부를 해야 합니다. 교과서를 읽으며 정리하고, 문제집으로 확인하고, 단원이 끝날 때는 마인드맵을 만들어 구조화하는 거죠. 교과서는 '어떻게 배우는지'를 익히는 훈련장이고, 문제집은 이해한 개념을 실제로 적용하는 연습장 입니다. 이렇게 방학에는 배경지식을 넓히고, 학기 중에는 교과서와 문제집으로 핵심을 다져 가는 흐름이 반복되면 아이는 스스로 복습하고 공부하는 힘을 기르게 됩니다.

이 힘은 중학교와 고등학교에서 그대로 이어집니다. 실제로 2022 대학입시 개편에는 통합 사회, 통합 과학이 도입되면서 선택 과목이 사라지고 공통된 내용 위주로 수능을 보게 되었습니다. 즉 시험 범위가 줄어든 만큼 기초적인 내용을 얼마나 충실히 알고 있느냐가 더 중요해졌습니다. 초등 시절부터 배경지식을 확장하고 교과서로 핵심을 정리하며 기초를 다져 간다면 수능처럼 큰 시험도 어렵지 않게 접근할 수 있습니다.

지식 정보 책을 통한 교과 연계 학습 독서

비문학 독서, 특히 지식 정보 책 읽기는 문학 독서보다 난도가 높습니다. 이야기책은 익숙한 생활 어휘와 인물·사건·감정 중심의 흐름이 있어 비교적 이해하기 쉽지만, 지식 정보 책은 정보를 전달하기 위한 전문 용어, 교과 개념어, 설명 중심의 문장이 많습니다. 배경지식이 부족하면 내용을 파악하기가 훨씬 어렵지요.

바로 이 점 때문에 지식 정보 책은 '지식망'을 촘촘하게 만들어 주는 중요한 역할을 합니다. 지식 정보 책 한 권을 읽는 것은 머릿속에 '점'을 하나 찍는 것과 같습니다. 1학년 때 '환경'에 관한 그림책을 읽고, 2학년 때 환경을 다룬 동화를 읽으며 관련 감각을 확장하고, 4학년 때 환경 문제를 다룬 심화 정보책을 접하면 과거에 찍었던 점들이 서로 연결됩니다. 이렇게 연결된 점들은 더 크고 두꺼운 '지식의 선'이 되어 배경지식을 단단하게 합니다.

교과 연계 학습 독서는 이런 '점-선-면'의 확장을 계획적으로 이끌어 줍니다. 학교에서 배우는 과학, 사회, 역사, 미술, 음악, 체육 등 다양한 교과 주제와 관련된 책을 학년별로 단계적으로 읽게 하면 수업에서 배우는 개념이 책 속 경험과 결합되어 이해가 깊어집니다. 단편적 지식이 아니라 맥락 속에서 살아 있는 지식이 되면서 전혀 다른 분야처럼 보이던 내용이 서로 연결되기 시작합니다.

지식 정보 책을 통한 교과 연계 학습 독서는 아이가 세상을 이해하는 폭을 넓히고, 교과 학습의 이해도를 높이며 장기적으로는 스스로 배우고 탐구하는 힘을 길러 줍니다. 이는 단순히 독서의 양을

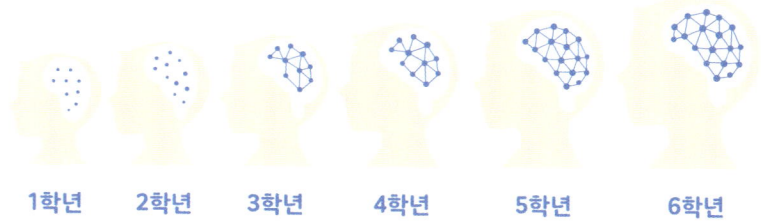

1학년 2학년 3학년 4학년 5학년 6학년

늘리는 것을 넘어 '지식이 쌓이고 연결되는 경험'을 통해 학습의 질을 높이는 길입니다.

문학과 정보책, 다르게 읽고 다르게 감상하기

교과 연계 학습 독서에서 문학과 정보 책을 구분하는 이유는 단순히 장르가 다르기 때문이 아닙니다. 아이가 얻는 학습 효과가 달라지기 때문이에요. 문학 책은 이야기를 따라가면서 인물의 감정과 갈등을 이해하고, 사건의 흐름 속에서 생각을 확장합니다. 사고력과 공감 능력을 키우는 데 큰 힘을 주지요. 반면 정보 책은 교과서의 짧은 설명을 넓혀 주고, 개념과 사실을 풍부하게 보충해 줍니다. 과학·사회 같은 과목에서 교과 학습을 직접 돕는 역할을 하는 것이죠.

문학 책을 읽을 때는 주인공과 배경, 사건과 갈등의 구조를 살펴보면서 줄거리를 스토리맵으로 정리해 보세요. 단순히 이야기를 따라가는 데 그치지 않고, "주인공이 왜 이런 선택을 했을까?", "내가 그 상황이라면 어떻게 했을까?"에 대해 이야기 나누면 아이는 책을 통해 감정을 이해하고 자신의 생각을 표현하는 훈련을 하게 됩니다. 정보 책을 읽을 때는 교과서와 연결해 "이 부분은 교과서에서 어떻게 다루고 있지?" 질문하며 내용을 대조해 보거나, 책에 나온 구체적 사례를 수업 시간과 이어서 생각해 보도록 하면 좋습니다. 같은 주제를 여러 각도에서 접하면 배경지식이 쌓이면서 교과 개념이 훨씬 오래 기억에 남습니다.

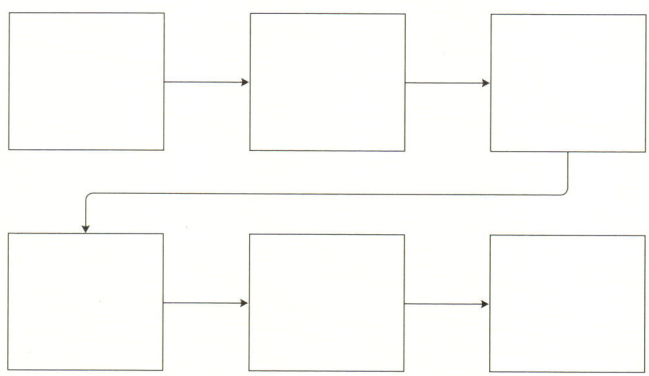

결국 문학과 정보 책을 나눠 읽는다는 것은 아이가 책에서 얻을 수 있는 학습 효과를 최대치로 끌어올리기 위한 공부 전략입니다. 사고력은 문학으로, 교과 성적은 정보책으로 두 갈래의 독서가 만나야 진짜 '교과 연계 초격차'가 만들어집니다.

반면 정보책(비문학 책)은 설명, 비교, 문제 해결, 인과 관계 등 다양한 구조로 쓰입니다. 그래서 무엇보다 읽기 전후 활동이 중요합니다. 대표적인 방법으로 KWL 전략이 있어요.

- K(Know): 이 주제에 대해 내가 이미 알고 있는 것
- W(Want to Know): 새롭게 궁금한 것, 알고 싶은 것
- L(Learned): 책을 읽고 나서 새롭게 배운 것

책을 펼치기 전에 아이와 "이 주제에 대해 네가 아는 건 뭐가 있을까?", "읽고 나면 어떤 걸 새로 알게 될까?"에 대해 가볍게 나눠 보세요. 책을 다 읽은 뒤에는 "오늘 이 책을 통해 어떤 걸 배웠을까?" 하고 정리해 주면 됩니다. 단순히 정보 몇 개를 받아 적는 활동이 아니라, 아이가 스스로 질문을 던지고 답을 찾아가는 탐구 과정이 되어야 합니다. 이런 습관이 쌓이면 아이는 정보 책을 읽을 때마다 마치 꼬마 연구자가 된 것처럼 주제를 탐구하고 확장할 수 있습니다.

Topic :

What I Know	What I Want to Know	What I Learned

PART 6

학년별 교과 연계 학습 독서 로드맵

독서가 공부에 도움이 된다는 걸 모르는 사람은 없습니다. 하지만 막상 부모 입장에서는 '그냥 읽기만 해도 되는 걸까?', '어떻게 읽어야 성적과 직접 연결될까?' 하는 고민이 생깁니다. 물론 어떤 책이든 문해력과 사고력, 상상력에는 도움이 됩니다. 하지만 교과 공부의 초격차를 만드는 힘은 교육 과정의 흐름에 맞춰 책을 읽을 때 생깁니다. 교과서에서 다루는 주제를 미리, 혹은 곁가지로 책에서 만나면 배경지식이 단단해지고 수업 시간 이해도와 집중도가 달라집니다.

이에 학년별 교과 연계 학습 독서 로드맵을 마련하였습니다. 이 로드맵은 아이가 어떤 학년에 어떤 주제를 배우는지, 그 주제와 연결해 어떤 책을 읽으면 좋은지 안내합니다. "반드시 이 책을 읽어야 한다." 하는 필독서 목록이 아닙니다. 저 역시 세상의 모든 책을 다 알 수는 없으니까요. 다만 "이런 주제로, 이런 느낌의 책을 읽으면 좋겠다."라는 방향을 제시하고 싶었습니다.

시중에 추천 도서 목록은 참 많지만, 책 제목만 나열되어 있어 막상 고르려 하면 망설여집니다. 저는 간단한 설명을 덧붙여 책의 성격을 바로 파악할 수 있도록 했습니다. 이 목록을 참고해 도서관에서 책을 고를 때 같은 서가에 꽂힌 비슷한 책들도 함께 살펴보세요. 의외로 더 마음에 드는 책을 만나실 수도 있습니다. 세상에는 좋은 책이 끝없이 많습니다. 부모님이 독서 로드맵을 활용해 아이에게 맞는 책을 찾아 주고, 아이만의 맞춤 북 큐레이터가 되어 주신다면 그것이야말로 초등 초격차 책 읽기의 가장 든든한 출발점이 될 것입니다.

처음 학교, 처음 공부, 처음 독서

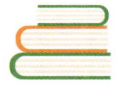

초등 1학년은 막 글자를 읽기 시작해 짧은 문장을 이어 읽을 수 있는 시기입니다. 생활 경험과 학교에서 배우는 내용을 조금씩 연결하면서 공부라는 개념을 처음 만납니다. 이때는 무엇보다 책과 친해지는 경험이 가장 중요합니다. 글자가 많지 않은 그림책으로 재미있게 읽기를 시작하고 또래 아이가 주인공으로 등장하는 책을 통해 글밥을 자연스럽게 늘려 가는 과정이 필요합니다. 책 읽기가 곧 생활 속의 즐거움이 되도록 편안한 분위기를 만들어 주는 것이 무척 중요합니다.

1학년 국어

1학년 국어에는 학기별로 뚜렷한 흐름이 있습니다. 1학기에는 한글을 익히는 데 대부분의 시간을 써요. 받침 없는 글자부터 시작해 받침 있는 글자까지 하나하나 배우고, 소리 내어 읽고 쓰는 연습을 합니다. 2학기에 들어서면 낱말과 문장을 읽고 쓰는 데서 한 걸음 더 나아가, 내가 겪은 일을 차분히 정리하며 그림일기로 표현하기 시작합니다. 짧은 시를 낭송하면서 운율과 리듬을 느껴 보고, 이야기를 읽고 난 뒤에는 자연스럽게 생각과 느낌을 나누기도 하지요. 이때 만나는 책은 단순히 읽기 능력을 키우는 데서 그치지 않습니다. 책을 통해 자기 경험을 언어로 풀어 내는 힘을 기르고, 다른 사람의 마음을 상상하며 공감하는 힘까지 쌓아 갑니다.

움직이는 ㄱㄴㄷ 이수지, 길벗어린이

새장에 갇힌 'ㄱ', 흐물흐물 녹아내리는 'ㄴ', 늘 다쳐서 붕대를 감고 있는 'ㄷ', 신나게 노래하는 'ㄹ'! 이 책은 가두다, 녹다, 다치다와 같은 동사와 함께 ㄱㄴㄷ을 익히도록 만든 책입니다. 글자를 따로 외우지 않아도 그림 속 장면과 연결해 자연스럽게 배우고, 상상력을 더해 재미있게 기억할 수 있습니다.

어서 오세요! ㄱㄴㄷ 뷔페 최경식, 위즈덤하우스

뷔페에서 가족과 즐겁게 식사하는 이야기를 담은 그림책입니다. 글에 곡을 붙여 노래로 따라 부르며, 눈과 귀와 입으로 다채롭게 한글을 경험할 수 있지요. 기역부터 히읗까지 14개의 자음이 각각 해당 자음으로 시작하는 음식 이름과 함께 등장합니다. "먹고 픈 것 투성이, 아빤 마파두부, 엄만 만두, 난 미트볼." 초성 게임을 하듯 재미있게 한글을 익혀 보세요.

뭐든지 나라의 가나다 박지윤, 보림

그림을 보면서 '가' 또는 'ㄱ'으로 시작하는 것을 찾아 읽어 보세요. 그림 속에 힌트가 숨어 있어요. 예를 들어, '가'에는 가방 가게에서 가방에 그려진 늑대가 튀어나와 늑대를 사는 장면이 나옵니다. 말도 안 되는 전개이지만, 그래서 더 재미있지요. 창의력이 팡팡 터지면서 한글 감각도 길러집니다. (국어쌤 북클럽 도서)

놀부와 ㅇㄹㄹ 펭귄 김혜영, 이루리북스

21세기에 '흥부와 놀부'가 살아 있다면 어떤 모습일까요? 옛이야기 '흥부와 놀부'와 '알리바바와 40인의 도적'이 절묘하게 어우러지고, 여기에 한글 놀이까지 더해졌습니다. 과연 제목 《놀부와 ㅇㄹㄹ 펭귄》에서 'ㅇㄹㄹ'은 어떤 말의 첫소리일까요? 독자들의 배꼽을 노리는 유쾌한 웃음을 터뜨릴 그림책 《놀부와 ㅇㄹㄹ 펭귄》은 즐겁게 한글을 익히는 놀이 그림책입니다.

낱말 공장 나라 아녜스드 레스트라드, 세용

말을 하려면 낱말을 사서 삼켜야 하는 나라, 말이 사치가 된 세상을 배경으로 한 이야기입니다. 가난한 소년 필레아스는 사랑을 전할 낱말이 없어 곤충망으로 낱말을 잡고, 부유한 오스카는 수많은 말을 쏟아 내지만 정작 진심은 담지 못합니다. 말보다 마음이 더 중요하다는 사실을 전하며, 낱말의 소중함을 깊이 일깨워 주는 아름답고 창의적인 그림책입니다.

단어 수집가 피터 H. 레이놀즈, 문학동네

낱말을 모으는 걸 좋아하는 소년 제롬의 이야기입니다. 분류해 놓은 낱말들이 우연히 뒤섞이면서 그는 단어들이 만나 새로운 의미를 만든다는 걸 깨닫습니다. 결국 제롬은 자신만의 낱말들을 세상과 나누기 위해 수레에 담아 길을 나섭니다. 말의 아름다움과 나눔의 가치를 전하는 따뜻한 그림책입니다.

낱말 수집가 맥스 케이트 뱅크스, 보물창고

낱말을 모으고 배열하며 언어의 매력을 발견하는 소년 맥스의 이야기입니다. 낱말이 모이면 새로운 이야기가 만들어지는 놀라운 경험을 하게 되죠. 동전이나 우표와는 달리 낱말은 조합에 따라 무한한 상상력을 펼칠 수 있음을 보여 줍니다. 책을 읽고 맥스처럼 나만의 낱말 놀이를 해 보는 것도 좋습니다.

1학년 수학

1학년 수학의 가장 큰 목표는 100까지의 수를 세고 덧셈과 뺄셈을 익히는 것입니다. 여기에 맞는 수학 동화를 함께 읽어 주면 아이가 수학을 재미있게 느끼는 동시에 자연스럽게 수 감각을 키울 수 있습니다.

	1단원	2단원	3단원	4단원	5단원	6단원	7단원
1학기	9까지의 수	여러 가지 모양	덧셈과 뺄셈	비교하기	50까지의 수	수학이랑 함께해요	
2학기	100까지의 수	덧셈과 뺄셈(1)	모양과 시각	덧셈과 뺄셈(2)	규칙 찾기	덧셈과 뺄셈(3)	수학이랑 함께해요

성형외과에 간 삼각형 마릴린 번즈, 보물창고

늘 같은 모습이 지겨웠던 삼각형은 성형외과를 찾아가 사각형, 오각형, 육각형으로 계속 변신합니다. 처음엔 새로운 모습이 즐거웠지만, 점점 많아진 변과 각에 자신을 잃고 맙니다. 결국 삼각형은 원래의 모습으로 돌아와 다시 행복하고 즐겁게 살아갑니다.

1학년 스토리텔링 수학동화 우리기획, 예림당

재미있는 이야기를 통해 수학 원리를 자연스럽게 이해하고 사고력을 기를 수 있도록 도와주는 책입니다. 외톨이 숫자 1의 여행을 통해 1부터 10까지의 숫자를 알고 수의 크기를 비교합니다. 동물 왕국 체육 대회에서는 편을 가르면서 분류의 개념을 알게 되고, 곰과 원숭이의 시소 타기에서는 무게와 균형에 대해 이해하게 됩니다.

양치기 소년은 연산을 못한대 박영란, 뭉치

전래동화 또는 명작동화 주인공과 함께 떠나는 수학 학습 동화입니다. 묶음 세기를 이용해 양을 센 양치기 소년, 수를 가르고 모으면서 늑대를 물리친 빨간 모자, 파랑새를 잡으면서 덧셈과 뺄셈을 알게 된 치르치르와 미치르, 받아올림을 몰라 베짱이를 도둑으로 몰았던 개미의 이야기까지 명작동화 속 주인공들에게 닥친 좌충우돌 사건으로 '수와 연산' 영역의 학습 내용을 익힐 수 있습니다.

수학농장 한상직, 노란돼지

어느 주말, 수학에 서툰 연서와 연우 남매는 부모님과 함께 '수학농장'이라 불리는 곳으로 뜻밖의 여정을 떠납니다. 다양한 동식물을 만나 볼 수 있는 그곳에서 힘을 합쳐 여섯 가지 수학 미션을 풀어 나가는 생태 수학 동화입니다.

대장 수 뽑기 대소동 최영기, 김선자, 을파소

수 마을에서 대장 수를 뽑기로 하자 1부터 9까지 수들이 서로 잘났다고 자랑하는 가운데 아무것도 내세울 수 없던 0은 자리를 떠나 버립니다. 자신을 쓸모없다고 느낀 0에게 구름 할아버지가 다가와 특별한 비밀을 알려 주지요. 과연 대장 수는 누구이고, 0의 비밀은 무엇일까요?

달달곰 과자가게 1 서지원, 아이스크림북스

쌍둥이 곰 남매 아웅이와 다웅이가 과자를 만들며 수의 순서, 도형 등 초등 수학 개념을 자연스럽게 배우는 이야기입니다. 따뜻한 가족 이야기 속에서 수학을 쉽고 재미있게 익히며 사고력과 개념 이해를 함께 키울 수 있습니다. 시리즈니 1권을 읽고 그 뒤의 책도 찾아 읽어 보면 좋겠습니다.

천하 최고 수학 사형제 서지원, 나무생각

수학이 싫은 도담이가 공원에서 만난 할아버지의 옛날이야기를 들으며 덧셈과 뺄셈을 배우는 동화입니다. 천하멀리, 천하번쩍, 천하튼튼, 춥다덥다 사형제가 못된 사또와 욕심 많은 부자 영감을 혼내 주는 유쾌한 이야기 속에서 받아올림, 받아내림, 혼합 계산 등을 자연스럽게 익힐 수 있습니다.

이상한 나라의 도형 공주 서지원, 나무생각

마녀의 저주에 걸린 마리 공주가 도형 나라를 여행하며 삼각형, 사각형, 원 등 다양한 도형의 개념과 특징을 배우는 이야기입니다. 삼각형의 변과 꼭짓점, 사각형의 다양한 형태, 원의 성질 등 기초 개념을 동화 속에서 자연스럽게 익힐 수 있습니다.

1학년 1학기 통합 교과

1학기	학교	사람들	우리나라	탐험

　1학년에 막 들어가서 배우는 통합교과 교과서는 '학교'입니다. 학교라는 주제를 통해서 학교가 어떤 곳인지, 학교에서 자리 정리, 가방 정리, 발표는 어떻게 하는지 등을 배웁니다. 안전한 학교생활을

하기 위해 어떻게 해야 하는지 다양한 놀이를 해 봅니다.

'사람들'이라는 교과에서는 우리 가족, 이웃 등 우리 주변의 고마운 사람들에 대해서 배웁니다. '우리나라'에서는 태극기, 무궁화, 화폐, 문양, 한글, 음식, 한복, 놀이, 명절, 민요, 탈춤, 부채에 대해 배웁니다. '탐험' 교과에서는 탐험가를 보고 탐험선, 탐험복, 탐험가방도 만들어요. 학교생활 적응과 관련된 책, 가족·이웃과 관련된 책, 우리나라와 관련된 책을 읽어 보면 도움이 될 것입니다.

학교생활과 관련된 책

- **최강 1학년** 이서윤, 월북
- **휘뚜루는 1학년** 윤정, 책읽는곰
- **두근두근 1학년을 부탁해** 이서윤, 풀빛
- **무사히 1학년** 이지현, 다림

내 친구 도감 김원아, 창비

주인공 '조아라'가 친구들의 다양한 모습을 관찰하고 기록한 책입니다. '우리 반에도 이런 친구가 있어!' 하고 공감하면서 읽을 수 있습니다.

친구들과 사이좋게 지내요 이서윤, 데이스타

고집불통에 떼쓰기 대장 서준이와 함께 신기한 버스를 타고 콩쥐 팥쥐, 흥부와 놀부, 신데렐라 등 다양한 동화 속 주인공을 만나 보세요. 서준이의 동화 나라 여행을 따라가다 보면 어느새 친구와 더 가까워지는 법을 자연스럽게 배우게 됩니다.

사과는 이렇게 하는 거야 데이비드 라로셀, 블루밍제이

사과하면서 변명하지 않기, "알고 보면 너도 잘못이 있어!" 하고 말하지 않기 등 다양한 '좋은 사과'와 '나쁜 사과' 방법이 등장합니다. 웃다 보면 어느새 우리의 마음을 치유하고 더 나은 인간관계를 만들어 주는 사과의 비법을 알게 됩니다.

- **학교 안전을 부탁해** 이서윤, 풀빛
- **학교생활 위기 탈출법** 김원아, 사계절
- **학교 다녀오겠습니다!** 이기규, 주니어김영사
- **귀신을 보는 안전 탐정** 이서윤, 크레용하우스

인사를 나눠 드립니다 이한재, 킨더랜드

엘리베이터 안은 오늘도 고요합니다. 매번 마주치는 두 이웃은 오늘도 인사를 나누지 못하고 서로 다른 곳만 쳐다봅니다. 그때 불편한 침묵을 깨는 민철이의 우렁찬 인사가 울립니다.
"안녕하세요!" 민철이가 나눠 준 인사 덕분일까요? 어색한 정적 속에서 머뭇거리던 두 이웃은 드디어 반가운 인사를 나눕니다. 두 이웃이 나눈 인사는 엘리베이터 밖을 벗어나 아파트 전체로 퍼져 나갑니다. 민철이의 작은 인사는 점점 번지며 학교 안을 가득 채웁니다.

가만히 앉아 있는 게 제일 힘들어요! 신채연, 팜파스

자리에 가만히 앉아 있지 못하고 엉덩이가 들썩거리는 어린이 친구들의 속마음을 유쾌하게 서술하고 있어요. '잘하고 싶은 마음', '친구와 친하게 지내고 싶은 마음', '뽐내고 싶음 마음'은 누구나 가지고 있지요. 그 마음을 긍정적으로 이끌어 주면 어린이 스스로 수업에 적극적으로 참여하는 마음가짐을 가질 수 있게 된답니다.

가족, 이웃과 관련된 책

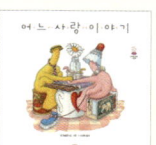

어느 사랑 이야기 질 바슐레, 책빛

고무장갑을 주인공으로 사랑에 빠지고 결혼하고 아이를 낳고 나이 들어가는 평범한 삶을 따뜻하게 표현했습니다. 가족 안에서 자라나 새로운 가족을 만들면서 이어지는 우리네 인생을 생각해 볼 수 있습니다.

감자 좀 달라고요! 모린 퍼거스, 책과콩나무

저녁 식사 시간, 빌은 누군가 감자를 주기만을 기다리고 있었지요. 그런데 아무도 빌에게 관심이 없었어요! 엄마는 태블릿으로 뭔가 하느라 바빴고요, 아빠는 휴대전화만 보고 있었어요. 똑똑한 형과 여동생도 각자 자기 일만 열심히 하고 있었어요. 그 순간, 무시무시한 일이 일어났어요. 빌의 몸이 투명해진 거예요. 식구들은 한참이 지나서야 그 끔찍한 사실을 알아챘지요. 식구들은 그야말로 허둥지둥 빌을 찾다가 결국 모두 펑펑 울어 버렸어요. "빌에게 좀 더 관심을 가졌어야 했어!" 그 순간 빌의 몸이 다시 원래대로 돌아왔어요. 그 후로 식구들은 빌의 이야기에 귀를 기울여 주었어요.

가족은 꼬옥 안아 주는 거야 박윤경, 웅진주니어

이 책은 "가족은요, 어떤 거예요. 가족은요, 어떻게 하는 거예요." 와 같은 반복되는 문장 구조와 구체적인 가족 이야기를 담아 아이들이 이해하기 쉽도록 구성되어 있어요. 그렇다면 가족은 어떻게 해야 할까요? 이 책을 읽고 "가족은 (   ) 거야."를 채우며 온 가족이 함께 대화를 나눠 보세요.

가족의 가족을 뭐라고 부르지? 채인선, 미세기

촌수 박사 달찬이 유타루, 비룡소

두 책 모두 친척의 호칭과 촌수에 대해 알 수 있어요.

왕할머니는 100살 이규희, 책읽는곰

별이가 누구보다도 좋아하는 왕할머니가 곧 100살 생신을 맞는다고 합니다! 작은아빠와 숙모, 사촌동생 온이와 달이, 큰고모와 큰고모부, 사촌오빠 정우, 작은고모와 작은고모부, 아기 피터, 고모할머니 삼총사와 당숙까지 일가친척이 모여요. 별이가 일가친척을 맞이하는 과정에서 자연스레 호칭이 눈과 귀에 익고 마음에 스며들며 모두가 이어져 있다는 것을 알게 됩니다.

할머니 엄마 이지은, 웅진주니어

이 책은 부모님이 회사에서 일하는 동안 지은이의 모든 것을 챙겨 주시는 할머니와 손녀 지은이의 이야기입니다. 할머니의 커다란 모성애가 담긴 이야기로 조부모님이 돌봐 주신다면 함께 읽어 봐도 좋겠습니다.

이웃집에는 어떤 가족이 살까? 유다정, 위즈덤하우스

길고양이 미오는 다른 고양이들처럼 사랑을 듬뿍 받을 수 있는 가족을 찾아가기로 결심해요. 그래서 동네에 있는 집을 차례차례 돌아봐요. 미오가 찾아간 일곱 가족은 맞벌이를 하는 부모님, 재혼하신 부모님, 대가족, 국적이 다른 부모님, 엄마와 단둘이 사는 집, 입양을 통해 가족을 새로 꾸린 집 등 그 유형이 다양해요. 미오의 이야기를 따라가다 보면 자연스레 여러 가족의 모습을 알고 그 삶을 이해하게 된답니다.

감자 이웃 김윤이, 고래이야기

할아버지가 키운 감자를 이웃에 나누어 주고, 감자는 요리가 되어 다시 할아버지 식탁으로 돌아오는 이야기예요. 요즘은 이웃 간의 정을 말하기에는 너무 불안하고 차가운 사회가 되었습니다. 감자 하나로 시작된 선순환으로 이웃의 정을 느껴 보세요.

901호 띵똥 아저씨 이욱재, 노란돼지

이웃 간에 발생할 수 있는 층간 소음 갈등을 통해 이를 지혜롭게 해결하는 방법을 제시합니다. 작은 오해가 큰 다툼으로 번지기 전에 대화와 지혜로 풀어 가는 법을 담았습니다.

우리나라 전통 음식, 한복, 명절, 놀이와 관련된 책

- **태극기는 참 쉽다** 이형진, 풀빛
- **우리나라를 소개합니다** 표시정, 키다리
- **국경일에 숨은 우리나라 역사 이야기** 조혜영, 다락원

무궁화꽃이 피었습니다 천미진, 키즈엠

인절미, 꿀떡, 시루떡, 무지개떡 등이 모여 가위바위보를 해요. 대체 무엇을 하려는 걸까요? 술래가 된 무지개떡이 투덜거리며 전봇대로 향해요. 나머지 떡들은 가벼운 발걸음으로 출발선에 가지요. 잠시 뒤 놀이가 시작되고 무지개떡이 큰소리로 외쳐요. "무궁화꽃이 피었습니다."

  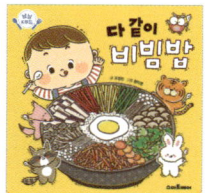

전놀이 동글, 소원나무 **달님 송편** 안영은, 키즈엠 **다 같이 비빔밥** 표영민, 스마트베어

떡국의 마음 천미진, 키즈엠 **된장찌개** 천미진, 키즈엠 **식혜** 천미진, 키즈엠

김치가 최고야 김난지, 천개의바람

김치는 종류가 참 다양합니다. 주재료가 되는 채소가 무엇이냐에 따라, 어떻게 만드느냐에 따라 각기 다른 김치가 됩니다. 만약 여러 김치가 스스로 자기소개를 한다면 뭐라고 말할까요? 배추김치, 깍두기, 총각김치, 파김치, 동치미까지 우리가 자주 먹는 다섯 김치가 자기가 최고라고 뽐낸다면 무엇을 자랑할까요?

안녕? 열두 달 박보미, 책읽는곰

이 책의 가장 큰 특징은 전통적인 명절과 절기뿐 아니라 기념일, 입학식, 소풍, 운동회, 체험학습, 방학, 학예회, 졸업식처럼 때마다 돌아오는 주요한 행사를 빠짐없이 다뤘다는 것이에요. 또한 설날이나 정월대보름, 단오, 추석 같은 전통 명절 외에도 핼러윈이나 크리스마스처럼 요즘 어린이들이 즐기는 새로운 명절도 함께 다루고 있답니다.

- **비밀스러운 한복나라** 무돌, 노란돼지
- **오방색이 뭐예요?** 임어진, 토토북
- **우리 옷 고운 옷 한복이 좋아요** 김홍신, 임영주, 노란우산

- **달이네 추석맞이** 선자은, 푸른숲주니어
- **설날** 김영진, 길벗어린이
- **추석에도 세배할래요** 김홍신, 임영주, 노란우산

설빔 배현주, 사계절

명절이나 잔치 때 새 옷으로 차려입는 일 또는 그 옷을 '빔'이라고 합니다. 설빔은 설에 입는 새 옷이지요. 새해를 맞아 모든 것을 새로 시작하는 날에 입는 옷이니 만큼 사람들은 가장 깨끗하고 아름다운 옷으로 설빔을 차려입습니다. 여자아이 설빔과 남자아이 설빔을 책으로 만나 보아요.

차례 김춘수, 다림

민족의 최대 명절인 설과 추석에는 예로부터 온 가족이 한자리에 모여 차례를 지내 왔어요. 이 책의 주인공 할아버지도 명절이 되어 오랜만에 찾아온 반가운 자식들, 어여쁜 손주들과 함께 행복한 시간을 보내고, 다 같이 차례를 지내면서 할머니에 대한 그리움과 감사의 마음도 전하지요. 요즘은 차례를 지내지 않는 경우도 많아서 이렇게 책으로 만나 보면 좋겠습니다.

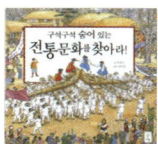

구석구석 숨어 있는 전통문화를 찾아라! 한혜선, 거인

이 책에는 전부 열 가지의 전통문화가 나와요. 장 담그기, 소싸움, 진해군항제, 수문장 교대의식, 인사동 거리, 전통혼례, 탈, 궁중연회, 정월대보름, 고싸움까지 모두 우리 조상들의 삶이 녹아 있는 생생한 역사의 장이지요. 역사가 살아 숨 쉬는 대한민국의 전통을 통해 우리 조상들의 지혜와 멋을 배우고 빛나는 우리 문화의 가치도 되새겨 볼 수 있어요. 더불어 북적북적한 사람들 틈에 숨어 있는 그림을 찾는 재미도 있습니다.

얘들아, 같이 놀자 이규희, 크레용하우스

준이는 스마트폰이 없으면 심심하기만 해요. 엄마가 스마트폰을 주지 않자 심통이 난 준이는 무작정 길을 나섭니다. 그러다 처음 보는 집과 이상한 화살표를 발견하지요. 준이와 친구들은 호기심에 이끌려 집 안으로 들어가 봅니다. 그러자 처음 본 친구들이 반갑게 인사하며 같이 놀자고 해요. 편을 나눠 딱지치기, 무궁화꽃이 피었습니다, 줄다리기, 사방치기 등 다양한 전통 놀이를 함께 즐겨 봐요.

- **날아라! 똥제기** 임서하, 키큰도토리
- **던져라! 공깃돌** 임서하, 키큰도토리
- **반갑다! 대왕 딱지** 임서하, 키큰도토리
- **솟아라! 방패연** 임서하, 키큰도토리

- 돌아라! 팽이야 임서하, 키큰도토리
- 굴려라! 왕구슬 임서하, 키큰도토리
- 잡았다! 윷이다 임서하, 키큰도토리
- 사시사철 우리 놀이 우리 문화 이선영, 한솔수북

★ 이혼과 재혼을 다루고 있는 그림책

- 따로따로 행복하게 배빗 콜, 보림
- 깜장 병아리 이기규, 여우고개
- 특별한 손님 안나레나 맥아피, 배틀북
- 나는 엄마가 둘이래요! 정설희, 노란돼지
- 풍선 다섯 개 김양미, 시공주니어
- 엄마 따로 아빠 따로 임정진, 시공주니어
- 나는 두 집에 살아요 마리안 드 스멧, 두레아이들

★ 입양 가족을 다루고 있는 그림책

- 엄마와 나 레나타 갈린도, 불의여우
- 삐약이 엄마 백희나, 스토리보울
- 하늘에서 떨어진 아이 전미화, 문학과지성사
- 하얀 선물 이연, 책읽는곰

1학년 2학기 통합 교과

| 2학기 | 하루 | 약속 | 상상 | 이야기 |

2학기에는 '하루'라는 교과를 먼저 배웁니다. 기억에 남는 하루, 내가 좋아하는 하루에 대해 이야기 나누고, 하루 동안 낮 하늘과 밤 하늘을 살펴봅니다. 또 건강한 하루를 보내는 방법과 나의 일과를 떠올려 보고, 하루 동안 먹은 음식, 건강한 식사 습관도 알아봅니다. '마음의 하루' 단원에서는 다양한 마음을 배우고, 잠의 중요성, 잠자리 습관, 자장가에 대해서도 배웁니다.

'약속'에서는 지구가 더워지지 않기 위해 노력할 것, 물 절약, 에너지 절약, 바다 쓰레기, 일회용품, 지나친 포장, 플라스틱, 나무, 음식 쓰레기, 북극곰, 멸종 동물, 소비 습관, 갈등과 평화, 우리 생활 속 편견, 어린이 권리, 참여권까지 다양한 사회 문제를 약속이라는 주제 아래서 배웁니다.

'상상'이라는 교과에서 다양한 도형을 배우고, 〈호두까기 인형〉 음악을 듣고 그림으로 표현합니다. 새로운 동물을 상상하고, 물건으로 악기도 만들며, 나의 기분을 음악으로 표현해 보기도 합니다. 초능력, 공룡, 거인 나라까지 상상할 수 있는 다양한 주제를 다룹니다. '이야기'에서는 소원을 빌어 보고 이야기를 만들어 보는 시간을 갖습니다.

하루와 관련된 책

여덟 살의 시간 관리 이서윤, 풀빛

시계 읽는 법부터 다양한 계획표 활용법, 시간 관리를 잘하는 5가지 방법까지 시간 관리 팁을 전부 알려 줍니다. 여덟 살은 첫 습관이 잡히는 시기로, 어린이 스스로 시간 관리를 잘할 수 있도록 좋은 습관을 길러 줍니다. '하루' 교과와 연계해서 이야기 나눠 볼 수도 있습니다.

정글의 낮과 밤 / 대도시의 낮과 밤 폴라 맥글로인, 보림

정글, 대도시의 낮과 밤의 모습을 보는 병풍 책입니다. 내가 사는 동네의 낮과 밤의 모습을 관찰해 표현해 보세요.

몸 잘 자라는 법 전미경, 사계절

제대로 세수하는 법, 머리 감는 법, 이를 잘 닦는 법, 눈이 나빠지지 않는 법, 손발톱을 깎는 법, 똑바로 앉고 서고 걷는 법까지 제 몸을 스스로 돌보는 방법을 알려 줍니다. 또 음식을 제대로 먹는 것, 똥을 잘 누는 것, 잠을 잘 자는 것이 왜 중요한지도 알려 줍니다. 코를 제대로 푸는 법, 생식기를 씻는 법, 팔자걸음과 안짱걸음을 알아채는 법처럼 꼭 필요하지만 어른들도 정확히 모르고 있던 구체적인 정보까지 담겨 있습니다.

무엇이든 골고루 먹어요 이서윤, 데이스타

고기와 인스턴트만 좋아하는 민준이, 탄산음료를 물처럼 마시는 서연이, 하루 종일 과자와 불량식품만 먹는 록이. 편식 대장 삼총사는 '채소 없는 나라', '물 없는 나라', '과자만 있는 나라'로 모험을 떠납니다. 이 신기하고도 무서운 나라들을 여행하며 편식의 문제를 깨닫게 되지요. 이야기를 읽다 보면 자연스럽게 건강한 식습관의 중요성을 배우게 됩니다.

좋아 싫어 대신 뭐라고 말하지? 송현지, 이야기공간

초등학생 승규의 아침 기상부터 학교생활, 하교, 학원에서의 시간, 잠들기 전까지 '하루'를 따라가다 보면 '좋아!', '싫어!'를 대신할 감정 어휘들을 자연스럽게 만날 수 있습니다.

감정 호텔 리디아 브란코비치, 책읽는곰

감정 호텔에는 다양한 감정이 묵고 있어요. 슬픔, 분노, 감사, 기쁨 등 다양한 감정이 감정 호텔에 머물고 가지요. 아무리 까다로운 손님이라도 돌려보내지 않는 지배인이 있는 감정 호텔에서 감정 수용과 다양한 감정들의 모습을 알아 보아요. (국어쌤 북클럽 도서)

일곱 빛깔 감정나라 김종원, 데이스타

아이들이 자신의 감정을 이해하고 표현하는 능력을 키울 수 있도록 도와주는 어린이 감정 그림책입니다. 빨강, 주황, 노랑, 초록, 파랑, 남색, 보라 등 일곱 빛깔 감정 나라를 탐험하며 아이들 스스로 분노, 불안, 기쁨, 사랑, 슬픔, 절망, 희망 등 다채로운 감정의 소중함을 배울 수 있습니다.

약속과 관련된 책

바다거북이 장례식 고영미, 도토리숲

바다거북이 한 마리가 힘들게 제주도 해변으로 올라옵니다. 바다거북은 이내 죽음을 맞이합니다. 코에는 플라스틱 빨대가 박혀 있고, 목에는 고무가 감겨 있습니다. 바다거북의 배 속에는 플라스틱 쓰레기가 가득합니다. 갈매기들이 바다거북의 코에 박힌 빨대를 빼 주고, 목에 감긴 고무를 풀어 줍니다. 그리고 바다거북의 죽음을 함께 애도합니다.

이상한 휴가 이윤민, 미세기

환경 문제에 당면한 어린이들에게 우리나라에 닥친 지구 온난화의 심각성을 재미있는 이야기로 알려 주는 책입니다. 율이 가족의 좌충우돌 여름 휴가를 통해 지구 온난화의 원인과 현상을 있는 그대로 담았습니다. (국어쌤 북클럽 도서)

북극곰 엉덩이가 뜨거워 소중애, 함께자람

아이들은 북극곰 '동동이'가 되어 북극곰이 겪는 아픔을 느낍니다. 환경 오염이 불러온 심각한 현실을 마주하며 경각심을 가지게 되지요. 이를 통해 환경 보호의 중요성과 실천 방법을 스스로 생각하게 됩니다.

태어납니다 사라집니다 유미희, 초록개구리

인간이 쉬지 않고 만들어 내는 것과 그로 인해 멸종되어 가는 동식물을 한 장면, 한 장면 대비해 보여 줌으로써 환경 문제를 뚜렷이 전합니다. 특히 이 책의 마지막 장면은 지금처럼 경제 성장을 최우선으로 한 삶이 지속된다면, 지구의 다채로운 생명을 박물관에서나 만나게 될지도 모른다는 사실을 일깨워 줍니다.

멸종동물 소원 카드 배달 왔어요 윤은미, 철수와영희

멋진 날개를 가진 독수리, 우리나라에서만 사는 금개구리, 여름 논에서 흔히 볼 수 있었던 뜸부기 등 우리 주변에서 살았거나 살고 있는 친근한 멸종 위기 야생 동물의 개성 있는 생활사와 멸종 이유를 재치 있는 그림으로 구성했습니다. 소원 카드 형식으로 꾸며져 있어 흥미를 더합니다.

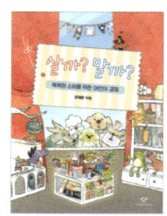

살까? 말까? 권재원, 창비

다섯 어린이 손님들은 각기 다른 소비 고민을 안고 보물섬에 옵니다. 수상한 사장님은 마법으로 물건을 산 뒤의 상황을 미리 체험하게 해 주지요. 이를 통해 아이들은 스스로 현명한 소비를 선택하게 됩니다.

세상 모든 아이들의 권리 페르닐라 스탈펠트, 시금치

전 세계의 많은 나라에서는 갓 태어난 아기부터 열일곱 살까지 아이라고 정의하고 이들의 권리에 대해 특별한 약속을 했어요. '유엔 아동 권리 협약'이 바로 그것이에요. 전 세계 대부분 나라들이 가입한 국제법 '아동 권리에 관한 유엔 협약'을 그림책이라는 옷을 입혀 아이들 눈높이로 그려 냈습니다.

내가 라면을 먹을 때 하세가와 요시후미, 고래이야기

주인공 소년은 혼자 식탁에 앉아 라면을 먹고 있습니다. 같은 시간, 무대는 이웃 나라로 옮겨집니다. 그곳에서는 자전거를 타고 바삐 달리거나, 동생을 돌보거나, 물을 긷거나, 농사일을 하거나, 빵을 팔아야 하는 아이들이 있습니다. 공부나 놀이는커녕 당장 일을 하지 않으면 먹고 살기조차 어려운 현실 속에서 하루를 이어 가야 하지요. 그중에는 땅에 쓰러져 있는 아이도 있는데, 그 위로는 차갑고 삭막한 바람이 불어옵니다. 이 책은 전혀 다른 두 장면을 나란히 보여 주며, 지금 내게 주어진 환경에 감사하는 마음을 일깨우고 나눔을 실천하는 방법에 대해 생각해 보게 합니다.

달나라에 도깨비가 산다 김백신, 가문비어린이

어머니가 캄보디아 사람인 서준이는 피부색이 검다는 이유로 친구들에게 놀림을 받습니다. 서준이는 속이 상해 옥상으로 올라가 물로 자꾸 자기 손을 닦아 봅니다. 그때 피부가 하얀 아이가 불쑥 나타납니다. 아이는 달에서 살았는데 독립해서 갈 데가 없으니 재워 달라며 조릅니다. 아이는 자기 이름이 알비노라면서 선천성 색소결핍증을 앓고 있다고 합니다. 그래서 친구들이 흰 토끼라고 부르는 것이 몹시 못마땅하다고 합니다. 우리 주변에서 일어나는 인권 침해 문제를 다루고 있는 책입니다.

내게는 소리를 듣지 못하는 여동생이 있습니다
진 화이트하우스 피터슨, 웅진주니어

청각 장애 여동생을 둔 언니가 여동생의 일상을 하나하나 이야기하는 책입니다. 동생은 말을 할 수 없지만, 얼굴의 표정과 어깨의 움직임으로 더 많은 것들을 이야기합니다. 소리를 듣지 못해도 풀밭의 아주 작은 움직임까지 느끼는 특별한 아이이지요. 언니는 어둠 속에서 귀를 막고 아무 소리도 들리지 않는 순간을 느끼며 동생을 이해하기 위해 애씁니다.

어떤 느낌일까? 나카야마 치나츠, 보림

내 친구 마리는 눈이 보이지 않아요. 보이지 않는다는 건 어떤 느낌일까요? 장애는 그저 괴롭고 슬프기만 한 것이 아니라 보지 못할 때, 들리지 않을 때 열리는 더 풍요로운 감각의 세상이 있어 누구나 주어진 조건과 상황에 따라 남과는 다른 능력이 발달할 수 있음을 보여 줍니다. 타인을 배려한다는 것은, 동정하거나 불쌍히 여기는 것이 아니라 상대 입장이 되어 생각해 보는 태도임을 이야기합니다.

상상과 관련된 책

호두까기 인형 E.T.A. 호프만, 은하수미디어

크리스마스이브, 마리는 호두까기 인형을 선물로 받고 기뻐합니다. 그날 밤 장난감들이 살아 움직이고 호두까기 인형은 생쥐 왕과 한바탕 전투를 벌여요. 과연 마리와 호두까기 인형에게 어떤 일들이 일어날까요? 그리고 마리는 호두까기 인형의 마법을 풀고 사랑을 이룰 수 있을까요? 수업 시간 호두까기 인형의 음악을 듣기 전에 미리 책으로 읽고 만나 보면 더 좋을 것입니다.

걸리버 여행기 조너선 스위프트, 어스본코리아

거인의 나라를 상상한다면 바로 떠오르는 책입니다. 원작에 기초하여 초등 저학년의 수준에 맞는 분량과 번역으로 재구성한 책을 읽어 보면서 상상력을 키워 봐요.

소리를 그리는 마술사 칸딘스키

다안 렘머르츠 더 프리스, 파랑새어린이

바실리 칸딘스키는 누구보다 열정적으로 자신의 감정을 화폭으로 옮긴 러시아 화가입니다. 춤을 추는 듯 선명한 색채와 자유로운 형태로 그림을 그린 그는 이전까지는 찾아볼 수 없었던 새로운 작품을 세상에 선보이며 현대 추상 미술을 창시했습니다. 소리를 그림으로 표현하는 활동을 하면서 '칸딘스키'라는 화가를 생각해 보세요.

이야기와 관련 있는 책

알라딘의 요술 램프 아랍 민간설화, 인북

동굴에 갇힌 알라딘이 요술 반지를 문지르는 순간 갑자기 펑 하고 요정 지니가 나타나 알라딘을 구해 줍니다. 그런데 알라딘이 동굴에서 가지고 나온 요술 램프에도 비밀이 숨어 있었어요. 램프를 문지르면 요정 지니가 나와 알라딘이 말하는 모든 소원을 들어주었지요. 알라딘은 앞으로 어떻게 될까요? 이야기 교과서의 '소원'과 관련해 함께 읽어 보아요.

석이의 소원 주문 비법 이경혜, 바우솔

소원을 이루어 주는 요술 반지 때문에 울고 웃는 유쾌한 소동을 담아낸 기발한 창작 동화입니다. '알라딘의 요술 램프'와 같은 소원 이야기를 핵심 모티브로, 현실과 상상을 오가는 신나는 이야기가 활기차게 펼쳐집니다.

기초 학습력을
다지는 독서

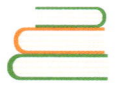

2학년이 되면 한글 읽기가 한결 익숙해집니다. 이제는 글밥이 조금 더 많은 이야기책에도 도전해 볼 수 있고, 그림책을 통해 자연스럽게 지식과 정보를 접하는 단계로 나아갈 수 있습니다. 즐겁게 읽으면서도 책의 범위를 확장해 가는 경험이 곧 기초 학습력을 다져 주는 힘이 됩니다.

2학년 국어

2학년 1학기에는 글을 단순히 읽고 쓰는 데서 한 걸음 더 나아가, 자신을 소개하는 글을 쓰고 재미있는 말놀이를 하며 언어의 재미를 맛봅니다. 이야기를 만들고, 책 속에서 마음에 드는 문장을 골라 소개하며, 일기를 쓰고, 시를 낭송하기도 합니다. 겹받침이 들어간 낱말을 읽고 쓰는 연습도 이때 합니다. 또 글을 읽으며 인물의 마음을 짐작해 보고, 중요한 내용을 찾아보며, 인물의 생각과 그 까닭을 파악하는 요령을 익히면서 '적극적으로 읽는 법'을 배우기 시작합니다.

2학기에는 시와 이야기를 읽으며 상상하고 느낌을 나누는 문학적 감상이 더 깊어집니다. 친구와 고운 말로 대화하고, 칭찬이나 조언을 건네는 방법도 배웁니다. 글을 읽고 중심 내용을 파악하며 간추리는 연습을 처음 시작하고, 간단히 사물에 대해 설명하거나 좋아하는 물건을 주제로 글을 써 보기도 합니다. 여러 문장의 종류를 익히고 생각을 바른말로 표현하는 훈련을 하며 매체에 글을 올리는 방법도 처음 배우게 됩니다. 마지막에는 겪어 본 일을 시나 노래, 이야기로 표현하면서 글쓰기를 더 풍성하게 경험합니다.

내 이름 신혜은, 장영

자기소개를 할 때 가장 먼저 말하는 게 이름입니다. 내 이름은 일상적으로 쉽게 불리지만 그 의미는 자세히 모르는 경우도 있어요. 이름에 여러 철학적 의미가 담겨 있다는 것을 아이들에게 전달하기 위한 그림책입니다. 아이 이름에 담긴 뜻도 함께 나눠 보세요.

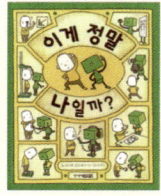

이게 정말 나일까? 요시타케 신스케, 주니어김영사

로봇에게 '가짜 역할'을 맡기려면 자신에 대해 구체적으로 알려줘야 한다는 설정을 통해 이름과 가족, 취미 같은 기본 정보는 물론 더 깊은 특징까지 생각해 보게 합니다. "만약 내 곁에도 이런 로봇이 있다면 나는 나를 어떻게 소개할까?"라는 질문을 던지며 자기소개를 색다르게 바라보게 합니다.

내 안에는 사자가 있어, 너는? 가브리엘레 클리마, 그린북

아이들의 다양한 성격과 행동을 여러 동물의 특성에 빗대어 표현한 그림책입니다. 고양이 같은 아이, 물고기 같은 아이 등 다양한 모습을 보며 서로의 차이를 이해하게 됩니다. 이를 통해 아이들은 자기 내면의 소중함도 발견하게 됩니다.

이야기 주머니 이야기 이억배, 보림

이야기를 듣기만 하고 남에게 들려줄 줄 몰랐던 아이가 있었습니다. 아이는 들은 이야기를 종이에 적어 주머니에만 가둬 두었지요. 세월이 흘러 결혼 날, 갇혀 있던 이야기들이 복수하려 하지만 머슴의 기지로 신랑은 구출됩니다. 결국 주머니가 풀리며 이야기들이 세상으로 흩어집니다. 아이와 함께 읽고 직접 이야기를 만들어 보는 활동으로 이어 가면 좋습니다.

말놀이 동시집 최승호, 비룡소

말놀이와 동시를 배우는 시기에 읽어 두면 더없이 좋은 책입니다. 재치 있는 말놀이 속에서 단어의 재미를 느끼고, 짧고 간결한 동시 속에서 리듬과 운율을 익히며 언어 감각이 쑥쑥 자랍니다. 웃음을 주는 장난스러운 표현부터 마음을 간질이는 시어까지 읽다 보면 말과 시가 주는 즐거움에 흠뻑 빠지게 됩니다.

고구마구마 사이다, 반달(킨더랜드)

'고구마는 둥글구마.', '고구마는 길쭉하구마.', '크구마.', '작구마.' 이렇게 고구마의 생김새를 익살스럽게 표현한 말놀이가 가득한 책입니다. 고구마의 모양과 크기를 소리로 재미있게 표현하면서 언어의 변주를 즐길 수 있습니다. 읽다 보면 '고구마' 하나로 이렇게 많은 말놀이가 가능하다는 사실에 깜짝 놀라고, 아이와 함께 끝말을 바꿔 가며 새로운 '~구마!' 말을 만들어 보는 재미도 느낄 수 있습니다.

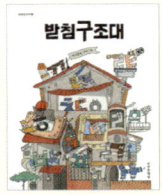

받침구조대 곽미영, 만만한책방

2학년부터 배우는 겹받침을 쉽고 재미있게 익히도록 기발한 상상력을 담은 책입니다. 구름을 "막아요." 하면 ㄹ 받침 구조대가 나타나 "맑아요."로 바꾸고, 캥거루가 새끼를 "안아요." 하다 힘들면 ㅈ 받침이 나타나 "앉아요."가 되지요. 상황과 그림이 어우러져 받침의 역할을 자연스럽게 이해하고, 받침 하나로 뜻이 달라지는 재미를 느낄 수 있습니다.

띄어쓰기 경주 곽미영, 만만한책방

우편 배달부가 된 토끼와 거북이가 아홉 개 관문을 지나며 '띄어쓰기 미션'을 해결하는 이야기입니다. "아기염소네마리가사라졌어요." 같은 문장을 고치며 경주를 이어 가다 보면, 띄어쓰기의 필요성과 중요성을 자연스럽게 배우게 됩니다.

문장부호 꾸러기반 곽미영, 만만한책방

큰따옴표 선생님을 중심으로 마침표, 느낌표, 물음표 등 개성 넘치는 문장부호 친구들이 모였습니다. 같은 말이라도 누가 등장하느냐에 따라 단정해졌다가, 망설여졌다가, 낭만적으로 변하지요. 이야기를 읽다 보면 문장부호가 단순한 기호가 아니라 말의 표정과 감정을 만드는 중요한 역할임을 자연스럽게 알게 됩니다.

느낌표 에이미 크루즈 로젠탈, 천개의바람

느낌표는 어디서나 눈에 띄는 아이였습니다. 이곳에서도, 저곳에서도. 마침표 친구들과 함께라면 더더욱 눈에 띄었지요. 그런데도 느낌표는 친구들과 비슷하게 보이고 싶었습니다. 속상하고 주눅 들어 입도 뻥긋 못하던 어느 날, 느낌표 앞에 물음표가 나타납니다. "이름이 뭐야? 몇 학년이야? 제일 좋아하는 색은 뭐야?" 끊임없는 질문 공세 속에서 느낌표는 과연 어떻게 반응할까요? 문장부호의 개성을 유쾌하게 보여 주면서 나만의 특별함을 발견하고 받아들이는 '자기 수용'의 가치를 자연스럽게 느끼게 해 줍니다.

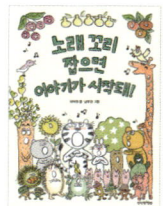

노래 꼬리 잡으면 이야기가 시작돼! 곽미영, 만만한책방

아이들에게 친숙한 '씨앗', '도토리', '반달', '아기 나무 작은 열매', '여름 냇가' 다섯 곡의 동요에 상상력을 더해 새로운 이야기를 풀어낸 책입니다. 하나의 동요에 하나의 이야기가 이어지는 구조로, 총 다섯 편의 동요와 그 뒤에 숨은 이야기가 펼쳐집니다. "그 다음은 어떻게 되었어요?"라는 궁금증을 자극하며, 노래를 부르고 난 뒤 상상력을 발휘해 직접 뒷이야기를 써 볼 수 있도록 구성되어 있습니다.

도대체 뭐라고 말하지? 서지원, 한솔수북

헷갈리기 쉬운 35개의 어휘를 뽑아 쉽고 재미있게 풀어낸 책입니다. '틀리다.'와 '다르다.'처럼 어른도 종종 헷갈리는 단어, 소리는 같지만 뜻이 다른 말, 여러 의미를 가진 말, 높임말과 비높임말 등 다양한 어휘를 만화 형식으로 설명합니다. 일상에서 무심코 쓰는 단어의 정확한 뜻을 알게 되면 상황에 맞는 표현을 선택하는 힘이 길러집니다. 이 책을 통해 어휘력과 언어 표현력을 키우면 실생활은 물론 교과 공부에서도 명확하게 말할 줄 아는 아이로 성장하게 됩니다.

일기 감추는 날 황선미, 시공주니어

일기 검사를 받다 보면 속마음을 다 쓰지 못하는 경우가 생기기 마련입니다. 주인공 동민이는 마음에도 없는 이야기를 억지로 쓰다 결국 일기를 제출하지 않고 벌을 받기로 합니다. 그러던 중 선생님은 동민이가 일기 끝에 쓴 "비밀이 많아 일기를 못 쓰겠다."라는 편지를 읽게 되고, 동민이의 사정을 이해하게 됩니다. 갈등을 빚었던 경수와도 오해를 풀고, 동민이는 걱정들과 화해하며 더 이상 일기 쓰기를 두려워하지 않게 됩니다. 국어 시간에 일기 쓰는 법을 배운 뒤 이 책을 함께 읽으면 일기의 진정한 의미를 생각해 볼 수 있습니다.

2학년 수학

	1단원	2단원	3단원	4단원	5단원	6단원	7단원
1학기	세 자리 수	여러 가지 도형	덧셈과 뺄셈	길이 재기	분류하기	곱셈	수학이랑 함께해요
2학기	네 자리 수	곱셈구구	길이 재기	시각과 시간	표와 그래프	규칙 찾기	수학이랑 함께 해요

2학년은 수학에서는 네 자리 수까지 배우고, 두 자릿수의 덧셈과 뺄셈, 구구단, 분류하기, 시간, 길이 재기 등을 익힙니다.

초등학교 저학년을 위한 수학이랑 친구하기 이혜옥, 거인

수학을 처음 만나는 초등 저학년 친구들이 덧셈과 뺄셈, 곱셈과 나눗셈, 평면도형과 입체도형, 비교하기와 분류하기, 확률과 통계 같은 개념을 이야기를 통해 친숙하게 배울 수 있습니다. 즐겁게 읽다 보면 수학이 낯선 공부가 아니라 생활 속에서 자연스럽게 만나는 친구처럼 느껴집니다.

수학식당 김희남, 명왕성은자유다

수학을 어려워하던 아이들이 수학 요리로 문제를 해결하며 즐겁게 수학을 배우는 이야기예요. 비밀 수학 레시피, 수학을 없애려는 학수식당과의 대결 속에서 주인공 당케는 점점 성장해 갑니다. 생활 속 수학 개념을 재미있는 이야기로 익히며 자신감을 키울 수 있는 초등 저학년용 스토리텔링 수학 동화입니다.

똥꼬발랄 고영희 다영, 와이즈만북스

새침한 표정에 도도한 걸음걸이로 사람들의 시선을 한눈에 사로잡는 아이돌 지망생 고영희가 여행 중 다양한 사건을 수학 원리로 해결하는 유쾌한 수학 동화입니다. 덧셈·뺄셈, 곱셈·나눗셈, 큰 수 등 수학 개념을 흥미진진한 스토리와 재치 있는 일러스트로 전달하며 수학이 일상에서 꼭 필요한 지식임을 알려 줍니다.

수리수리마수리 암호 나라로! 고희정, 토토북

수학을 싫어하는 마수리가 일곱 명의 거인이 지키는 암호 나라에 빠져 덧셈·뺄셈부터 수열, 도형, 파스칼 삼각형, 프랙털 등 수학 원리가 숨은 일곱 개 암호를 푸는 이야기입니다. 수 요정의 힌트를 따라 규칙을 찾고 문제를 해결하며 논리력과 추리력을 키울 수 있습니다. 공식을 외우는 대신 추리하듯 풀어 가는 재미로 수학에 대한 흥미와 자신감을 높여 주는 수학 그림책입니다.

아기 염소는 경우의 수로 늑대를 이겼어 고자현, 뭉치

와리가 친구들을 돕는 과정에서 경우의 수를 배우는 이야기입니다. 신데렐라와 언니들이 모두 한 번씩 춤출 수 있도록 짝을 짓고, 아기 염소들이 늑대에게서 무사히 탈출할 수 있도록 줄 서는 순서를 정합니다. 짝짓기, 나누기, 줄 세우기 등 경우의 수 개념을 동화 속 상황으로 재미있게 익힐 수 있습니다.

떡장수 할머니와 호랑이는 구구단을 몰라 이안, 뭉치

전래동화 속 인물들이 한데 모여 곱셈과 나눗셈의 원리를 배우는 유쾌한 수학 동화입니다. 심청이의 묶음 세기, 떡장수 할머니의 '배' 개념, 곶감 호랑이의 2단 구구, 콩쥐의 분수 나누기 등 다양한 상황을 통해 개념을 자연스럽게 익힙니다. 각 장 끝에는 학습 내용을 정리하는 코너가 있어 복습이 되며, 익숙한 전래동화가 재치 있게 변형되어 읽는 재미를 더합니다.

나무꾼은 길이 재기로 도끼를 찾았어 고자현, 뭉치

와리가 전래동화 속 주인공들과 함께 길이, 무게, 넓이, 들이의 개념을 배우는 모험을 합니다. 나무꾼과는 도끼 길이를 재어 잃어버린 도끼를 찾고, 우렁이 각시와는 박씨의 무게를 달아 공정함의 중요성을 깨닫습니다. 의좋은 형제와는 땅의 넓이와 항아리의 들이를 비교하며 수학 개념을 익힙니다. 재미있는 이야기 속에서 측정의 기초를 자연스럽게 배울 수 있습니다.

성냥팔이 소녀는 분류를 진짜진짜 잘한대 고자현, 뭉치

와리가 전래동화 속 인물들과 함께 표와 그래프로 자료를 정리하는 법을 배웁니다. 성냥팔이 소녀와는 장소·시간별 판매량을 표로 만들어 판매 전략을 세우고, 피리 부는 아저씨와는 잡은 쥐의 수를 정리해 정당한 대가를 받도록 돕습니다. 베짱이와 개미와는 일주일간의 노동 시간을 표와 그래프로 그리며 자료 해석 능력을 익힙니다.

헨젤과 그레텔은 도형이 너무 어려워 고자현, 동아사이언스

명랑한 강아지 와리가 명작동화 속 주인공들과 '여러 가지 도형' 문제를 해결하는 수학 동화입니다. 점과 선으로 벌거숭이 임금님의 옷을 만들고, 입체도형으로 라푼첼을 구합니다. 아기 돼지 삼형제의 평면도형 싸움과 헨젤과 그레텔의 규칙성 탈출을 돕습니다. 각 사건은 도형 개념과 연결되어 자연스럽게 학습이 가능하며, 장 끝에는 정리 코너가 있어 복습할 수 있습니다. 익숙한 명작이 유쾌하게 재구성되어 읽는 재미를 더합니다.

2학년 1학기 통합 교과

1학기	나	자연	마을	세계

2학년 1학기 첫 번째 주제는 '나'입니다. 나의 생일, 우리 몸의 다섯 가지 감각, 몸을 깨끗이 하는 법, 아플 때 대처하는 법, 화난 마음을 조절하는 방법, 좋은 습관과 나쁜 습관, 나의 성장 과정, 나의 꿈에 대해 살펴봅니다. '자연'에서는 다양한 색에 대해 배우고 동식물, 여러 가지 씨앗, 땅속에 사는 생물을 포함해서 땅속 모습, 도움을 주고받는 동식물, 반려동물, 동식물의 의사소통 등에 대해 배웁니다. '마을'에서는 우리 마을을 탐험한 뒤 표현해 보고 마을 사람들이 하는 다양한 일에 대해 알아 갑니다. '세계'에서는 세계의 여러 나라의 국기, 기후, 전통 의상, 음식, 집, 장난감, 인사법, 자랑거리, 명절 그리고 지구촌 올림픽까지 배웁니다.

나와 관련된 책

우리 몸의 구멍 허은미, 길벗어린이

입, 코, 귀, 눈, 항문, 배꼽 등 우리 몸의 주요 기관을 '구멍'이라는 흥미로운 관점으로 풀어낸 책입니다. 코를 시작으로 입, 귀, 눈, 땀구멍, 똥구멍, 오줌구멍, 그리고 막혀 있는 구멍인 배꼽까지 차례로 살펴보며 각 구멍이 어떤 역할을 하는지 알려 줍니다. '그 구멍으로 무엇을 할까?'라는 질문에서 출발해, 구멍이 이쪽과 저쪽을 연결하듯 우리 몸의 구멍도 '나'와 '세상'을 이어 주는 통로라는 사실을 자연스럽게 깨닫게 해 줍니다.

나는 나의 주인 채인선, 토토북

내 몸과 마음의 주인이 되는 방법을 알려 주는 책입니다. 자기 몸과 마음이 보내는 소리에 귀 기울이면서 보살피며, 슬프거나 화가 났을 때는 그 마음을 다독여 풀어 줍니다. 감정을 숨기지 않고 솔직하게 표현하면서도 다른 사람의 마음을 배려하고 존중합니다. 서툴거나 잘하지 못하는 일 앞에서도 속상해하거나 짜증 내기보다 다시 배우고 차근차근 해 나갑니다. 연극 무대처럼 꾸며진 이야기를 따라가다 보면 아이들은 자신을 사랑하고 존중하는 법을 자연스럽게 배우게 됩니다.

내 생일은 엄마의 출산기념일! 제성은, 개암나무

'출산기념일'이라는 따뜻하고 참신한 시선을 통해 아이의 입장에서만 바라보던 생일을 부모의 이야기로 확장합니다. 그 과정에서 '엄마'라는 존재에 대해 다시 질문하게 만들지요. 아이는 그동안 알지 못했던 부모의 마음을 깊이 이해하게 되고, 부모는 아이를 돌보느라 잠시 잊고 있던 '나'를 되찾는 계기를 얻게 됩니다.

씻는 게 귀찮을 때는 어떻게 해요? 신수현, 자음과모음

발냄새가 나는 연욱이, 머리에 비듬이 있는 민지, 매일 콧물을 달고 다니는 호찬이까지 주변에서 쉽게 볼 수 있는 친근한 캐릭터들이 등장해 어린이 독자들의 공감을 불러일으킵니다. 이 책은 씻는 것을 귀찮아하고 청결의 중요성을 잘 모르는 아이들에게 위생이 왜 중요한지, 깨끗함이 어떻게 나와 주변 사람들을 건강하고 기분 좋게 만드는지 재미있게 알려 줍니다. 읽다 보면 씻기 싫었던 마음이 사라지고 스스로 몸을 깨끗이 하는 습관을 기르고 싶어지게 됩니다.

건강을 책임지는 책 채인선, 토토북

방 청소하는 방법, 올바른 양치질 방법, 깨끗이 손 씻는 방법 등 아이들이 일상에서 꼭 익혀야 할 건강 습관을 구체적인 그림과 함께 단계별로 쉽고 재미있게 설명해 줍니다. 복잡하거나 그림 속 인물들이 직접 행동하는 모습을 따라 하다 보면 자연스럽게 습관이 몸에 밸 수 있도록 구성되어 있습니다. 아이들은 책을 읽으며 건강한 생활 습관이 왜 중요한지 이해하고, 곧바로 실천으로 옮길 수 있는 자신감을 얻게 됩니다.

화가 날 땐 어떡하지? 코넬리아 스펠만, 보물창고

'화'라는 감정의 속성을 이해하도록 돕고, 더 나아가 스스로 화를 가라앉히는 데 있어 현실적이고도 실용적인 방법들을 구체적으로 제시하는 그림책입니다. 나를 화나게 한 사람으로부터 떨어질 것, 심호흡을 크게 해 볼 것, 맘껏 달리거나 좋아하는 취미에 집중해 볼 것 등 사소해 보이지만 바로 시도해 볼 수 있는 예시들이 많아요.

어쩌다 좋은 일이 생길지도 요시타케 신스케, 주니어김영사

'기분이 순식간에 좋아지는 신통방통한 비법들'이라는 부제를 가지고 있는 책입니다. 머릿속이 복잡할 때 가만히 누워 이마에 과일 하나를 올리고 있으면 좋은 생각이 번뜩 떠오르고, 저녁 메뉴를 고르기 전에 비슷한 모양의 물건 두 개를 붙여 놓으면 쉽게 정할 수 있다는 것 같이 조금은 황당하고 엉뚱한 비법들을 소개합니다. 이 책을 읽고 나만의 기분이 좋아지는 비법들을 생각해 보세요.

어린이를 위한 아주 작은 습관의 힘 전지은, 비즈니스북스

'방 어지르기', '숙제 미루기'가 기본이던 말썽쟁이 승우와 민서가 작은 변화들을 하나씩 실천하며 점점 좋은 습관을 쌓고, 결국 자신들의 꿈을 향해 나아가는 과정을 그린 이야기입니다. 책 속에서 승우와 민서가 실패하고 다시 도전하는 과정을 따라가다 보면, 습관이란 거창하고 대단한 것이 아니라 매일 반복하는 작고 사소한 행동에서 시작된다는 사실을 자연스럽게 깨닫게 됩니다. 나아가 지금 당장 실천할 수 있는 '아주 작은 습관'이 미래를 바꿀 수 있다는 자신감도 얻게 됩니다.

네 꿈을 응원해, 권투 장갑! 유설화, 책읽는곰

목장갑이 만든 타임머신 우산이 작동해 버려 미래로 가게 된 장갑 친구들의 이야기가 나옵니다. 주방 장갑은 늘 바라던 대로 제빵사가 되었고, 비닐장갑은 의사 선생님이 되었어요. 그런데 권투 장갑은 보이지 않습니다. 남몰래 다른 꿈을 꾸고 있었던 까닭이지요. 권투 장갑의 진짜 꿈은 무엇이었을까요? 이 책을 읽고 남들에게 보이는 꿈이 아니라 나만의 꿈을 찾게 되길 바랍니다.

나만의 꿈을 찾아요 이서윤, 데이스타

주인공 태경이는 잘하는 것도, 하고 싶은 것도 뚜렷하지 않아 자기소개 시간마다 늘 난감해하는 평범한 아이입니다. 그런데 4학년이 되어 '꿈 수업'을 진행하는 특별한 담임 선생님을 만나면서 매일 똑같던 학교생활이 조금씩 달라지기 시작합니다. 친구들과 함께 자신의 관심사와 재능을 찾아가는 과정에서 태경이는 '꿈'이란 단순히 멋져 보이는 직업이 아니라 나를 행복하게 하고 꾸준히 노력하게 만드는 힘이라는 사실을 깨닫게 됩니다. 책을 읽다 보면 독자들도 자연스럽게 나는 어떤 꿈을 꾸고 싶은지, 그 꿈을 이루기 위해 무엇을 할 수 있는지 생각해 보게 됩니다.

> 자연과 관련된 책

개미들의 슈퍼파워 카챠 바리움, 머스트비

개미들의 놀라운 능력을 재밌는 구성과 다채로운 그림으로 설명하고 있습니다. 가장 독한 침을 가진 개미는 총알개미, 가장 빠른 달리기 선수는 사막개미랍니다. 이처럼 각 분야를 대표하는 개미를 통해 개미의 생태를 쉽고 흥미롭게 소개하고 있습니다.

내 발밑에서 에마뉘엘 우세, 베틀북

우리에게 익숙한 개미, 무당벌레, 지렁이를 비롯해 쉽게 접할 수 없는 톡토기, 좀붙이, 쥐며느리 등 크고 작은 46종의 동물들이 등장합니다. 삶의 터전이 되는 토양에서 계절에 맞춰 성장하고 번식하는 모습이 아름답게 그려져 있지요. 책을 읽으며 수많은 동식물이 각자의 역할에 맞게 행동하고, 생태계가 건강하게 순환하면서 새로운 생명이 이어진다는 것을 배울 수 있습니다. 모든 생명의 보금자리인 땅의 소중함과 함께 자연과 함께하는 삶의 중요성에 대해서도 느끼게 될 것입니다.

맨 처음 식물 공부 안도현, 다산어린이

식물에 처음 다가가는 사람도 따뜻한 시선으로 만날 수 있도록 안내합니다. 1부에서는 광합성, 씨앗, 뿌리 등 기본 원리를 시적인 언어로 풀어내 식물과 친구가 되는 첫걸음을 돕습니다. 2~4부에서는 동네, 산과 들, 강과 바다에서 만날 수 있는 서른여섯 가지 식물과 그 이야기를 소개합니다.

내가 좋아하는 곤충 김태우, 호박꽃

세밀화 그림책으로, 초등학교 전 과목 교과서에 등장하는 동식물 800여 종을 한눈에 볼 수 있도록 구성되어 있습니다. 특히 곤충을 비롯한 다양한 동식물의 생김새와 특징, 서식지, 생활 습성까지 꼼꼼하게 담아 아이들의 호기심을 채워 줍니다. 정밀하고 생생한 그림은 마치 현미경으로 들여다보는 듯한 느낌을 주어 관찰력과 흥미를 동시에 키워 주며, 풍부한 생태 정보는 교과 학습과 자연 관찰 활동 모두에 큰 도움이 됩니다.

작지만 대단한 씨앗 현진오, 시공주니어

씨앗과 식물의 상관관계에 대해 알려 주고, 씨앗의 정의와 의미를 쉽고 명쾌하게 설명하고 있는 지식 그림책이에요. 씨앗과 관련된 배경지식을 쌓아 봐요.

우리가 태어났을 때 아나 가요, 노란상상

여러 동물이 각각 태어났을 때 어떤 모습이고 어떻게 살아가는지 담은 그림책입니다. 어떤 동물은 암컷과 수컷이 힘을 합쳐 새끼가 독립할 때까지 돌봐 주기도 하고, 어떤 동물은 수컷의 도움 없이 암컷이 홀로 새끼를 기르기도 합니다. 또 어떤 동물은 암컷이 아닌 수컷이 새끼를 부화시키기도 하며, 어떤 동물은 부모의 도움 없이 태어나 스스로 살아가는 방식을 배워 나가기도 합니다. 중요한 사실은 사람도, 동물도 모두 스스로 삶을 살아가기 위해 늘 열심히 노력한다는 것입니다.

흙 속 세상은 놀라워 이완주, 시공주니어

우리는 흙에 대해 깊이 생각할 기회가 많지 않습니다. 요즘은 흙을 직접 밟아 보는 일도 드물지요. 이 책은 흙의 역할과 생성 과정, 흙 속에 사는 생물과 흙의 종류, 숨구멍, 생명 순환, 식물이 좋아하는 흙, 나라별 흙의 특징을 소개합니다. 또 흙 물감으로 그림 그리기, 흙 지렁이 만들기, 두꺼비집 짓기 같은 놀이와 함께 흙을 오염시키지 않기 위해 우리가 할 수 있는 일도 알려 줍니다.

나무는 언제나 좋아 신준환, 시공주니어

나무의 생김새, 구조, 성장 과정, 광합성 등 생태적 특징을 설명하며, 다양한 환경 속에서 살아남기 위한 나무의 지혜를 소개합니다. 소나무의 한살이, 나이테, 열매 등을 통해 생명의 순환과 생태계를 바라보는 관점을 넓혀 줍니다. 또한 나뭇잎 놀이, 나무 타령, 피톤치드 등 생활 속 나무 이야기와 함께 나무를 지키는 방법도 알려 줍니다. 흥미로운 정보가 가득한 생태 학습 그림책입니다.

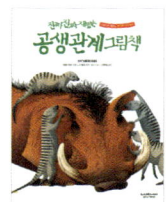

진짜 진짜 재밌는 공생 관계 그림책 매켄 머피, 리아카미

상리공생, 편리공생, 편해공생, 기생 등 다양한 유형의 59가지 놀라운 공생 관계를 쉽고 재미있게 소개합니다. 각 장면마다 동물이나 식물들이 서로 어떻게 도움을 주고받는지, 한쪽만 이익을 얻거나 심지어 피해를 주면서도 어떻게 관계를 이어 가는지 흥미로운 사례를 통해 보여 줍니다. 이야기를 따라가며 자연 속에서 생명들이 살아가는 지혜와 전략을 자연스럽게 배우게 되고, 생태계의 균형과 생물 다양성의 소중함에 대해서도 생각해 보게 됩니다.

고라니 텃밭 김병하, 사계절

도시에 나타난 멧돼지, 불쑥 도로로 뛰어드는 산 동물들, 농작물에 피해를 준다고 미움받는 동물들. 야생이 사람 사는 마을까지 내려올 수밖에 없었던 이유는 무엇일까요? 당장 먹을거리가 부족하니 배를 채우기 위해 어쩔 수 없이 그랬을 겁니다. 강과 숲은 예전만큼 풍요롭게 먹을거리를 내어놓지 못하고, 사람들은 더 빨리, 더 많이 가지려는 욕심에 산과 들을 개발하며 남은 자원마저 먼저 차지했습니다. 작가는 결국 텃밭을 나눠 가지는 작은 실천에서 해결책을 찾으며 동물과 사람의 관계를 다시 생각하게 합니다.

이유가 있어서 함께 살아 햇살과나무꾼, 시공주니어

서로 먹고 먹히기만 할 것 같은 살벌한 동물의 세계! 하지만 알고 보면 서로 돕고 살아가는 따뜻한 동물들의 관계를 찾아볼 수 있습니다. 개미와 진딧물처럼 서로에게 도움을 주는 상리공생, 대합과 대합속살이게처럼 한쪽만 이익을 얻는 편리공생, 흰개미와 흰개미의 몸속에서 살아가는 트리코님파처럼 한 생물의 몸속에서 살아가는 내부 공생까지 세 장으로 나누어 서로 돕는 동물들의 따스한 우정 이야기를 읽을 수 있습니다.

이구아나 할아버지 박효미, 사계절

반려동물을 두고 벌어지는 할아버지와 손녀딸의 갈등과 화해를 통해 반려동물에 대해 생각해 보는 이야기입니다. 애지중지 키우던 이구아나가 사라진 후 희경이는 자꾸 이구아나를 뱀이라고 우기는 할아버지 때문에 속상하고 서운한 마음이 커집니다. 눈빛만 봐도 척척 통하던 할아버지가 이렇게 마음을 몰라주다니 섭섭하기만 한 희경이. 과연 희경이는 이구아나를 다시 찾고, 할아버지와의 오해도 풀 수 있을까요?

쉿! 엄마에겐 비밀이야 은효경, 노란돼지

반려동물 1000만 시대에 접어든 요즘 이 책은 반려동물을 어떻게 바르게 돌보고 보살펴야 하는지 아이들의 시선에서 솔직하고 유쾌하게 풀어낸 이야기입니다. 귀여워하고 사랑만 해 주는 것으로는 충분하지 않다는 사실, 그리고 한 생명을 책임진다는 것이 얼마나 중요한 일인지 자연스럽게 느끼게 하지요. 책을 읽다 보면 단순한 '반려'의 의미를 넘어 동물을 가족으로 맞이했을 때 가져야 할 책임감과 배려심을 자연스럽게 깨닫게 될 것입니다.

마을과 관련된 책

어슬렁어슬렁 동네 관찰기 이해정, 웅진주니어

그림책 화가가 새로 이사 온 동네를 돌아다니며 구석구석 관찰한 모습을 담은 그림책이에요. 무심코 지나다닐 때는 미처 알지 못했던 사실들을 새롭게 깨닫게 된 화가는 뻥튀기 아저씨가 어떻게 과자를 만드는지, 분식점 떡볶이 1인분에는 떡이 몇 개나 들어 있는지 등 새로운 사실을 알아가면서 동네 관찰이 점점 재미있어집니다.

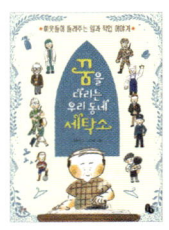

꿈을 다리는 우리 동네 세탁소 강효미, 토토북

세탁소를 찾은 이웃들의 일과 직업을 담은 정보 그림책입니다. 승객의 비행을 돕는 승무원, 삼십 년 동안 아이들을 가르쳐 온 교사, 밤낮 가리지 않고 국민을 지키는 경찰관까지 여러 직업과 일상 세계를 만날 수 있습니다.

우리 동네 슈퍼맨 허은실, 창비

평소에는 평범한 시민으로 살아가지만, 특정한 옷을 입는 순간 전혀 다른 모습으로 변신하는 사람들을 슈퍼히어로에 빗대어 유쾌하게 보여 줍니다. 소방관, 경찰관, 의사, 환경미화원처럼 우리 동네 곳곳에서 묵묵히 일하며 모두의 안전과 생활을 지켜 주는 사람들을 만나면서 다양한 직업의 역할과 소중함을 배울 수 있습니다. 책을 읽고 나면 아이들은 주변의 이웃들을 새로운 시선으로 바라보게 될 것입니다.

우리 마을에는 100명이 살아요 이승민, 풀과바람

마을 구석구석을 누비며 1부터 100까지의 숫자를 자연스럽게 익히는 새로운 형식의 숫자 그림책입니다. 논과 밭, 산, 과수원, 시장, 유치원과 학교 등 다양한 장소에서 살아가는 100명을 통해 마을 사람들의 생생한 모습과 일상을 함께 엿볼 수 있습니다. 단순히 숫자만 배우는 것이 아니라 숫자와 사람, 생활 풍경이 연결되어 아이들이 숫자를 더 친근하게 느끼고 즐겁게 배울 수 있습니다.

세계와 관련된 그림책

한눈에 펼쳐 보는 세계지도 그림책 최선웅, 진선출판사

세계 경제를 움직이는 20개 주요 국가에 대한 다양한 정보를 자세한 지도와 흥미로운 그림으로 풀어낸 책입니다. 각 나라의 대표적인 지리 정보를 나라별 지도 위에 직관적으로 표현하고, 국기와 인구, 면적, 자연환경, 경제, 문화 등 꼭 알아야 할 주제를 알기 쉽게 정리했습니다. 페이지를 넘기며 세계 여러 나라의 위치와 특징을 한눈에 비교해 볼 수 있고, 지도 읽기와 함께 세계 지리에 대한 이해를 자연스럽게 넓혀 갈 수 있습니다.

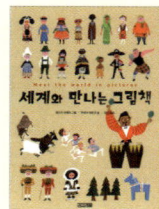

세계와 만나는 그림책 무라타 히로코, 사계절

각 나라와 지역의 독특한 음식 문화를 흥미롭게 소개하는 그림책입니다. 라오스에서는 곤충이 중요한 단백질 공급원이고, 프랑스에서는 달팽이가 고급 요리로 대접받으며, 오스트레일리아 원주민들은 꿀이 가득한 꿀단지개미를 귀한 먹거리로 즐깁니다. 이처럼 우리가 잘 알지 못했던 세계 곳곳의 다양한 식문화를 생생한 그림과 함께 담아 음식에 얽힌 역사와 생활 방식을 소개합니다. 그리하여 서로 다른 문화를 이해하고 존중하는 감수성을 기를 수 있도록 돕습니다.

온 세상 국기가 펄럭펄럭 서정훈, 웅진주니어

아이들이 흥미로워하는 '국기'를 매개로 세계 여러 나라의 문화와 역사를 소개하는 그림책입니다. 각 나라의 국기의 색과 무늬, 상징에는 그 나라의 자연환경, 역사적 사건, 민족의 가치관이 고스란히 담겨 있습니다. 책을 넘기다 보면 단순한 깃발이 아닌 한 나라의 정체성과 이야기를 품은 특별한 표식이라는 사실을 깨닫게 됩니다. 이를 통해 아이들은 세계를 더 넓게 바라보고 서로 다른 나라와 문화를 이해하는 안목을 키울 수 있습니다.

다른 나라 아이들은 무슨 놀이를 할까? 니콜라 베르거, 초록개구리

세계 5개 대륙, 21개 나라의 아이들이 즐기는 놀이를 생동감 있는 그림과 함께 소개하는 책입니다. 각 놀이마다 필요한 인원, 준비물, 놀이 방법이 차근차근 설명되어 책을 읽는 것만으로도 마치 그 나라 아이들과 함께 뛰어노는 듯한 기분을 느낄 수 있습니다. 놀이를 따라 하다 보면 다른 나라의 생활과 문화를 이해하게 되고, 멀리 떨어진 친구들과도 마음으로 연결되는 즐거움을 경험할 수 있습니다.

세계 음식 한입에 털어 넣기 김인혜, 사계절

세계의 다양한 음식 문화를 한눈에 살펴볼 수 있는 그림책입니다. 세계 각국의 아침 식사와 식사 예절부터 우리나라 음식과 닮은 세계 음식, 향신료, 대표적인 길거리 음식, 선뜻 먹기 어려운 이색 음식, 독특한 조리 도구와 식기, 그리고 나라별 대표 요리까지 폭넓게 담고 있습니다. 한국, 중국, 베트남, 태국, 튀르키예, 이집트, 이탈리아, 스페인, 프랑스, 미국, 멕시코, 아르헨티나 등 주요 국가를 대륙별로 소개하며, 각 나라의 재료와 음식에 담긴 문화적 배경을 재미있게 알려 줍니다. 세계 여행을 하듯 다양한 맛과 향을 만나 보세요.

세계와 반갑다고 안녕! 유다정, 위즈덤하우스

세계 여러 나라의 다양한 인사법을 소개하며, 그 인사가 어떤 역사와 문화 속에서 생겨나 오늘날까지 이어져 왔는지 흥미롭게 풀어낸 그림책입니다. 악수, 절, 포옹, 볼키스 등 나라마다 다른 인사 방법을 살펴보며 그 속에 담긴 의미와 전통을 배울 수 있습니다. 책을 읽다 보면 인사법은 다를지라도 서로를 존중하고 반기는 마음은 같다는 사실을 자연스럽게 느끼게 되고, 다른 문화를 이해하고 존중하는 태도도 함께 배울 수 있습니다.

아롱다롱 민족의상 마츠모토 리에코, 천개의바람

세계 곳곳의 다양한 민족의상을 통해 각 나라의 문화와 전통을 배울 수 있는 그림책입니다. 45개국, 50가지 민족의상을 소개하며, 각 의상의 명칭과 특징, 유래와 그 속에 담긴 의미를 알기 쉽게 설명합니다. 또한 지도와 함께 각 민족의상을 입는 나라의 위치와 지리적 특징까지 살펴볼 수 있어 각 나라 사람들의 생활과 역사적 배경까지 폭넓게 이해할 수 있습니다.

2학년 2학기 통합 교과

2학기	계절	인물	물건	기억

    2학년 2학기 '계절'에서는 사계절 날씨와 풍경, 옷차림, 열매, 그리고 계절별로 사람들이 하는 일에 대해 배우며 24절기를 익힙니다. '인물' 단원에서는 나에게 영향을 미친 사람과 역사 속 인물을 알아보고 세종대왕에 대해 깊이 배우는 시간을 가집니다. 이 과정에서 훈민정음과 순우리말을 배우고 장영실과 그가 만든 해시계·물시계에 대해서도 살펴봅니다. 더불어 전통을 이어 가는 인물들을 알아보고 짚신·고무신·운동화·구두·샌들 등 신발이 변화해 온 과정을 탐구합니다. '물건' 단원에서는 발명에 대해 생각하며 에디슨의 발명 방법, 다양한 발명품에 대해 배웁니다. 컴퓨터의 구성 요소를 배우고 자판을 직접 쳐 보며 옛날 물건과 오늘날 물건을 비교합니다. 또한 장난감 만들기와 악기 만들기 활동도 합니다. 마지막 '기

억' 단원에서는 2학년 생활을 마무리하며 그동안의 추억을 돌아보고, 1학년 후배들에게 2학년 생활을 소개하며 다가올 3학년 생활을 미리 생각해 보는 시간을 갖습니다.

계절에 관련된 책

- **봄이다** 정하섭, 우주나무
- **봄이 좋아** 최형미, 키다리
- **콜록콜록! 오늘의 황사 뉴스** 묘리, 뭉치
- **할머니, 어디 가요? 쑥 뜯으러 간다!** 조혜란, 보리

- **여름을 부탁해** 토마쓰리, 길벗어린이
- **여름을 주웠어** 한라경, 책내음
- **여름 텃밭에는 무엇이 자랄까요?** 박미림, 다섯수레
- **더위야, 썩 물렀거라!** 신동경, 웅진주니어

- **자연을 먹어요!: 가을** 오진희, 내인생의책
- **가을이네 장 담그기** 이규희, 책읽는곰
- **가을은 풍성해** 박현숙, 키다리
- **나뭇잎은 어떻게 초록이 되나요?** 미아 포사다, 풀과바람(국어쨈 북클럽 도서)

- **겨울** 소피 쿠샤리에, 푸른숲주니어
- **눈 결정체는 어떻게 생겼을까요?** 마크 카시노, 내인생의책
- **자두의 겨울나기** 박현숙, 채우리
- **할머니, 어디 가요? 굴 캐러 간다!** 조혜란, 보리

- **한눈에 펼쳐 보는 24절기 그림책** 지호진, 진선아이
- **학 선비님, 24절기가 뭐예요?** 무웅, 파란정원
- **24절기가 과학적일 수밖에 없는 12가지 이유** 김점선, 단비어린이
- **계절 알리미! 생활 속 24절기** 김고운매, 뭉치

인물과 관련된 그림책

세종대왕을 찾아라 김진, 천개의바람

과거 시험 날, 세종대왕은 신하들 몰래 궁궐을 빠져나옵니다. 사대문 밖까지 나갔다가 아무도 모르게 다시 궁궐로 돌아오지요. 세종대왕을 찾아 나선 여정 속에서 독자들은 궁궐 안의 장엄한 모습과 성문 밖의 활기찬 풍경을 함께 만나게 됩니다. 역사 속 인물인 세종대왕의 인간적인 면모와 조선 시대 궁궐과 도성의 모습을 생생한 그림과 흥미로운 이야기로 접할 수 있는 그림책입니다. (국어쌤 북클럽 도서)

열혈 세종대왕 박한, 박지연, 아울북

이도 왕자가 어떻게 위대한 임금으로 성장해 갔는지, 스물두 살에 임금이 되어서 32년 동안 어떤 업적을 남겼는지, 그런 업적을 남기기 위해 얼마나 노력했는지 살펴보는 만화책입니다. 만화책을 접하고 글밥 있는 책으로 넘어갈 수 있어요. 세종대왕에 대해서 잘 알게 될 뿐 아니라 세종대왕을 가진 우리 역사가 자랑스럽다는 생각도 함께하기를 바랍니다.

훈민정음 구출 작전 서지원, 한솔수북

이 책 속 대한민국 사람들은 우리말이 없어 이두 문자를 쓰고 있어요. 장영실 박사는 세종대왕의 비밀 문자인 훈민정음을 풀어야 비로소 제대로 된 우리말을 쓸 수 있다고 말합니다. 그래서 성삼문 장관과 김종서 형사에게 함께 시간 터널을 타고 570년 전 조선 시대로 가 훈민정음을 완성하자고 제안하지요. 드디어 시간 터널이 열리는 날, 세 사람은 죽음을 무릅쓰고 그 속으로 들어갑니다. 과연 사람들은 세종대왕을 만나 훈민정음을 완성할 수 있을까요?

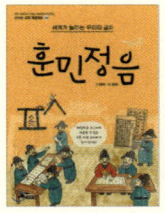

훈민정음 세계가 놀라는 우리의 글자 한문희, 주니어김영사

유네스코 세계기록유산으로 등재된 훈민정음에 대해 깊이 있고 흥미롭게 풀어낸 작품입니다. 세종대왕과 집현전 학자들이 백성을 위해 새로운 글자를 창제하게 된 배경에서부터 글자가 어떤 과정을 거쳐 만들어졌는지, 또 어떤 원리와 과학적 구조로 구성되었는지까지 차근차근 알려 줍니다. 이 책을 통해 한글의 우수성과 소중함을 다시금 느끼고, 세계가 왜 우리의 글자를 주목하는지 깨닫게 됩니다.

올랑올랑한 내 마음 권지영, 국민서관

총 55편의 순우리말 동시가 실려 있어 우리말의 고운 소리와 감각을 한 편 한 편 맛볼 수 있습니다. '올랑올랑'처럼 귀에 감기는 예쁜 말들을 통해 우리말의 아름다움과 정서를 자연스럽게 느끼게 됩니다. 시마다 담긴 생생한 이미지와 감각적인 표현은 말의 울림을 더욱 깊게 전해 주며, 읽는 재미와 함께 말맛을 느끼는 즐거움을 선사합니다. 순우리말의 의미와 쓰임을 배우는 국어 수업 시간에 함께 읽으면 좋습니다.

국어 실력을 높여 주는 어휘 만화 4: 순우리말

이승희, 위즈덤하우스

평소 자주 쓰이지 않아 어린이들이 잘 모르는 순우리말 100개를 엄선해 두 페이지 분량의 짧은 만화로 재미있게 풀어낸 어휘 학습서입니다. 일상 속에서 자연스럽게 접하기 어려운 단어들을 만화 속 상황과 함께 익히다 보면 뜻과 쓰임이 머릿속에 오래 남고, 순우리말의 멋과 아름다움까지 느낄 수 있습니다.

궁금해요, 장영실 안선모, 풀빛

엄격한 신분 사회였던 조선 시대에 노비로 태어나 임금의 총애를 받을 만큼 뛰어난 과학자가 된 장영실의 삶을 그린 이야기입니다. 장영실이 해시계, 물시계, 자격루 등 여러 발명품을 만들며 조선 과학 기술을 한 단계 끌어올린 과정이 생생하게 담겨 있습니다. 어떤 상황에서도 포기하지 않고 최선을 다하는 노력의 가치와, 호기심과 창의력이 만나면 얼마나 놀라운 성과를 이룰 수 있는지 배울 수 있습니다.

> 물건과 관련된 책

토머스 에디슨 캐런 윌리스, 비룡소

전구, 축음기, 영화 카메라 등 수많은 발명품으로 세상을 바꾼 토머스 에디슨의 일생을 흥미롭게 들려줍니다. 호기심 많고 실험을 즐기던 소년 시절부터 수많은 실패에도 굴하지 않고 끝내 성공을 이끌어 낸 집념의 과정까지 그려져 있어요. 에디슨이 남긴 발명품 하나하나가 어떻게 세상과 사람들의 삶을 변화시켰는지 살펴보면서 뒤에 나오는 발명 단원과 자연스럽게 연결해 볼 수 있습니다. 이를 통해 창의적인 아이디어와 끈질긴 노력의 중요성을 함께 느낄 수 있을 것입니다.

누가 쓰던 물건일까? 햇살과나무꾼, 해와나무

옛날에도 다양한 직업이 존재했지요. 농사를 짓는 농부, 음식을 만드는 요리사, 물고기를 잡는 어부, 옷을 만드는 침선장, 농기구를 만드는 대장장이, 종이를 만드는 한지장이 등 직업에 따라 자기 일에 맞는 다양한 도구를 이용했습니다. 우리 조상들이 어떤 일을 하고 살았는지, 어떤 도구로 그 일을 했는지, 그 도구 속에는 어떤 지혜가 숨어 있는지 알 수 있습니다.

굴렁쇠랑 새총이랑 신명 나는 옛날 놀이 햇살과나무꾼, 해와나무

컴퓨터와 텔레비전이 없던 시절 아이들은 골목에서 십자놀이·자치기·제기차기를 하거나 들판에서 자연과 함께 놀았습니다. 풀, 꽃, 나뭇가지, 열매 등 주변의 자연물이 훌륭한 장난감이 되었지요. 이 책은 집 안, 골목, 들판에서 즐기던 옛날 놀이를 계절별로 소개하며 우리 전통 놀이의 즐거운 세계로 안내합니다.

어린이를 위한 첫 발명 수업 도미닉 윌콕스, 명랑한책방

이 책의 가장 큰 특징은 역사적으로 유명한 발명가들이 아닌, 동시대에 살고 있는 전 세계 친구들의 기상천외한 발명품들을 만날 수 있다는 것입니다. 발명은 특별한 사람만 하는 게 아니라 누구나 할 수 있다는 자신감을 주며, 이 책을 보는 아이들에게 큰 도전과 자극을 심어 줍니다. 생각의 틀을 깨고 자유롭게 상상하면서 기막히게 웃기거나 놀랍도록 유용한 발명 아이디어를 떠올려 보세요.

오드리의 놀라운 발명 레이첼 발렌타인, 주니어김영사

오드리는 호기심이 많고, 물건을 이리저리 돌려 보며 어떻게 작동하는지 알아내는 걸 좋아하는 여자아이입니다. 계속 실패하다가, 생각나는 대로 바로 만드는 게 아니라 계획을 세워 밑그림을 세부적으로 그리고 설계도를 꼼꼼히 작성합니다. 발명품 만드는 데 필요한 도구들의 길이와 무게 등을 정확히 측정하고, 완성된 발명품을 여러 차례 테스트하면서 결함을 줄여 나가는 본격적인 발명가의 모습을 보입니다. 호기심이 눈에 보이는 물건이 되기까지 발명의 과정을 보여 주는 그림책입니다.

기억과 관련된 책

달콤한 기억을 파는 가게 이혜령, 주니어김영사

탐험가였던 부모를 잃고 세상 밖이 두려워진 달로와 친구에게 상처 주고 스스로를 굴속에 가둔 고슴도치 쿠우. 외로움 속에 지내던 두 친구는 어느 날 서로에게 손을 내밀고 함께 밖으로 나가 보자고 용기를 냅니다. 기쁜 순간뿐 아니라 슬프고 힘들었던 기억, 사소하고 평범한 순간까지 껴안을 때 비로소 진짜 행복을 찾을 수 있음을 따뜻하게 전합니다.

기억 지우개 박정미, 단비어린이

기웅이는 어느 날 나쁜 기억을 완벽하게 지워 주는 기억 지우개를 만났어요. 날마다 아이들이 쿡쿡 비웃던 일, 단짝 성민이가 서운하게 했던 일, 비상금을 도둑맞은 일 등 안 좋은 기억들을 싹싹 지웠지요. 나쁜 기억을 지우면 행복해져야 할 텐데 점점 더 지울 기억만 많아지고 마음은 편하지 않았어요. 기웅이와 함께 나쁜 기억이 정말 나쁘기만 한 것인지 생각해 봐요.

한밤중 달빛 식당 이분희, 비룡소

나쁜 기억을 내면 맛있는 음식을 먹을 수 있는 '달빛 식당'을 배경으로 펼쳐지는 판타지 동화입니다. 연우가 초코 시럽을 듬뿍 얹은 커스터드 푸딩을 먹자 마음속 나쁜 기억이 사라집니다. 하지만 정말 모든 나쁜 기억을 없애면 행복해질까요? 달빛 식당에서 벌어지는 특별한 이야기를 따라가며 기억과 행복의 관계를 깊이 생각해 보아요.

교과 지식을 생활과 연결하는 독서

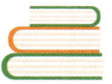

　3학년이 되면 사회와 과학 과목이 새로 생기면서 한층 본격적인 공부가 시작됩니다. 이때부터는 단순히 책을 재미로 읽는 것을 넘어 '학습을 위한 읽기'가 특히 중요해집니다. 책 속에서 필요한 정보를 찾아내고, 그것을 교과와 연결해 이해하는 경험이 쌓일수록 아이의 학습 태도와 사고력이 달라집니다. 각 과목별 주제와 관련된 책을 함께 읽으며 교과서의 지식을 생활 속 경험과 이어 가는 독서를 실천해 보세요.

3학년 국어

　3학년 1학기에는 시를 낭송하고 글을 소리 내어 읽으며 '누가 어찌하다.'와 같은 문장 구조를 배웁니다. 중심 문장과 뒷받침 문장, 문단의 개념을 익히고, 설명하는 글에서는 중요한 내용을, 이야기에서는 인물의 성격과 사건의 흐름을 파악하는 연습을 합니다. 또한 글을 읽으며 사실과 의견을 구분하는 방법도 배웁니다.

　2학기에는 글을 읽고 중심 생각을 찾는 연습을 본격적으로 시작합니다. 자신의 경험을 글로 쓰는 활동을 이어 가고 시를 감상하며 언어 예절을 배우는 시간도 가집니다. 이야기를 듣고 인물의 마음을 헤아리는 연습을 계속하고 드디어 독서 감상문 쓰기에 도전하게 됩니다.

동시집

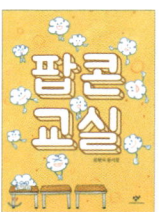   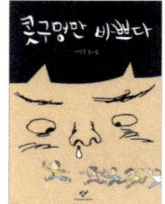

- **팝콘 교실** 문현식, 창비
- **쉬는 시간에 똥 싸기 싫어** 김개미, 토토북
- **라면 맛있게 먹는 법** 권오삼, 문학동네
- **콧구멍만 바쁘다** 이정록, 창비

> 글쓰기, 어휘와 관련된 책

수상한 국어 탐정단 이향안, 제제의숲

신비한 책의 힘으로 600년 뒤 미래로 온 조선 왕자가 사건을 해결하는 역사 판타지 추리 동화입니다. 속담, 고사성어, 맞춤법, 고유어 등을 이야기와 퀴즈 속에 자연스럽게 담아 교과서 핵심 어휘를 익히게 합니다. 사건을 추리하며 재미있게 읽다 보면 국어 실력이 쑥쑥 자랍니다.

그래서 이런 맞춤법이 생겼대요 우리누리, 길벗스쿨

초등학생이 가장 많이 틀리는 맞춤법을 재미있는 만화와 예문으로 쉽게 풀어낸 책입니다. 교과서와 일상생활에서 자주 헷갈리는 단어와 받침, 복수 표준어, 외래어 표기법까지 폭넓게 다루면서 왜 그런 맞춤법이 생겼는지 그 배경과 원리까지 함께 알려 줍니다. 아이들은 만화를 읽듯 가볍게 즐기면서 올바른 맞춤법을 자연스럽게 익히며 글쓰기와 일상 대화에 자신감을 가질 수 있습니다.

나가자! 독서 마라톤 대회 정성현, 꿈터

달리기에 자신 없던 호찬이는 거북이 코치와 함께 '독서 마라톤'에 도전하며 꾸준함과 자존감을 키워 나갑니다. 독서 마라톤은 남과 비교하지 않고 스스로 정한 목표를 향해 한 걸음씩 나아가며 성취와 변화를 경험하게 합니다. 이 책은 모든 아이가 저마다 다른 능력을 지닌 소중한 존재임을 전하며 각자가 자신만의 '마라톤'에 용기 있게 도전하도록 이끌어 줍니다.

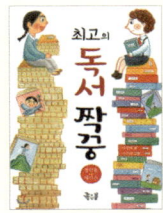

최고의 독서 짝꿍 이상배, 좋은꿈

어린 시절 책에 푹 빠졌던 다산 정약용과 토머스 에디슨의 이야기를 시공을 넘어 엮은 작품입니다. 공부를 즐기던 개구쟁이 정약용과 끝없는 호기심을 가진 에디슨이 어떻게 '책벌레'로 성장했는지 보여 주는 과정에서 겪은 시련과 즐거움을 생생하게 담았습니다. 두 인물이 책을 통해 성장해 나가며 인류에 남긴 업적은 어린이들에게 독서의 힘과 가치를 전합니다.

나쁜 말 청소부 신채연, 꿈터

'나쁜 말 대장' 하준이가 꿀벌의 마법에 걸려 자기도 모르게 좋은 말을 하게 되면서 벌어지는 변화를 그린 이야기입니다. 나쁜 말이 멋있다고 생각하던 하준이는 마법 덕분에 친구들과 다시 가까워지고 좋은 말이 주는 힘을 깨닫게 됩니다. 바르고 따뜻한 말이 나와 주변 모두를 행복하게 만든다는 메시지를 전합니다.

이럴 땐 어떻게 말할까? 김은의, 위즈덤하우스

꼬마 늑대 '꼼마'가 학교에서 친구들과 지내며 올바른 말과 글을 배워 가는 이야기입니다. 꼼마는 높임말과 예사말, 좋은 말과 나쁜 말을 비교하며 언어 습관의 중요성을 깨닫게 됩니다. 재미있는 이야기를 따라가다 보면 자연스럽게 바른 우리말 사용법을 익힐 수 있습니다.

일기로 시작하는 술술 글쓰기 이향안, 다락원

글쓰기를 어려워하던 호야가 글쓰기 도사 '술술샘'을 만나 일기부터 설명문, 시, 편지까지 여덟 가지 글쓰기 비법을 배우는 이야기입니다. 일기는 초등 글쓰기의 가장 쉬운 출발점으로, 다양한 글의 연습 소재가 됩니다. 책 속 귀여운 캐릭터와 만화, 예문, 퀴즈를 통해 재미있게 배우며 실전 글쓰기를 연습할 수 있습니다. 말하듯 쓰는 즐거움을 익히며 사고력과 상상력을 키울 수 있는 초등 필수 글쓰기 안내서입니다.

3학년 수학

3학년 수학에서는 받아올림이 있는 세 자리 수의 덧셈과 받아내림이 있는 세 자리 수의 뺄셈을 배웁니다. 선분·반직선·직선, 직각과 직각삼각형, 직사각형, 정사각형, 원의 정의 등 기본 도형 개념을 익히고, '(두 자리 수)×(한 자리 수)', '(세 자리 수)×(한 자리 수)'의 곱셈과 나누는 수가 한 자리 수인 구구단 나눗셈을 학습합니다. 또한 밀리미터와 미터 같은 길이 단위, 시간의 덧셈과 뺄셈, 분수와 소수, 들이와 무게에 대해서도 배웁니다. 다양한 수학 관련 책을 읽으며 배운 내용을 확장해 수학적 사고와 감각을 길러 보세요.

	1단원	2단원	3단원	4단원	5단원	6단원	7단원
1학기	덧셈과 뺄셈	평면도형	나눗셈	곱셈	길이와 시간	분수와 소수	창의 프로젝트
2학기	곱셈	나눗셈	원	분수	들이와 무게	자료의 정리	

무서운 수학 고바야시 마루마루, 다산어린이
오싹한 44편의 짧은 이야기 속에서 수학 문제를 찾아 풀며 문제해결력과 논리적 사고력을 키우는 책입니다. 으스스하면서도 유머러스한 이야기를 읽다 보면 자연스럽게 식을 세우는 능력이 향상될 수 있어요.

김민형 교수의 수학 추리 탐험대 1 김태호, 북스그라운드

비밀 연구를 하던 수학자 아빠가 부리 마스크를 쓴 괴인들에게 납치되자 쌍둥이 딸이 단서를 찾아 추리 모험을 하는 수학 추리 동화입니다. 0과 1, 이진법, 모스 부호, 양자 컴퓨터 등 수학 개념이 흥미로운 사건 속에 녹아 있어 이야기를 따라가며 수학적 사고력을 키울 수 있습니다.

수학왕 납치 사건 옌스 라인랜더, 담푸스

숫자와 수 세기의 역사를 유쾌하게 풀어낸 동화입니다. 도둑 구두쇠와 배불뚝이가 보물을 세기 위해 수학 천재 막스를 납치하면서 이야기가 시작됩니다. 막스는 숫자가 없던 시절의 수 세는 방법부터 숫자의 탄생과 전파 과정을 흥미롭게 들려주고, 두 도둑은 막스의 이야기를 들으며 자연스럽게 숫자와 수 세기의 원리를 배우게 됩니다.

돼지 삼총사 아슬아슬 수학 소풍 로베르트 그리스벡, 다림

돼지 삼총사가 으리으리 산으로 소풍을 가는 길에 40개의 수학 수수께끼를 풀며 모험을 펼치는 이야기입니다. 각 수수께끼는 단순 계산이 아니라 상상력, 추리력, 논리력을 발휘해야 풀 수 있도록 구성되어 있습니다. 독자는 주인공들과 함께 문제 해결에 참여해 수학을 즐겁게 경험하면서 사고력을 넓혀 갈 수 있습니다.

왕코딱지의 만점 수학 서지원, 처음주니어

수학보다 코딱지 파기를 좋아하던 대오가 말하는 코딱지를 만나 수학의 재미를 알아가는 이야기입니다. 덧셈, 뺄셈, 곱셈, 나눗셈 등 초등 3~4학년 교과 내용을 스토리 속에 녹여 쉽게 이해할 수 있도록 구성되어 있습니다.

초등학생 수학 궁금증 100 염지현, 다락원

라면 모양부터 돈, 생활, 환경, 컴퓨터까지 일상 속 100가지 질문으로 수학을 풀어낸 책입니다. '왜 2,000원짜리 지폐는 없을까?', '모래알을 셀 수 있을까?', '무지개는 정말 빨주노초파남보 일곱 가지 색일까?' 등 하루에 하나씩 읽으며 호기심을 키우고, 질문하고 생각하는 힘을 기를 수 있습니다. 재치 있는 삽화와 쉬운 설명으로 수학이 생활 곳곳에 있다는 사실을 자연스럽게 느끼게 합니다.

팜 수학편 1: 숫자 농장 홍지연, 길벗

10의 저주에 걸린 숫자 농장을 구하기 위해 거니와 주니 형제가 펼치는 모험 이야기입니다. 생크림 놀이공원, 박쥐로 변신하는 망토, 목마 전사 등 상상력 가득한 장치들이 등장하고, 주니의 발명품으로 자연스럽게 수학과 코딩 개념을 익힙니다. 모험 속에서 재미와 학습을 동시에 즐길 수 있는 책입니다.

팜 수학편 2: 도형 농장 홍지연, 길벗

주니와 거니가 저주에 걸린 도형들을 구하며 모험을 펼치는 이야기입니다. 전갈 가위, 따발 튜브 같은 발명품을 활용해 동굴과 미로를 탈출하고, 황금 거미줄의 법칙과 삼각 호수의 비밀을 풀어 갑니다. 모험 속에서 도형·원·칠교 등 수학 개념과 선택 구조·알고리즘 같은 코딩 개념을 자연스럽게 익힐 수 있습니다.

가우스는 소수 대결로 마녀들을 물리쳤어 김정, 뭉치

가우스는 마법 주판을 노리는 X에게 납치되어 몽테크리스토 백작과 함께 감옥을 탈출한 뒤 마녀들과 분수·소수 대결을 펼칩니다. 문어 마녀와의 분수 대결에서는 아쉽게 패했지만 과자 마녀와의 소수 대결에서 승리하며 기세를 되찾지요. 마지막으로 마법 주판을 손에 쥔 X와 맞붙은 가우스는 속도에서는 밀렸으나 올바른 계산법으로 분수·소수 혼합 계산에서 승리해 동화 나라를 구합니다.

3학년 1학기 사회

3학년	1단원	2단원
1학기	우리가 사는 곳	일상에서 만나는 과거
	지리 인식, 지속 가능한 세계	역사 일반

3학년 1학기에는 놀이터, 공원, 도서관, 학원, 학교, 문구점 등 우리가 사는 지역의 다양한 장소를 소개합니다. 도서관, 경찰서, 소방서, 공원, 학교, 병원처럼 생활에 도움이 되는 장소를 알아보고, 우리가 생각하는 '살기 좋은 곳'의 조건과 지역을 더 살기 좋게 만드는 방법에 대해서도 함께 이야기합니다.

3학년이 되기 전에 부모님과 함께 현재 사는 마을을 한 바퀴 둘러보는 것만으로도 큰 도움이 됩니다. 공공시설을 직접 방문하고 우리 고장의 여러 모습을 익히며 '동네 체험학습'을 하는 것이죠. 이때 '공공장소'를 다룬 책을 함께 읽으면 이해가 더 깊어집니다.

2단원에서는 나와 가족, 우리 학교의 중요한 일을 떠올리며 과거를 되짚어 봅니다. 오늘과 옛날을 연결해 주는 주변의 오래된 물건을 찾아보고, 이를 통해 옛날 사람들의 생활 모습을 살펴봅니다. 또 우리 지역 사람들의 생활 방식과 변화를 알아보며 옛날 생활 모습이나 생활 도구를 담은 책을 참고하면 학습에 도움이 됩니다.

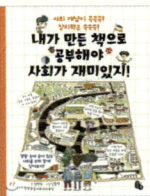

내가 만든 책으로 공부해야 사회가 재미있지! 안선모, 토토북

지구마을학교 다하나 반 아이들의 일상을 따라가며 사회 개념을 자연스럽게 익히는 이야기입니다. 대통령을 꿈꾸는 친구 이야기, 전통 가옥 체험, 마을 지도 만들기, 공공시설에 대한 토론, 해외여행 등 다양한 에피소드를 통해 우리가 사는 사회를 흥미롭고 친근하게 배울 수 있습니다.

방방곡곡 우리 특산물 우리누리, 주니어중앙

초등 전 학년이 쉽게 읽을 수 있도록 옛이야기 형식에 교과 내용을 재미있게 담은 책입니다. 특산물은 그 지역의 기후와 환경, 전통문화를 반영하며 오랜 역사 속에서 이어져 온 소중한 자산입니다. 이 책에서는 제주 감귤, 울릉 오징어, 보성 녹차, 한산 모시 등 우리나라 각 지역을 대표하는 다양한 특산물을 소개합니다.

여기는 서울 김원석, 크레용하우스

옛날 서울의 모습과 변화를 제나·제이와 할아버지의 이야기로 만나 봅니다. 시간 여행 속에서 서울 곳곳의 25개 자치구를 여행하며 각 지역의 전설, 역사, 문화를 알아 갑니다. 어린이들이 서울의 역사와 문화를 재미있게 배울 수 있는 책입니다.

출동! 도와줘요 공공 기관 손혜령, 아르볼

우리 생활과 가까운 공공 기관의 의미, 역할, 종류, 특징을 알기 쉽게 소개합니다. 경찰서, 소방서, 도서관, 시청, 우체국 등 다양한 기관이 어떤 일을 하고 어떻게 우리를 돕는지 구체적으로 알려 줍니다. 이곳에서 일하는 공무원들의 역할과 하루도 살펴보며 공공 기관이 우리 생활에 꼭 필요한 이유를 이해하게 만들어 줍니다.

Job? 나는 시청에서 일할 거야! 안광현, 국일아이

시청과 공무원의 역할을 소개하며 다양한 직종을 알려 줍니다. 주인공 성훈이는 주민센터 프로그램을 통해 시청의 업무와 지역 문제 해결 과정을 배우게 됩니다. 이야기를 따라가다 보면 사무관, 공보관, 정책관, 감사관 등 공무원들의 다양한 업무와 그 역할을 자연스럽게 이해할 수 있습니다.

소방서와 경찰서 이형선, 주니어김영사

우리의 안전을 지키는 소방서와 경찰서의 역할과 업무를 소개합니다. 1장에서는 소방관의 일과 장비, 화재 예방 방법, 대피 요령 등을 설명하며 퀴즈로 복습합니다. 2장에서는 경찰관의 일과 장비, 범죄·사고 예방, 교통 안전 수칙 등을 알려 줍니다. 또한 소방서와 경찰서를 직접 체험할 수 있는 장소를 안내해 안전 교육 효과를 높입니다.

안전 지도로 우리 동네를 바꿨어요! 배성호, 초록개구리

아이들이 모둠을 나누어 동네를 탐방하고 안전·위험 스티커로 안전 지도를 만드는 과정을 일기 형식으로 담았습니다. 위험 지역을 개선하기 위해 구청에 편지를 보내고, 가로등 수리·과속 방지턱 설치·화단 조성 등 변화를 이끌어 내는 이야기가 이어집니다. 아이들은 주민으로서 행동하는 경험을 통해 스스로 세상을 바꿀 힘이 있다는 것을 깨닫습니다. 4학년 2학기 사회 '지역의 문제 해결' 단원과 연계되어 수업 자료로도 활용할 수 있습니다.

모양도 쓸모도 제각각 조상들의 도구 이영민, 주니어랜덤

조상들이 장터·농사·사냥·바느질·요리 등 생활 속에서 사용한 다양한 도구를 소개합니다. 비녀, 갓 같은 장신구부터 자, 저울, 되, 말 등 실용 도구까지 아름다움과 과학적 지혜를 담고 있습니다. 옛 도구 중 일부는 사라졌지만 일부는 현대 생활에 맞게 발전하여 여전히 우리 삶을 편리하게 해 주고 있습니다. 조선 시대 장터, 논밭, 산과 강, 옛 집안 풍경 속에서 우리 조상들의 멋과 지혜를 만나 봅니다.

맷돌, 어이가 없네! 김흥신, 임영주 노란우산

고모의 결혼 잔치를 준비하는 과정에서 벌어지는 유쾌한 사건을 담고 있습니다. 정전이 되어 음식을 만들기 어려워지자, 할머니가 맷돌, 절구, 가마솥 등 전통 생활 도구들을 꺼내 사용합니다. 장군이는 고모가 시집가는 것을 막으려고 엉뚱한 계획을 세웁니다. 이야기 속에서 다양한 전통 '생활 도구의 쓰임과 설명이 흥미롭게 소개됩니다.

사회는 쉽다! 5: 우리 명절과 음식 문화 김은미, 비룡소

우리나라의 명절과 절기를 소개하며 각 시기마다 먹는 음식과 즐기는 놀이, 그 속에 담긴 의미를 전합니다. 입춘부터 정월 대보름까지 이어지는 계절의 흐름 속에서 조상들의 지혜가 고스란히 전해져 내려옵니다. 설날 떡국, 단오 쑥, 삼복 삼계탕, 추석 송편, 동지 팥죽 등에는 건강과 복을 기원하는 뜻이 담겨 있습니다.

3학년 2학기 사회

2학기	사회 변화와 다양한 문화	옛날과 오늘날의 생활 모습
	사회·문화	인문 환경과 인간 생활

3학년 2학기에는 '사회의 변화와 다양한 문화'에 대해 배웁니다. 시대가 변하면서 사회가 어떻게 달라졌는지 살펴보고, 저출산·고령화·정보화·세계화와 같은 주요 변화를 공부합니다. 외국인·이주민의 증가, 1인 가구와 비혼, 반려동물 양육 등 다양한 문화가 확산되고 공유되면서 나타나는 긍정적인 영향을 사례나 통계 자료를 통해

파악합니다. 이를 이해하기 위해 다문화 관련 책을 읽거나 다양한 가족 형태와 반려동물 문화를 배우는 활동을 권합니다.

  2단원에서는 옛날의 여러 풍습을 살펴보며 당시 사람들의 생활을 이해하고 오늘날과 비교해 변화상을 알아봅니다. 전통 놀이와 세시 풍속 등 다양한 풍습 속에 담긴 옛날 사람들의 생활과 생각을 이해하고 그 변화를 느껴 봅니다. 또한 교통수단과 통신수단이 어떻게 변해 왔는지도 함께 배웁니다.

우리 동네 별별 가족 최은영, 아르볼

이 책에는 확대 가족인 은우, 핵가족이자 맞벌이 가정인 태민이, 한 부모 가족인 서윤이, 조손 가족인 영빈이, 동거 가족인 수연 선생님이 등장합니다. 아이가 있는 외국인과 결혼하려는 은우 고모 이야기는 다문화 가족, 재혼 가족과 관련이 있지요. 할아버지가 돌아가시면 혼자 남는 영빈이를 데려와 키울지 고민하는 은우 엄마의 이야기를 통해 입양 가족을 함께 생각해 볼 수 있습니다.

엄마의 결혼식 윤주성, 마음이음

사춘기 소녀 다온의 시선으로 새 가족이 형성되는 과정을 현실감 있게 그린 이야기입니다. 새엄마·새아빠라는 이름보다 '부모가 사랑하는 사람'으로 다가가며 친부모의 자리를 존중하는 모습을 담았습니다. 사람 대 사람으로 소통하면 아이들도 부모의 삶을 인정하고 마음을 엽니다. 서로의 사랑과 유대를 쌓아 가는 과정에서 방황과 성장이 그려져 독자에게 깊은 공감과 감동을 전합니다.

반반 고로케 김송순, 놀궁리

초등 4학년 민우는 아빠가 돌아가셔서 우리말 읽기와 쓰기에 서툽니다. 다른 문화권 출신인 엄마와 함께 지내지만 한글 실력은 좀처럼 늘지 않습니다. 새 학교로 전학 간 것도 힘든데, 엄마가 먼 나라에서 온 이사드 아저씨와 재혼을 한다고 합니다. 수염이 많고 웃지 않는 이사드 아저씨는 민우에게 무섭기만 하지요. 이 이야기를 통해 다문화 가족과 재혼 가족에 대해 생각해 볼 수 있습니다.

이상해? 다양해! 아틀리에 실험실, 풀빛

독일 창작 공동체 아틀리에 실험실이 만든 책입니다. 다양성에 대한 여러 사람의 생각과 경험을 설문, 만화, 사진, 그림에 담았습니다. 이를 통해 인종, 성별, 직업이 다른 사람들의 다양한 삶과 생각을 보여 줍니다. 어린이들은 책을 읽으며 나와 다른 사람들이 어떻게 살아가는지 이해하게 됩니다.

돈가스 안 먹는 아이 유혜진, 책읽는달

이슬람 국가에서 온 전학생 아부는 돼지고기가 들어간 음식을 먹지 않아 친구들과 갈등을 겪습니다. 점심시간이나 경기 중에도 자주 사라져 '재투성이 신데렐라'라는 별명까지 얻게 되지요. 민호는 아부에게 한국식으로 살아야 친구가 생긴다고 말하지만, 사실 두 사람 모두 다문화 가정입니다. 사우디아라비아 조사 과제를 계기로 오해와 갈등을 풀게 된 아부와 반 친구들은 마침내 서로를 이해하고 화해하며 진정한 친구가 됩니다.

와, 점심시간이다! 도시락 먹자! 양영지, 밝은 미래

1970년대 학교 점심 풍경과 도시락 문화를 다룬 책입니다. 책 속 민재와 경식이 이야기를 통해 점심시간 풍경과 도시락의 변천사를 살펴볼 수 있습니다. 또한 도시락의 기원, 명칭, 그리고 학교 급식의 변화 과정을 '돌려 보는 통통 뉴스'에서 함께 소개합니다.

그래도 텔레비전 보러 갈 거야! 양혜원, 밝은미래

텔레비전이 귀하던 시절, 동네에서 유일하게 텔레비전이 있는 민구네 집과 따돌림을 당하는 창수의 이야기를 그립니다. 당시 사람들이 텔레비전을 둘러싸고 모이던 풍경을 정감 있게 묘사하며, 텔레비전과 관련된 흥미로운 정보도 함께 전합니다.

이선비, 혼례를 치르다 세계로, 미래엔아이세움

조선 시대를 배경으로, 이선비가 첫사랑과 우여곡절 끝에 혼례를 치르는 과정을 그린 이야기입니다. 혼례를 준비하고 치르는 과정 속에 당시의 풍습과 예절이 생생하게 담겨 있어, 전통적인 관혼상제와 오늘날의 결혼 문화 차이를 자연스럽게 비교해 볼 수 있습니다. 전통 혼례 절차와 의미를 흥미롭게 익히다 보면 시대와 문화에 따른 생활 모습을 이해하게 됩니다.

그래서 이런 풍속이 생겼대요 우리누리, 길벗스쿨

이 책은 추석, 설날뿐 아니라 잘 알려지지 않은 전통 명절과 놀이까지 폭넓게 소개합니다. 풍속은 옛사람들의 생활 흔적으로, 음식·의복·주거·명절·행사·놀이 등을 모두 포함합니다. 국내외 79가지 풍속의 유래와 의미를 만화와 이야기로 재미있게 풀어내 조상들의 생활과 그 속에 담긴 지혜를 자연스럽게 이해할 수 있도록 돕습니다.

샤방샤방 패션의 역사가 궁금해! 글터 반딧불, 이론과실천

원시 시대부터 현대까지 시대별 패션의 변화와 특징을 어린이 눈높이에서 설명합니다. 고대, 중세, 근대 사회를 거치며 패션이 사회·문화·역사와 어떻게 연결되었는지 살펴봅니다. 코르셋, 미니스커트, 청바지 등 시대를 대표하는 의복과 유행의 배경 이야기를 전합니다. 다채로운 사례와 흥미로운 일화를 통해 패션이 단순한 옷차림을 넘어 시대의 얼굴임을 보여 줍니다.

말 달리고 횃불 피우고 옛 교통과 통신 이향숙, 주니어RHK

파발꾼, 봉수대, 가마 등 옛날의 교통·통신 수단을 꼬마 보부상 '동이'의 여정을 따라가며 살펴보는 책입니다. 먼 거리를 달려 소식을 전하던 파발꾼, 산꼭대기에서 연기와 불빛으로 신호를 주고받던 봉수대, 사람을 태워 이동하던 가마 등 다양한 수단이 어떻게 사용되었는지 생생하게 묘사합니다. 동이와 함께 옛길을 걸으며 당시 사람들의 생활 모습과 교통·통신의 사회적 의미를 이해하고, 오늘날과 비교하며 발전 과정을 배우는 재미도 있습니다.

떴다! 지식탐험대: 교통과 통신 박영란, 시공주니어

지하철, 비행기, 휴대폰까지 이렇게 편리한 세상이 만들어지기까지 어떤 변화가 있었을까요? 이 책은 나이를 먹지 않는 특별한 아이들과 함께 시간 여행을 떠나 옛날과 오늘날의 교통·통신 발달 과정을 흥미진진하게 탐험합니다. 말과 마차, 봉수대와 편지에서부터 기차, 자동차, 비행기, 그리고 인터넷과 스마트폰에 이르기까지 각 시대의 발명품이 사람들의 생활을 어떻게 바꾸었는지 생생하게 보여 줍니다.

2호선은 떡꼬치 열차 최재희, 휴먼어린이

아빠와 지유가 강남역에서 출발해 지하철 2호선을 타고 다양한 역과 도심을 여행하며 서울의 구조와 특징에 대해 배웁니다. 교통수단이 도시의 중심지를 연결하는 방식, 도심과 부도심·소도시의 관계를 구체적 지명과 함께 설명합니다. 책 끝에는 철도 박물관·지하철 역 탐방, 기관사 체험 등 직접 해 볼 수 있는 '나의 첫 지리 여행'과 지식 코너가 수록되어 있습니다.

우리 민속놀이 김이삭, 가문비어린이

우리 조상들이 일과 여가, 신앙 속에서 즐겨 온 다양한 민속놀이를 어린이 눈높이에 맞춰 소개합니다. 어린이도 쉽게 이해하고 참여할 수 있도록 각 놀이의 유래와 방법을 순우리말 동시와 동화 형식으로 풀어냈습니다. 연날리기, 팽이치기, 강강술래, 윷놀이, 널뛰기, 쥐불놀이 등 전통놀이를 재미있게 배우고 생활 속에서 즐길 수 있도록 구성되어 있습니다.

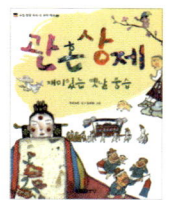

관혼상제, 재미있는 옛날 풍습 우리누리, 주니어중앙

옛이야기를 통해 아이들이 관혼상제의 이름과 절차를 자연스럽게 배울 수 있도록 구성된 책입니다. 기자 의례, 출산 의례, 백일·돌잔치 등 아기를 낳고 기르는 과정에서 조상들이 기울인 정성을 소개합니다. 또한 관례·계례, 초례, 회갑, 상례·장례 등 다양한 일생 의례의 의미와 절차를 쉽고 재미있게 전달합니다.

3학년 1학기 과학

3학년	1단원	2단원	3단원	4단원
1학기	힘과 우리 생활	동물의 생활	식물의 생활	생물의 한살이
	운동과 에너지		생명	

3학년 1학기 과학 1단원에서는 무거운 물체와 가벼운 물체를 밀거나 당길 때 어느 쪽이 더 큰 힘이 드는지 알아 봅니다. 용수철저울로 무게를 비교하고, 일상생활에서 지레나 빗면과 같은 도구를 이용하는 방법에 대해 살펴봅니다. 2단원에서는 물속에 사는 동물과 극지방·사막에 사는 동물에 대해 배우며 서식지에 따른 특징을 이해합니다. 3단원에서는 물에 사는 식물, 사막이나 높은 산에서 자라는 식물 등 다양한 환경에서 사는 식물에 대해 배웁니다. 4단원에서는 배추흰나비의 한살이 과정을 알에서 애벌레, 번데기, 어른벌레 순으로 살펴보고 씨앗이 싹트는 조건과 식물이 자랄 때 필요한 요소(물, 햇빛 등)를 학습합니다.

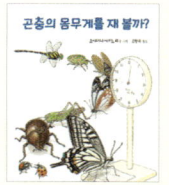

곤충의 몸무게를 재 볼까? 요시타니 아키노리, 한림출판사

곤충의 무게를 중심으로 60여 종이 넘는 곤충을 소개합니다. 작가는 정밀한 전자저울을 사용해 곤충의 무게를 재기 위해 다양한 시도를 했습니다. 날아다니는 아주 작은 곤충까지 측정하며 그 무게를 여러 사물과 비교했는데요. 읽다 보면 자연스럽게 관찰력이 길러지고 곤충 세계에 흥미를 갖게 될 거예요.

과학이 BOOM! 6 물리 서해경, EBS BOOKS

천재임을 숨기고 사는 수호의 친구 세찬은 리사이클링 대회에 참가해 TV에 나가기로 결심합니다. 라이벌 최기인을 이기기 위해 특별한 자전거를 만들며 대회를 준비하는 과정에서 물질의 성질과 소리의 전파 원리를 자연스럽게 배우게 됩니다. 여기에 도전과 협력, 창의적인 문제 해결의 즐거움까지 함께 담겨 있습니다.

다판다 만물트럭 서지원, 니케주니어

알파벳 마을의 레니는 개똥을 던지는 범인 때문에 맛나 빵집이 문을 닫을 위기에 처하자 걱정에 빠집니다. 그때 떠돌이 '살짝 탐정' 다판다가 나타나 과학 지식, 특히 '마찰력'을 이용해 사건을 추적합니다. 결국 다판다는 개똥을 던지고 사라지는 범인과 가게를 가린 주차 범인을 모두 밝혀내죠. 사건을 추리하는 긴장감 속에서 과학 원리를 재미있게 배웁니다.

달콤 짭짤 코파츄 류다영, 창비

구독자 100만 명을 자랑하는 과학 크리에이터 코파츄와 피디 버니가 바람마을에서 일어나는 사건들을 과학으로 해결합니다. 동물의 한살이, 먹이사슬과 생태계 등 다양한 교과 연계 과학 지식을 활용해 버려진 알의 부모를 찾아 주고, 주민 대표 선발 대회의 난제를 풀며 사막으로 변한 마을 복구를 위한 모험을 떠납니다. 유쾌한 이야기 속에 과학 지식을 자연스럽게 녹여 낸 작품입니다.

구슬도사 고미호 다영, 창비

세계 최고의 여우가 되기 위해 수련하던 고미호는 요괴 우두머리 '불개'의 부활 징조를 감지합니다. 이를 막기 위해 전설의 은하수 열차에 올라 신비한 구슬 아홉 개를 찾는 모험을 시작하지요. 여정 곳곳에 다양한 과학 퀴즈가 등장하는 짜릿한 모험과 학습이 결합된 신개념 판타지 동화입니다.

시끌벅적 할 말 많은 곤충들 한화주, 북멘토

곤충이 스스로 소개하듯 이야기를 풀어 가는 유머러스한 곤충 책입니다. 딱딱한 설명 대신 친구와 대화하듯 곤충의 특징과 생활을 쉽고 재미있게 전합니다. 곤충의 정의, 특성, 생태뿐 아니라 역사와 인간과의 관계까지 다룹니다. 책을 싫어하는 아이도 즐겁게 곤충 지식을 배울 수 있습니다.

동물로 세상에서 잘 살아남기 김남길, 풀과바람

동물의 탄생, 생김새, 분류, 특징, 한살이 등 과학적 지식을 풍부한 그림과 함께 담고 있어요. 멸종 위기 동물의 실태와 동물 권리 등 환경·시사 이슈도 다루어 동물의 역사와 현재를 폭넓게 이해할 수 있는 동물 환경 보고서입니다.

어쩌다 보니 살아남았습니다 아미이즈미 다다아키, 아름다운사람들

지구 환경 변화 속에서 진화하며 살아남은 포유류를 다룹니다. 멸종 위기를 극복한 101종의 '이상한' 동물을 '동물지리구' 별로 소개하며, 익숙한 동물의 숨겨진 이야기와 낯설지만 놀라운 특징을 가진 동물의 세계를 담았습니다. 흥미로운 삽화와 함께 동물이 어떻게 환경에 적응하며 생존해 왔는지 생생하게 보여 줍니다.

용선생의 시끌벅적 과학교실 36: 동물의 세계
사회평론 과학교육연구소, 사회평론

동물의 특징과 식물과 차이, 그리고 동물을 분류하는 기준을 알기 쉽게 소개합니다. 포유류, 조류, 파충류, 양서류, 어류 등 척추동물과 무척추동물의 종류와 특징을 다루며, 비슷한 동물끼리의 관계를 통해 분류의 원리를 설명합니다. 이를 통해 어린이들이 동물을 과학적으로 이해하고 새로운 시각으로 바라볼 수 있도록 돕습니다.

몹시도 수상쩍다 6: 곤충은 천재다 서지원, 꿈터

아로가 애벌레를 키우며 곤충의 세계를 배우는 이야기입니다. 곤충 자동 변신 장치를 통해 직접 곤충이 되어 다양한 곤충의 특징과 탈바꿈 과정을 체험하지요. 나비로 변한 애벌레와 함께 사라진 연두의 비밀을 풀어 가며 곤충과 자연의 관계를 깨닫게 됩니다. 흥미로운 모험 속에서 곤충의 생태와 지구에서의 역할을 배울 수 있습니다.

왠지 이상한 동물도감 누마가사 와타리, 미래엔아이세움

인간과 동물이 서로에게 끼친 영향을 역사와 문화 속에서 살펴봅니다. 동물이 인간에게 사랑받거나 두려움의 대상이 된 이유를 문화적 배경과 함께 탐구하고, 영화와 캐릭터 속 동물 이미지를 통해 인간 문화와 동물의 관계 변화를 이해하게 합니다. 앞으로 인간과 동물이 어떤 관계를 맺어야 할지 생각해 보도록 이끕니다.

에그박사의 어쩌면 사라질 사파리 예영, 다락원

멸종 위기에 놓인 생물들의 안타까운 사연을 전합니다. 사향노루, 수원청개구리, 황제펭귄 등 다양한 생물이 왜 위기에 처했는지 이유를 알려 주며, 유쾌한 그림과 간결한 설명으로 60종의 특별한 생물 상식을 담았습니다. 이를 통해 독자들이 생물 보호의 필요성과 실천 방법을 자연스럽게 생각해 봅시다.

몹시도 수상쩍다 5: 식물의 결혼식 서지원, 꿈터

공부왕 교장, 공부균 선생님, 아로, 건우, 헤리, 그리고 고양이 에디슨이 돼지행성에서 과학 모험을 펼칩니다. 식물대화젤리를 먹고 씨앗이 되는 등 기상천외한 사건을 겪으며 여정을 이어 가지요. 그 과정에서 씨앗의 발아 조건, 뿌리·줄기·꽃의 역할, 꽃과 열매가 형성되는 과정 등 식물에 관한 지식을 배울 수 있습니다.

식물은 떡잎부터 다르다고요?! 노정임, 현암사

속씨식물을 외떡잎식물과 쌍떡잎식물로 나누어 특징을 비교하고, 겉씨식물·양치식물·선태식물까지 폭넓게 살펴보는 식물 분류 안내서입니다. 쌍떡잎식물인 돌콩과 외떡잎식물인 강아지풀을 예로 들어 떡잎, 잎맥, 줄기, 뿌리, 꽃, 씨앗의 차이를 쉽게 이해할 수 있도록 설명합니다. 아이들이 자연스럽게 식물의 특징과 식물계 전체의 구조를 익히도록 돕는 책입니다.

광합성 소년 존 레이놀즈 가디너, 책과콩나무

앨런은 과학 프로젝트에서 '인간 광합성'이라는 엉뚱하고도 특별한 아이디어를 제안하지만, 모두가 말도 안 된다며 무시합니다. 그러나 앨런은 식물처럼 인간도 광합성을 할 수 있다고 믿으며 연구를 시작하고, 끈질긴 노력 끝에 그 비밀을 밝혀냅니다. 호기심과 도전 정신으로 가득한 꼬마 과학자의 모험담입니다.

꽃 박철만, 주니어김영사

우리나라 산과 들에서 피고 지는 야생화를 소개하며, 꽃의 구조와 식물학적 분류, 이름을 구분하는 방법을 알려 줍니다. 꽃이 꽃가루와 씨앗을 퍼뜨리는 다양한 방식으로 치열한 생존 경쟁을 벌인다는 사실을 배울 수 있습니다. 계절별, 특징별(재미있는 이름, 키 큰 꽃, 냄새 나는 꽃 등)로 꽃을 쉽게 분류해 초등학생도 이해하기 쉬우며, 귀화식물이 생태계에 미치는 영향과 우리 생태계를 지키는 방법에 대해서도 생각해 보게 합니다.

신기한 식물일기 크리스티나 비외르크, 미래사

식물 가꾸기를 좋아하는 리네아가 집에서 식물을 키우며 생긴 궁금증을 하나씩 해결해 나가는 이야기를 담았습니다. 물과 햇빛의 필요성, 다양한 식물의 종류, 물 주는 방법, 비료 만드는 법 등 실생활 팁을 아이 눈높이에 맞춰 설명합니다. 아이들이 자연과 환경에 관심을 가지고 쉽게 배울 수 있도록 돕는 책입니다.

파브르에게 배우는 식물 이야기 노정임, 철수와영희

파브르의 《식물기》를 어린이의 눈높이에 맞춰 다시 쓰고 그린 작품입니다. 열 살 이상 어린이가 쉽게 이해할 수 있도록 풀어 쓰고, 익숙한 식물로 예시를 바꾸었으며, 최신 정보로 보완했습니다. 눈, 나이테, 세포, 줄기, 뿌리, 잎, 꽃, 씨앗 등 식물의 구조와 특징을 풍부한 그림과 함께 설명합니다.

신비한 한살이 미셸 루체시, 북스토리아이

작은 씨앗이 꽃을 피우고 열매를 맺는 '식물의 한살이', 사계절의 변화가 담긴 '계절의 순환', '개구리의 한살이'와 '먹이사슬'을 통해 살펴보는 생태계의 신비, 물의 여정을 따라가는 '물의 순환' 등 아이들이 궁금해하는 주제를 다룹니다. 여기에 '인류의 진화', '지구의 삶', '별의 탄생과 소멸'까지 총 여덟 가지 테마로 자연과 환경의 신비로운 원리를 알기 쉽게 설명합니다.

배추흰나비가 변신한다고? 윤병무, 국수

배추흰나비를 주인공으로, '알'에서 시작해 '애벌레, 번데기, 성충'으로 탈바꿈하며 성장하는 과정을 그립니다. 성장 여정 속에서 고라니, 사마귀, 딱새, 기생벌, 고추잠자리 등을 만나며 자연스럽게 동물 생태계를 소개하고, 짝짓기를 통해 동물의 생로병사 과정을 보여 줍니다.

세밀화로 보는 사마귀 한살이 권혁도, 길벗어린이

사마귀가 알에서 나와 어린 사마귀를 거쳐 성충이 되고 다시 자연으로 돌아가기까지의 한살이를 성실하게 관찰해 세밀하게 그렸습니다. 사마귀가 어떤 먹잇감을 먹는지, 짝짓기를 마친 암컷이 어떻게 알을 낳고 기르는지, 알에서 깨어난 애벌레들이 어떻게 자라 성충이 되는지를 글과 그림으로 생생하게 보여 줍니다.

호미 아줌마랑 텃밭에 가요 장순일, 보리

우리 밥상에 자주 오르는 텃밭 작물 22가지를 씨앗부터 수확까지 세밀화로 보여 주며 모종 심기, 버팀대 꽂기, 솎아주기 등 시기별 농사일에 대해 설명합니다. 작물의 성장 과정과 그에 따라 필요한 손길을 한눈에 살펴볼 수 있고, 각 작물 이야기 끝에는 갈무리와 음식 이야기를 엿볼 수 있습니다.

줄기 속으로 들어간 돼지 백명식, 내인생의책

꽃이 피고 시원한 바람이 부는 화창한 날, 돼지학교 친구들이 식물원으로 체험 학습을 떠납니다. 식물원 일일 안내자인 구들이 아저씨와 함께 다양한 식물과 나무를 살펴보며 식물이 어떻게 생겨나고, 무엇을 먹고 자라는지, 또 어떤 구조를 가지고 있는지 배웁니다. 식물의 종류와 한살이는 물론 번식 방법, 잎의 종류, 광합성의 원리, 나무 나이를 알아내는 법, 꽃이 피는 원리까지 풍부한 정보를 쉽고 재미있는 설명과 그림으로 전합니다.

2학기	물체와 물질	지구와 바다	소리의 성질	감염병과 건강한 생활
	물질	지구와 우주	운동과 에너지	과학과 사회

　3학년 2학기 1단원에서는 물체와 물질에 대해 배웁니다. 우리 주변의 물건이 철, 나무, 플라스틱, 고무 등 다양한 물질로 이루어져 있다는 사실에 대해 알아보고 각 물질이 지닌 특징에 대해 살펴봅니다. 2단원 지구와 바다에서는 지구가 대기로 둘러싸여 있음을 이해하고 지구 표면을 이루는 육지와 바다의 특징을 비교합니다. 바닷물과 육지의 물을 비교하며 바닷물의 특징을 알아보고 바닷가에서 볼 수 있는 다양한 지형을 조사합니다. 또 밀물과 썰물의 차이를 이해하고 갯벌의 가치와 보전의 필요성에 대해서도 배웁니다. 3단원 소리의 성질에서는 여러 가지 물체를 이용해 소리를 내고 소리가 나는 물체에는 떨림이 있다는 사실을 확인합니다. 큰 소리와 작은 소리, 높은 소리와 낮은 소리를 구분하며 소리의 세기와 높낮이가 다른 경우를 살펴봅니다. 또한 소리가 다양한 물질을 통해 전달되는 모습을 관찰하고 소음을 줄이는 방법을 찾아봅니다. 마지막으로 생활 속 감염병과 건강에서는 감염병의 사례와 다양한 질병의 위험성을 알아보고 건강한 생활을 위한 예방 수칙을 함께 토의·공유하며 생활 속에서 실천합니다.

별난 과학 물질 이야기 로지 맥코믹, 그린북

모든 물체의 기본이 되는 물질의 개념과 성질을 재미있는 동화와 간단한 실험을 통해 알려 주는 책입니다. 물질이 무엇으로 이루어져 있고 어떤 특징을 지니는지 자연스럽게 배우게 됩니다. 쉽고 흥미로운 실험 활동이 함께 소개되어 과학의 기초 개념을 생활 속에서 직접 확인하고 이해할 수 있도록 돕습니다.

짜잔! 체리의 변신 롤라 M. 섀퍼, 북멘토

체리 주스를 활용해 고체, 액체, 기체로 변하는 과정을 보여 주며 물질의 상태 변화와 물질이 우리 주변에 존재한다는 사실을 감각적으로 체험하게 해 주는 과학 그림책입니다. 간단하고 재미있는 전개로 아이들이 과학 개념을 쉽게 이해하고 흥미를 가질 수 있도록 합니다. (국어쌤 북클럽 도서)

빨간내복의 코딱지히어로 1: 알쏭달쏭 물질

서지원, 와이즈만북스

별똥별 덕분에 코딱지만 한 초능력을 얻게 된 나유식이 금고털이 사건을 해결하기 위해 나서는 이야기입니다. 사건을 쫓는 과정에서 다양한 물질의 성질과 기능, 장단점을 탐구하며 과학 원리를 배울 수 있습니다. 최신 과학 교과서와 연계된 흥미로운 모험 속에서 웃음과 배움을 함께 제공합니다.

세상을 움직이는 작은 가루 이야기 최희규, 마음이음

밀가루·설탕부터 황사·석면·미세먼지까지 우리 생활 속 17가지 가루의 다양한 모습과 성질을 소개합니다. 도움이 되는 가루와 해로운 가루, 그리고 신기한 가루까지 가루가 주인공이 되어 아이와 대화하듯 이야기를 풀어 갑니다. 이를 통해 가루의 특징을 자연스럽게 배우고, 과학 원리에 대한 호기심을 키울 수 있습니다.

지구가 궁금해요 이지현, 스푼북

약 150억 년 전부터 현재까지 지구의 탄생과 변화를 한눈에 보여 주는 과학 그림책입니다. 지구의 형성과 구성, 생명체의 등장, 인류의 조상, 공룡 멸종 등 근원적인 질문을 던지고, 이를 아빠가 이야기하듯 친절하게 설명하며 어린이의 생각을 넓혀 줍니다.

과학이 BOOM 4: 지구 서해경, EBS BOOKS

천재 소년 수호와 친구 안느, 세찬이의 모험을 통해 지구와 관련된 과학 지식을 흥미롭게 풀어냅니다. 비밀 실험이 진행되는 B612섬에서 로봇 테스트를 하던 중 수상한 사건이 벌어지고, 세 친구는 이를 해결하며 지구 과학의 핵심 내용을 익히게 됩니다. 초등 3~6학년 과학 교과서의 '지구' 내용을 빠짐없이 담았습니다.

과학 추리반 아이들 윤자영, 한경키즈

학교에서 벌어지는 다양한 미스터리 사건들을 각기 다른 재능을 가진 네 명의 초등학생이 힘을 합쳐 과학 지식과 기발한 아이디어로 해결해 나가는 흥미진진한 이야기입니다. 사건을 추리하는 과정에서 자연스럽게 과학 원리를 배우고, 팀워크와 창의적인 문제 해결력의 중요성도 익힐 수 있도록 구성되어 있습니다.

왜 갯벌이 오염되면 안 되나요? 정누리, 참돌어린이

갯벌 현장 학습에 간 훈이가 바다 용궁 재판에 서게 되며 갯벌의 중요성을 깨닫는 이야기입니다. 갯벌의 생명력과 역할, 그리고 오염이 생태계에 미치는 영향을 흥미로운 판타지 모험 속에서 알기 쉽게 전합니다. 이야기를 따라가다 보면 갯벌 보호의 필요성과 우리가 지켜야 할 환경의 가치를 배우게 됩니다.

갯벌, 우리 집에 놀러 와! 안미란, 봄볕

갯벌에 사는 저서생물의 생태, 갯벌 식물과 새, 밀물과 썰물의 원리, 어민들의 도구, 연구자들의 활동까지 갯벌의 모든 것을 담은 그림책입니다. 한국 갯벌이 지닌 생물 다양성과 철새들의 쉼터로서의 가치, 그리고 갯벌이 지닌 신비로운 생태계를 흥미롭게 소개합니다.

공기를 통해 전달되는 소리 최원석, 아이앤북

마법사 스크래치에게 소리를 빼앗긴 사운드 왕국을 구하기 위해 동수와 친구들이 떠나는 모험 이야기입니다. 모험 속에서 다양한 소리를 들을 수 있는 소중함을 배우게 됩니다. 이야기를 따라가다 보면 소리의 신비와 중요성을 자연스럽게 느낄 수 있습니다.

용선생의 시끌벅적 과학교실 6: 소리

사회평론 과학교육연구소, 사회평론

우리 주변에서 들을 수 있는 소리들과 들을 수 없는 소리까지 다양한 소리의 세계를 탐험합니다. 소리굽쇠의 떨림을 통해 진동수의 개념을 배우고, 바이올린이나 첼로의 악기의 파형을 그래프로 관찰하며 진폭과 진동수 개념을 익힙니다. 돌고래나 박쥐가 초음파를 이용하는 원리와 생활 속에서 층간 소음을 줄이는 법도 알게 됩니다.

미생물은 힘이 세! 세균과 바이러스 김희정, 지학사아르볼

세균 삼총사가 지구에 정착해 살아온 이야기 속에서 사람과 미생물의 숨 막히는 대결을 흥미롭게 풀어낸 책입니다. 이로운 세균부터 해로운 바이러스, 코로나19 같은 신종 전염병까지 다양한 미생물의 세계를 소개합니다. 역사·생활·환경·인체·직업 등 폭넓은 배경 지식을 담아 어린이들이 쉽고 재미있게 미생물에 대해 배울 수 있도록 구성되었습니다.

재미있는 미생물과 감염병 이야기 천명선, 가나출판사

초등학생이 꼭 알아야 할 미생물과 감염병에 관한 다양한 정보를 담은 책입니다. 우리의 건강과 직결되면서도 오랫동안 베일에 싸여 있던 미생물의 세계를 재미있게 소개하는 안내서입니다. 눈에 보이지 않는 미생물이 우리 생활에 얼마나 큰 영향을 미치고 있는지 알 수 있고, 미생물과 함께해 온 인류의 역사, 미생물과 감염병을 연구해 온 의학자와 과학자들의 숨은 이야기, 그리고 생활 속 보건에 대해서도 관심을 가지게 됩니다.

자연의 역습, 감염병 김양중, 미래아이

코로나19를 비롯해 페스트, 한센병, 인플루엔자 등 인류와 함께해 온 다양한 감염병의 역사를 어린이 눈높이에 맞춰 설명하는 책입니다. 페스트의 피해와 종두법의 발견, 스페인 독감 확산 과정 등을 흥미롭게 다루며 감염병이 인류 사회에 미친 영향과 우리가 이를 극복해 온 과정을 알기 쉽게 전해 줍니다.

빨간 내복의 초능력자 시즌 2: 5 바이러스의 위협과 싸우다
서지원, 와이즈만북스

별똥별 초능력과 아인슈타인의 지능을 지닌 슈퍼히어로 나유식이 돌연변이 괴수로 변한 곰돌이 야자수와 맞서는 이야기를 그렸습니다. 하마리 박사가 유전자 조작 키메라로 도시를 구하며 영웅이 되지만 유식은 그 이면에 감춰진 불길한 기운을 감지합니다. 주술사 노주코밤의 경고 속에서 유식은 점점 다가오는 거대한 위협과 마주하며 흥미를 더합니다.

아이 생각을 활짝 여는 독서 대화 질문 31

책을 읽고 난 뒤 아이와 어떤 대화를 나누면 좋을지 막막할 때가 있습니다. 단순히 "재미있었어?" 하고 끝내기보다 책 속 인물과 사건, 정보와 그림을 두고 다양한 질문을 던지면 아이는 책을 더 깊이 이해하고 스스로 생각을 확장하게 됩니다. 아래의 질문들은 이야기책, 정보 책, 그림책, 동시집 등 책의 종류에 맞게 활용할 수 있습니다. 꼭 정답을 찾으려 하기보다 아이가 마음껏 느끼고 표현할 수 있도록 도와주세요. 질문 하나가 아이의 상상력과 사고력을 활짝 열어 주는 열쇠가 될 수 있습니다.

이야기책(동화, 명작, 창작동화 등)
- 주인공은 어떤 문제를 겪고 있었어?
- 주인공이 그 선택을 한 이유는 뭐였을까?
- 이 이야기에서 가장 놀라운 장면은 뭐였어?
- 너라면 어떻게 행동했을 것 같아?
- 결말이 마음에 들었어? 다르게 끝난다면 어떻게 될까?
- 주인공은 어떤 성격이야? 점점 바뀐 점이 있었을까?
- 주인공은 어떤 기분이었을까? 왜 그렇게 느꼈을까?
- 주인공이 어떤 감정을 말하지 않고 숨겼다고 느껴지는 장면이 있었어?
- 이 책을 읽고 나니 누구의 입장을 더 이해하게 되었어?
- 비슷한 상황을 겪어 본 적이 있어?
- 주인공에게 어떤 말을 해 주고 싶었어?
- 이 책이 너에게 전하는 메시지는 뭐였을까?

정보 책(백과, 교양 지식, 인물, 과학·사회 책 등)

- 이 책을 읽고 처음 알게 된 사실은 뭐였어?
- 가장 흥미로웠던 정보는 뭐야?
- 내 생활과 연결되는 내용이 있을까?
- 이 책의 주제를 다른 사람에게 설명해 준다면 어떻게 말할 수 있을까?
- 읽은 내용 중 직접 해 보고 싶은 것이 있다면?
- 더 궁금한 부분이 생긴 게 있다면?
- 이 정보를 영상이나 그림으로 표현한다면 어떻게 구성할 수 있을까?

그림책

- 이 그림책에서 가장 눈에 띄는 그림은 뭐였어?
- 이 장면 속 주인공은 어떤 마음이었을까?
- 이 장면을 다른 색깔로 그린다면 무슨 색이 어울릴까?
- 그림이 없었으면 이야기를 이해할 수 있었을까?
- 그림책의 그림을 다시 본다면 느낌이 어떻게 달라질까?

동시집

- 이 시를 읽고 어떤 장면이 떠올랐어?
- 이 시는 어떤 기분이 담긴 시일까?
- 만약 이 시에 그림을 그린다면 어떤 색으로 표현할래?
- 제목이 참 특별한데, 시와 어떤 관련이 있을까?
- 이 시의 단어 중에 가장 마음에 드는 부분은?
- 이 시를 읽고 ○○○에 대해 시를 써 보면 어떨까?
- 시인의 마음을 대신 말해 보자면 뭐라고 할 수 있을까?

4학년
개념을 확장하고
이해력을 다지는 독서

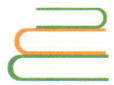

　4학년은 학습 독서에 점점 더 익숙해지는 시기입니다. 이제는 책을 단순히 읽는 데서 그치지 않고, 다양한 주제와 장르를 통해 생각의 폭과 깊이를 함께 넓혀 가야 합니다. 이야기책과 정보 책은 물론 탐구서와 전기 같은 책에도 도전하며 관심의 범위를 확장해 보세요. 이렇게 폭넓게 읽다 보면 아이는 자신만의 흥미 분야를 발견하게 되고, 책에서 얻은 지식을 교과 학습이나 생활 속 경험과 자연스럽게 연결할 수 있습니다. 이런 독서 경험이 쌓일수록 스스로 배우고 탐구하는 힘, 즉 자기 주도 학습의 토대가 마련됩니다.

4학년 국어

4학년 1학기에는 인물의 관계를 중심으로 이야기의 흐름을 파악하고 토의합니다. 낱말 사이의 관계에 대해 알아보고 관찰한 내용을 바탕으로 보고하는 글을 배우고 씁니다. 국어사전으로 동음이의어, 다의어를 구분하고 주장하는 글을 읽고 중심 생각을 파악합니다. 원인과 결과를 정리하고 감각적 표현을 활용해서 직접 시를 써 봅니다. 그동안은 시를 낭송했다면 이제 직접 써 보는 차례인 것이죠.

4학년 2학기는 마음을 전하는 글도 쓰고 인물, 사건, 배경을 생각하며 이야기를 읽어요. 전기문에 대해 처음 배우고 독서 감상문을 한 번 더 배웁니다. 그동안 중요한 내용을 간추리고 원인과 결과, 사실과 의견을 구분하는 읽기를 했다면 이제 글쓴이의 의견을 평가하는 읽기를 합니다. 글을 읽고 내 것으로 받아들이면서 비평까지 하는 단계입니다.

꿀떡을 꿀떡 윤여림, 천개의 바람

'꿀떡'처럼 소리는 같지만 뜻이 다른 동음이의어를 귀여운 이야기로 풀어낸 책입니다. 돼지저금통을 털어 떡을 사 먹으러 간 여자아이가 꿀떡의 두 가지 뜻을 알게 되고 개와 고양이와 함께 다양한 말놀이를 즐깁니다. 같은 소리에 담긴 여러 의미를 쉽고 재미있게 배우며 어휘력을 키우게 됩니다.

부글부글 말 요리점 조시온, 씨드북

말을 재료로 요리하는 '말 요리사'의 이야기입니다. 무시, 비교 같은 미운 말로 요리를 만들자 손님들이 화를 내며 떠나지만 요리책의 숨겨진 비밀을 발견한 뒤 건강하고 긍정적인 말로 요리해 손님들의 마음을 되돌립니다. 말의 힘과 따뜻한 소통의 가치를 유쾌하게 전하는 그림책입니다.

비밀요원 레너드 우리말 사무소 1: 초등 필수 어휘

이향안, 아울북

맞춤법, 고사성어, 속담, 관용어를 유쾌한 사건 속에 담아 문해력을 키우는 국어 학습 동화입니다. 레너드 요원과 친구들이 벌이는 좌충우돌 에피소드를 통해 상황에 맞는 단어와 표현을 자연스럽게 익힐 수 있습니다. 어휘·표현 복습 페이지와 미디어 문해력 코너를 재미있게 읽으며 어휘력과 표현력을 동시에 높일 수 있는 어린이 필독서입니다.

책이 살아 있다 신혜순, 좋은꿈

책 읽기의 부재가 가져올 사회적 위험성을 경고하며, 휴대폰에 몰입한 현대인의 모습과 대비해 책 읽기의 가치를 강조합니다. 작은 독서 습관이 책과 사회를 살린다는 메시지와 함께 종이책의 역사와 변화, 도서관의 발전, 책으로 꿈을 이룬 사람들의 이야기 등을 담았습니다. 종이책의 의미와 미래를 조명하며 독자들에게 독서의 즐거움과 필요성을 다시 일깨워 줍니다.

발표! 토론! 남 앞에서 말하는 게 제일 싫어! 박현숙, 팜파스

발표와 토론이 두렵고 남 앞에서 말하기를 어려워하는 아이들의 마음을 섬세하게 그린 생활 동화입니다. 주인공 민동이가 매일 이어지는 발표 수업에서 부끄럼과 두려움을 극복하며 자기답게 당당히 말하는 법을 배우는 과정을 담았습니다. 왜 사람들 앞에 서면 떨리는지 이유를 살펴보고 부담감을 줄이며 긍정적인 경험을 쌓는 방법을 알려 줍니다. 발표·토론뿐 아니라 다양한 상황에서 의견을 나누고 소통하는 즐거움을 깨닫게 합니다.

그래서 이런 말이 생겼대요: 우리말 우리누리, 길벗스쿨

우리가 자주 쓰는 말들의 흥미로운 유래를 재미있는 이야기와 만화로 풀어낸 우리말 학습서입니다. 말의 기원과 쓰임을 익히며 뜻을 정확히 이해하고 기억할 수 있어 어휘력과 문해력이 자연스럽게 향상됩니다. 더불어 말 속에 담긴 역사와 문화까지 배울 수 있어 우리말에 대한 관심과 애정을 키워 줍니다.

문해력이 자라는 아이들 전병규, 한경키즈

5학년 2반 아이들의 이야기를 통해 문해력이 모든 공부의 기초이자 성장의 핵심임을 보여 줍니다. 문해력 저하 사례와 그 원인을 짚으며 독서를 통해 어휘력과 이해력을 키우는 방법을 제시합니다. 나아가 가정과 학교에서 아이들의 문해력을 길러 주기 위한 실천적인 조언도 담고 있습니다.

세종책방 회원을 모집합니다! 정성현, 주니어마리

책 읽기가 고민인 어린이에게만 보이는 신기한 '세종책방'에서 고양이 책냥이가 세종대왕의 특별한 독서법을 들려줍니다. 세종대왕은 날마다 책을 읽으며 백성을 위한 아이디어를 만들고 삶을 풍요롭게 한 '책 속의 길'을 찾았습니다. 동화작가이자 독서법 전문가인 저자가 어린이 눈높이에 맞춰 세종대왕의 지혜로운 독서법을 따뜻하게 안내합니다.

순한 맛, 매운 맛 매생이 클럽 아이들 이은경, 한경키즈

글쓰기를 어려워하는 초등학생들에게 생각을 정리하고 표현하는 즐거움을 동화로 전해 주는 책입니다. 말이 빨라 '개구리 래퍼'라 불리는 현규가 매생이 클럽 활동을 하며 자신감을 찾고 글쓰기 실력을 키워 가는 과정을 담았습니다.

4학년 수학

	1단원	2단원	3단원	4단원	5단원	6단원	7단원
1학기	큰 수	각도	곱셈과 나눗셈	평면도형의 이동	막대 그래프	규칙과 관계	창의 프로젝트
2학기	분수의 덧셈과 뺄셈	삼각형	소수의 덧셈과 뺄셈	사각형	꺾은선 그래프	다각형	

수학도둑 수학동화 1~10 세트 송도수, 여운방, 서울문화사

'메이플스토리'의 주인공들이 신비한 수학 세계로 모험을 떠나는 이야기에 수학박사의 체계적인 콘텐츠를 더해 아이들이 자연스럽게 수학에 흥미를 느끼도록 구성했습니다. 만화를 동화 형식으로 재구성하고, 원작에서 다루지 못한 숨은 이야기와 에피소드를 추가해 읽는 재미와 학습 효과를 모두 높였습니다. 모험 속에서 만나는 다양한 수학 개념과 원리를 쉽고 흥미롭게 익힐 수 있는 시리즈입니다.

유클리드, 플라톤의 진리를 찾아 도형 왕국을 구하라

오가희, 뭉치

수학에 소질은 있지만 이기적인 소녀 유클리드는 도형 왕국의 수호견 매씨와 함께 '전설의 쌓기나무'를 지키기 위한 모험을 떠납니다. 피라미드에 들어가기 위해 입체도형의 여러 방향 모양을 해석하고, 넓이와 무게 단위 문제를 풀며 수학 실력을 쌓아 갑니다. 위기 속에서 매씨의 희생을 겪으며 이타심을 배우고, 플라톤의 의지를 만나 마지막 문제를 해결해 도형 왕국의 평화를 되찾습니다.

줄일까 늘릴까 이발사의 결투 스콧 선드비, 주니어김영사

명작 동화를 색다르게 변형한 이야기로, 흥미로운 줄거리 속에서 수학 개념을 배울 수 있는 책입니다. 이발사들의 유쾌한 대결을 따라가다 보면 도형의 크기를 줄이거나 늘리는 과정에서 넓이가 어떻게 변하는지 자연스럽게 이해하게 됩니다. 이야기와 함께 시각적인 그림 설명이 곁들여져 넓이의 확대·축소 개념을 쉽고 재미있게 익힐 수 있습니다.

전설의 수학 1: 숨겨진 힘은 숫자에 있다 김각, 킨더랜드

무술 세계관에 수학 개념을 결합한 색다른 수학×무협 동화입니다. 평범한 아이 동준이가 수학 고수 박오일과 함께 예각·둔각, 분수, 단위, 힘의 크기 등을 무술처럼 몸으로 익히며 성장합니다. 대결과 수련, 깨달음을 통해 '문제 푸는 법'이 아닌 '원리를 이해하는 힘'을 배우고 꾸준함의 가치를 깨닫게 됩니다. 흥미진진한 이야기 속에서 수학 개념을 자연스럽게 익힐 수 있습니다.

직업으로 수학을 배우는 수학동화 이혜옥, 거인

제빵사, 스튜어디스, 사육사, 피겨선수, 디자이너 등 다양한 직업 이야기를 통해 수와 연산, 도형, 들이와 무게, 분수·소수 등 수학 개념을 재미있게 배우는 책입니다. 각 직업 속 상황에서 덧셈·뺄셈·곱셈·나눗셈, 평면도형과 원, 분수와 소수, 큰 수 등을 자연스럽게 익힐 수 있습니다. 통계, 경우의 수, 규칙 찾기 등 문제 해결력도 함께 기를 수 있으며, '교과서 엿보기' 코너로 학습 내용을 복습할 수 있습니다.

아르키는 어림하기로 걸리버 아저씨를 구했어 김승태, 뭉치

아르키와 매씨가 걸리버 여행기 속에서 길이·시간·달력 개념을 잊은 인물들에게 수학 개념을 알려 주고, 마지막에는 걸리버 아저씨에게 무게 계산법을 전해 적국의 배를 물리칩니다. 이어 어림나라 마법사와 함께 올림·버림·반올림을 이용해 마법의 물약을 완성하며 길이·무게·들이·시간 등 단위 계산과 수의 범위를 다루는 개념을 자연스럽게 익힙니다. 학습 개념 정리와 역사·생활·체육 속 수학 읽기 부록이 실려 있어 재미와 학습 효과를 동시에 얻을 수 있습니다.

피보나치, 수를 배열해 비밀의 방을 탈출하라 이혜림, 뭉치

수학을 잘하는 소년 피보나치와 반려견 매씨, 그리고 각자 사연이 있는 네 왕자가 수학 요정 알파의 방 탈출 미션에 도전합니다. 규칙 찾기, 정비례, 평균, 확률 등 다양한 수학 문제를 풀며 각자의 소원을 이루고 방을 탈출하게 되지요. 이야기 속에서 평균, 규칙성, 가능성 개념을 자연스럽게 익히고, 학습 내용 정리와 실생활 연계 읽을거리를 확인할 수 있습니다.

수상한 수학 감옥 아이들 류승재, 한경키즈

수학을 싫어하던 영실이가 '수학의 발견' 동아리에서 일상 속 수학 원리를 탐구하다가 미스터리한 수학 감옥에 갇히게 됩니다. 탈출을 위해 다양한 미션을 해결하는 과정에서 자전거 기어, 맨홀 뚜껑, 피자 등 생활 속 소재를 활용해 곱셈·분수·도형 등 16가지 수학 개념을 자연스럽게 익히게 됩니다. 흥미진진한 스토리와 교과 연계 학습 요소가 결합되어 초등 중·고학년이 재미와 학습을 동시에 경험할 수 있습니다.

알쏭달쏭 수학 이야기 30 장수하늘소, 하늘을나는교실

숫자의 탄생부터 0, 음수, 황금비율, 확률, 함수, 미분까지 수학 속 흥미로운 개념 30가지를 동화처럼 쉽고 재미있게 풀어낸 책이에요. 수의 원리와 수학 개념을 자연스럽게 이해하며 수학에 대한 호기심과 흥미를 키울 수 있도록 도와줍니다.

4학년 1학기 사회

4학년	1단원	2단원	3단원
1학기	지도로 만나는 우리 지역	우리 지역의 국가유산	경제활동과 지역 간 교류
	지리 인식	지역사	경제

　4학년 1학기 1단원에서는 지도의 기본 개념을 배웁니다. 방위, 기호와 범례, 등고선, 축척 등을 익히고 이를 활용해 지도를 이해하는 방법을 알아봅니다. 2단원에서는 앞에서 배운 개념을 바탕으로 지도를 보며 우리 지역의 위치를 확인하고 산·평야·강·섬·호수·바다 등 땅의 생김새를 살펴봅니다. 또 여름과 겨울의 강수량과 기온을 강수량이 많은 시기와 기온이 낮은 시기, 그리고 지역마다 기후가 다를 수 있다는 점을 통해 이해합니다. 이어 국가유산이 무엇인지 배우고 우리 지역의 국가유산을 조사하면서 그 속에 담긴 조상들의 생활 모습을 알아봅니다. 3단원에서는 경제활동과 지역 간 교류를 주제로 경제활동에서 합리적 선택이 필요한 이유, 생산과 소비의 개념, 지역 간 교류가 필요한 까닭을 학습합니다.

이곳저곳 우리 동네 지도 대장 나기호가 간다! 김평, 가나출판사

말하기를 어려워하는 기호는 길을 묻는 낯선 할아버지를 만나 그를 위해 마을 지도를 그리기로 합니다. 방위표, 축척, 등고선 등 지도를 완성하는 데 필요한 요소를 하나씩 배우며 정성껏 지도를 완성해 가지요. 기호의 이야기를 따라가면서 직접 지도 보기와 그리기를 자연스럽게 체험할 수 있도록 안내하는 책입니다.

지도는 보는 게 아니야, 읽는 거지! 김향금, 토토북

지도의 개념과 필수 요소, 약속, 일반도와 주제도의 쓰임, 그리고 생략·왜곡까지 지도의 특성을 쉽고 재미있게 설명합니다. 지도를 읽는 능력을 올릴 수 있도록 유용한 지도 정보를 그림과 함께 익힐 수 있도록 구성되었습니다.

손으로 그려 봐야 우리 땅을 잘 알지 정은주, 토토북

지도의 기본 요소에서부터 우리나라 각 도의 인문·자연 지리 정보는 물론 옛 지도에 관한 이야기까지 온갖 지리 정보가 알차게 들어 있습니다. 방위와 축척 등을 배울 때는 관련된 퀴즈를 내고, 문화유적을 소개할 때는 역사적인 배경을 설명하며, 특산물을 소개할 때는 왜 이 지역에서 이런 특산물이 나게 되었는지까지 친절하게 알려 줍니다.

우리나라 지도 그림책 민병준, 진선아이

1개의 특별시, 9개의 도, 6개의 광역시, 1개의 특별자치시와 북한의 중요한 지리 정보를 알기 쉽게 담았습니다. 우리나라 곳곳의 가 볼 만한 문화 유적지와 지역 축제, 특산물도 살펴볼 수 있어 체험 학습에 도움이 됩니다.

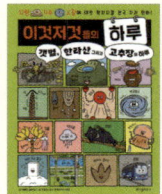

이것저것들의 하루 3: 갯벌, 한라산 그리고 고추장의 하루
이혜진·송미영, 위즈덤하우스

갯벌, 한라산, 고추장을 비롯해 우리나라의 지형, 기후, 특산물 등 한국 지리와 관련된 다양한 이야기를 담은 만화입니다. 백두산 높이의 비밀, 화산 폭발로 생겨난 독도, 황사와 열대야 같은 기후 현상, 지역 특산물까지 쉽고 유쾌하게 소개합니다. 재미있는 하루 형식의 구성으로 우리나라 곳곳의 자연과 문화를 흥미롭게 배울 수 있습니다.

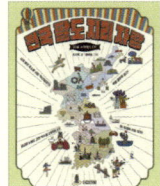

전국 팔도 지리 자랑 조지욱, 사계절

남북한을 아우르는 시도별 29개의 지도와 약 500개의 지역 대표 아이콘, 57장의 사진으로 구성되어 있습니다. 각 시도의 특산물, 랜드마크, 자연, 문화재 등을 생생한 시각 자료와 함께 소개하여 여행하듯 우리나라의 지리·문화·역사를 배울 수 있습니다. 남한뿐 아니라 북한의 모든 도와 시까지 빠짐없이 담아 한반도 전체를 이해할 수 있도록 구성되었습니다.

웃음꽃이 핀 우리 국가유산 김은의, 다림

불상, 기와, 장승, 하회탈, 도자기, 민화, 풍속화, 판소리, 탈춤 등 다양한 우리 문화유산을 소개합니다. 작품의 아름다움과 기술적 수준뿐 아니라 제작 당시의 시대적 배경과 조상들의 생각을 함께 상상하며 감상하는 흥미로운 접근을 제안합니다. 문화유산을 통해 우리 조상의 삶과 정신을 깊이 이해할 수 있도록 돕는 책입니다.

도깨비도 국가유산이야? 김성범, 품출판사

2024년 5월부터 '문화재' 대신 쓰이는 '국가유산' 개념을 어린이 눈높이에 맞춰 소개합니다. 도깨비와 함께 떠나는 만화 형식의 여행 속에서 국가유산의 의미와 종류를 쉽고 재미있게 배울 수 있습니다. 유아부터 어린이까지 즐기며 국가유산에 관심을 가질 수 있도록 돕는 그림책입니다.

살아 숨 쉬는 우리나라 인류무형문화유산 한미경, 현암주니어

종묘 제례와 제례악부터 제주 해녀 문화까지 유네스코 인류무형문화유산으로 선정된 우리나라의 19가지 전통문화를 소개합니다. 독특한 기술, 나눔의 정신, 그리고 전통을 이어 가는 가치와 의미를 흥미롭게 담았습니다.

한국사 숨은그림찾기 3: 우리 문화유산 송영심, 메가스터디북스

선사 시대부터 대한제국까지의 문화유산을 시대적·역사적 배경과 함께 소개합니다. 숨은그림찾기 형식으로 구성되어 그림을 찾는 재미와 함께 우리 역사와 문화유산을 자연스럽게 익힐 수 있습니다. 더불어 각 문화유산에 담긴 의미와 가치를 배울 수 있어 학습 효과를 높여 줍니다.

용돈 잘 쓰는 법 김선·조희정, 메가스터디북스

아이가 첫 용돈을 받는 순간부터 쓰고, 모으고, 불리고, 나누는 전 과정을 현실감 있게 다룹니다. 두 명의 현직 초등교사가 '10살 소녀 달라'와 '말하는 동전 핀'으로 등장해 아이들의 용돈 생활 속 고민과 궁금증을 상황별로 코칭합니다. 실제 초등학생의 경험을 바탕으로 용돈 관리 습관을 재미있게 배울 수 있는 책입니다.

우리 같이 착한 소비 조희정, 그레이트북스

물건의 가격과 디자인뿐 아니라 생산 과정에서 사람, 동물, 환경에 미치는 영향을 고려하는 '윤리적 소비'의 중요성을 다룹니다. 아동 노동 초콜릿, 환경 파괴 아보카도, 동물 학대 털 채취나 화장품 실험 등 우리가 무심코 소비하는 물건 뒤 숨은 문제들을 생생히 보여 줍니다. 눈에 보이지 않는 과정까지 꼼꼼히 따져 보고 선택하는 착한 소비의 필요성을 알려 주는 책입니다.

사회는 쉽다! 14: 시장과 경제 석혜원, 비룡소

'희소성'과 '합리적인 선택' 같은 초등 사회 필수 개념을 어린이의 용돈 고민 사례로 쉽게 설명합니다. 생산·소비·분배, 경제 주체, 기업의 마케팅 활동 등 기본 경제 개념과 돈의 역사, 시장 종류 같은 상식도 다룹니다. 저축·투자·금리·주식 등 필수 금융 용어와 예산·기부 등 건강한 경제 습관까지 초등 눈높이에 맞춰 알려 주는 경제 입문서입니다.

알뜰살뜰! 우리 집 경제 대장 나백원이 간다! 박민선, 가나출판사

어린이의 일상 속 사례를 통해 '희소성'과 '합리적 선택' 등 경제의 기본 개념을 자연스럽게 알려 줍니다. 생산·소비·분배, 가계·기업·정부와 같은 필수 경제 주체부터 마케팅, 돈의 역사, 시장의 종류까지 폭넓은 상식을 재치 있는 그림과 함께 소개합니다. 또한 예산 관리, 기부, 저축, 투자, 금리, 주식 등 평생 도움이 될 금융 습관과 용어를 초등 눈높이에 맞춰 알기 쉽게 전합니다.

여기는 따로섬 경제를 배웁니다 원예지, 천개의 바람

따로섬 사람들의 이야기를 통해 돈의 필요성, 시장과 은행의 역할 등 경제의 기본 개념을 쉽고 재미있게 알려 줍니다. 주인공들의 생활 속 에피소드를 따라가며 일하고, 나누고, 소비하는 과정을 자연스럽게 이해할 수 있습니다. 어린이들이 일상과 연결된 경제 원리를 친근하게 배우도록 구성된 책입니다.

아기 돼지 삼 형제가 경제를 알았다면 박원배, 스푼북

전래동화, 명작, 탈무드, 신화 속 이야기에 경제 개념과 원리를 녹여 쉽고 재미있게 설명합니다. 아기 돼지 삼 형제, 40인의 도둑 등 익숙한 이야기 속 상황을 통해 선택, 교환, 금융 등 필수 경제 지식을 배울 수 있습니다. 어린이들이 생활과 연결된 경제 원리를 자연스럽게 익히도록 돕는 책입니다.

세금 내는 아이들 옥효진, 한경키즈

13살 시우와 6학년 1반 친구들이 가상의 나라 '활명수'에서 '미소'라는 화폐를 사용하며 직업을 가지고 경제활동을 하는 이야기를 담고 있습니다. 소비만 하던 시우가 직접 일하고 벌고 쓰는 경험을 통해 경제의 원리를 배우는 흥미로운 설정 속에서 돈의 가치와 올바른 경제 습관을 자연스럽게 익힐 수 있게 해 줍니다.

열두 살 주식 왕 전지은, 길벗

5학년 하은이와 친구들이 교실 속 증권회사 체험을 통해 주식과 투자의 세계를 배우는 이야기입니다. 주식을 사고팔며 기업에 관심을 갖고, 정보를 분석해 올바른 투자 결정을 내리는 과정을 그립니다. 재미있는 스토리를 통해 경제 이해력과 수학적 사고, 논리적 판단력을 함께 키울 수 있는 초등 교양서입니다.

1+1이 공짜가 아니라고? 이정주, 개암나무

아이들과 밀접한 생활 속 사례 열 가지를 통해 어렵고 복잡한 경제 개념을 쉽고 재미있게 소개하는 지식 정보책입니다. 다양한 경제 용어를 통해 올바른 경제 관념을 다지는 데 도움을 주며, 일상에서 현명하게 선택하고 소비하는 습관을 기를 수 있도록 이끌어 줍니다.

캥거루 복덕방 김나월, 주니어김영사

동물 친구들의 집 이야기를 통해 부동산 기본 지식과 집의 의미를 쉽고 재미있게 알려 주는 어린이 부동산 동화입니다. 급하게 집을 구한 판다, 층간 소음에 시달리는 당나귀 등 7가지 에피소드 속 갈등과 해결 과정을 통해 실제 부동산 거래에서 주의할 점도 배울 수 있습니다. 이야기를 읽는 동안 이웃과 집을 대하는 바른 태도까지 함께 생각하게 됩니다.

쉬운 교과서: 사회 3~4학년 1 이명자, 주니어마리

초등 사회 교과 내용을 풍부한 배경지식과 쉬운 개념 해설로 풀어 암기가 아닌 이해로 배우도록 돕는 책입니다. 만화와 이야기 속 주인공 마리·누리의 일상 에피소드로 개념을 재미있게 익히고 어휘 정리·토론·퀴즈로 학습을 완성합니다. 예습·복습·선행 학습에 모두 활용 가능하며, 문해력·비판적 사고·문제 해결력을 함께 키울 수 있습니다.

4학년 2학기 사회

2학기	민주주의와 자치	지역 문제를 해결하고 지역을 알리는 노력	다양한 환경과 삶의 모습
	정치	정치, 자연환경과 인간 생활	자연환경과 인간 생활 인문환경과 인간 생활

2학기 1단원에서는 민주주의와 자치의 의미를 배우고 이를 통해 정치의 기초 개념에 입문합니다. 2단원에서는 지역 문제를 해결하는 방법과 지역을 알리기 위한 다양한 노력을 살펴봅니다. 3단원에서는 자연환경과 인문환경의 개념을 익히고 환경에 따라 생활 모습이 어떻게 달라지는지 이해합니다.

정정당당 선거 이여니, 뭉치

선거와 민주 정치의 개념을 어린이들이 쉽게 이해하도록 재미있는 동화 형식으로 풀어냈습니다. 이야기를 통해 주요 학습 내용을 자연스럽게 익히고, 실제 생활과 연결해 생각할 수 있도록 구성했습니다. 정치와 민주주의를 처음 접하는 어린이들에게 친근하고 흥미롭게 다가가는 입문서입니다.

사회는 쉽다! 1: 민주주의와 정치 김서윤, 비룡소

반장 선거 이야기를 시작으로 대통령 선거와 삼권분립, 행정부·입법부·사법부의 역할, 대통령제와 의원내각제 등 다양한 정치 체계를 이해하기 쉽게 설명합니다. 우리나라 민주주의의 원칙과 발전 과정을 소개하며 어린이들이 나라의 주인으로서 의견을 표현하고 참여하는 방법을 안내합니다. 생활 속 사례와 비교를 통해 정치 개념을 자연스럽게 이해하도록 돕는 정치·민주주의 입문서입니다.

민주주의를 어떻게 이룰까요? 플란텔 팀, 풀빛

독특한 콜라주 기법의 그림으로 민주주의를 시각적으로 표현한 작품으로, 볼로냐 라가치상 논픽션 부문 대상을 수상했습니다. 1977년 초판 당시의 민주주의와 오늘날의 모습을 비교하며 변화 과정을 보여 주고, 마지막 장 '민주주의의 어제와 오늘'에서는 민주주의의 핵심 메시지를 한눈에 정리해 줍니다.

똥 학교는 싫어요! 김하연, 초록개구리

부산 기장군 대변초등학교가 이름 때문에 겪은 어려움과 이를 바꾸기 위한 학생들의 교명 변경 운동을 동화로 재구성했습니다. 5학년 부학생회장의 '학교 이름 바꾸기' 공약을 계기로 시작된 서명 운동과 행정 절차 과정을 담고 있습니다. 작은 시골 학교의 변화와 학생들의 주도적인 참여를 생생하게 보여 주는 이야기입니다.

정치야 정치야 나 좀 도와줘 박신식, 삼성당

주인공 민주가 가족회의, 학급회의, 거리 시위, 성금 모금 등 생활 속 다양한 정치 활동을 경험하는 이야기를 담고 있습니다. 어린이도 정치에 참여하고 변화를 만들 수 있다는 메시지를 전하며, 올바른 참여와 인권 의식을 자연스럽게 배울 수 있습니다. 정치 개념을 쉽고 재미있게 이해하도록 돕는 어린이 교양서입니다.

생활 속에 숨어 있는 정치 이야기 윤혜숙, 거인

교과서 속 정치 개념을 일상생활 속 사례로 풀어 어린이들이 쉽고 재미있게 이해할 수 있도록 구성되었습니다. 정치가 갈등 해결과 질서 유지를 위한 활동임을 설명하며, 생활 속에서 정치가 어떻게 작동하는지 알려 줍니다. 어린이들이 자연스럽게 정치의 필요성과 의미를 배우도록 돕는 책입니다.

지역 이기주의 님비 현상 노지영, 뭉치

민주주의 사회에서 나타나는 '님비 현상'을 다루며 그 원인과 문제점을 살펴봅니다. 님비 현상이 항상 비난받아야 하는지에 대한 다양한 관점을 제시하고, 이를 올바르게 이해하고 해결하는 방법을 고민하게 합니다. 지역 갈등과 시민 참여의 의미를 함께 생각해 볼 수 있는 책입니다.

정치가 소피아의 놀라운 도전 안드레아 비티, 천개의바람

행동력 있고 꿈 많은 소녀 소피아가 쓰레기 더미를 공원으로 바꾸겠다는 목표를 세우고 이를 실행하는 과정을 그립니다. 할아버지의 사고를 계기로 시작된 이 도전 속에서 소피아는 도시를 변화시키는 데 필요한 용기와 노력, 시민 참여의 중요성을 배웁니다. 아이들에게 주도성과 사회적 책임감을 자연스럽게 전해 주는 이야기입니다.

내가 나라를 만든다면? 밸러리 와이어트, 토토북

아이가 직접 가상의 나라를 만들며 사회 교과서 속 개념을 쉽고 재미있게 배울 수 있도록 구성한 책입니다. 국기·국가·정부·법·경제·화폐 등 나라를 이루는 요소를 하나씩 설계하며 사회를 게임 하듯 체험합니다. 이를 통해 암기에 의존하지 않고도 나라의 구성과 사회의 흐름을 자연스럽게 이해할 수 있습니다.

여기는 함께섬 정치를 배웁니다 최승필, 천개의 바람

함께섬 사람들의 항구 건설 갈등을 통해 다수결, 법 만들기, 선거, 권력 감시 등 정치의 기본 원리를 쉽고 재미있게 보여 줍니다. 고집불통 왕의 명령에 맞서 주민들이 스스로 나라 일을 해결하며 민주주의와 정치의 의미를 배워 갑니다. 어린이들이 생활 속에서 정치 개념을 자연스럽게 이해하도록 돕는 이야기입니다.

강직한의 파란만장 시장 도전기 김찬곤, 사계절

환경 운동가 출신 시장 강직한의 활약을 통해 시장의 역할과 업무를 쉽고 재미있게 소개합니다. 교통, 상권, 노동, 재해, 축제 등 다양한 시의 문제를 시민의 목소리에 귀 기울이며 해결해 나가는 모습을 그립니다. 만화와 글이 자연스럽게 어우러진 형식으로, 어린이들이 시장과 지방 자치의 개념을 흥미롭게 배울 수 있습니다.

4학년 1학기 과학

4학년	1단원	2단원	3단원	4단원
1학기	자석의 이용	물의 상태 변화	땅의 변화	다양한 생물과 우리
	운동과 에너지	물질	지구와 우주	생명
2학기	밤하늘 관찰	생물과 환경	여러 가지 기체	기후 변화와 우리 생활
	지구와 우주	생명	물질	과학과 사회

    4학년 1학기 1단원에서는 자석에 대해 배웁니다. 자석과 여러 물체를 가까이했을 때 나타나는 현상을 관찰하고 자석과 자석에 붙는 물체 사이에 작용하는 힘의 특징과 자석의 극에 대해 학습합니다. 2단원 물의 상태 변화에서는 물이 고체·액체·기체의 세 가지 상태로 변할 수 있음을 이해하고 물이 얼 때와 얼음이 녹을 때, 물이 증발하거나 끓을 때, 그리고 수증기가 응결할 때의 변화를 배웁니다. 3단원에서는 흐르는 물의 작용과 강 상류·하류 주변 지형의 특징을 살펴봅니다. 또한 화산의 의미와 화산 활동으로 나오는 물질을 알아보고 화성암을 관찰하고 분류합니다. 4단원 다양한 생물과 우리에서는 버섯과 곰팡이 같은 균류, 해캄과 짚신벌레 같은 원생생물, 그리고 세균의 특징과 생태를 학습합니다.

자석이 뭐야? 김재혁, 크레용하우스

자석의 발견과 독특한 성질, 그리고 일상에서 활용되는 다양한 자석의 모습을 소개합니다. 지구가 거대한 자석이라는 사실과 철새·비둘기의 길찾기와 자석의 관계에 대해서도 다룹니다. 흥미로운 자석 이야기를 통해 자연스럽게 과학에 관심을 갖게 해 주는 책입니다.

24분 편의점: 1호 숲속마을점 수상한 자석 마술 쇼
김희남, 사파리

하루 24분만 문을 여는 이동식 24분 편의점에서 벌어지는 과학 동화입니다. 물건이 부족한 대신 편사장은 자석과 나뭇잎 등 주변 물건을 활용해 손님의 문제를 과학적으로 해결합니다. 나침반 만들기, 가짜 동전 구별하기, 마술 쇼의 비밀 밝히기 등 흥미로운 사건을 통해 과학 원리를 쉽고 재미있게 배울 수 있습니다.

빨간 내복의 코딱지 히어로 2: 밀고 당기는 자석
서지원, 와이즈만북스

동네 맛집을 지키는 해결사 나유식의 이야기 속에서 자석의 원리와 쓰임을 재미있게 소개합니다. 냉장고 자석, 가방 단추, 나침반 등 생활 속 자석 활용부터 지구가 거대한 자석이라는 사실까지 방대하게 다룹니다. 흥미로운 스토리와 익살스러운 그림에 교과 개념을 더해 어린이들이 과학을 쉽고 재미있게 배울 수 있도록 구성되었습니다.

N극과 S극이 있대! 윤병무, 국수

막대자석과 말굽자석이 모험을 하며 자석의 성질을 배우는 창작 그림동화입니다. 자철석 할아버지와 나침반 아저씨, 거대한 자석인 지구를 만나 N극·S극과 자기장의 원리를 익힙니다. 재미있는 이야기와 그림 속에서 자석과 나침반의 특성을 자연스럽게 배우고 과학의 매력을 느낄 수 있도록 구성되었습니다.

놀라운 물! 앤터니아 버니어드, 주니어RHK

물의 화학적 형태, 물리적 변화, 생태계 속의 물, 인류의 활용, 전 세계의 물, 이야기 속의 물까지 폭넓게 다룹니다. 어려운 백과사전식 설명이 아닌 그림과 간단한 해설로 누구나 쉽게 이해할 수 있도록 구성되었습니다. 물에 대한 흥미와 관심을 키워 주는 알찬 정보책입니다.

고체 액체 기체가 뭐래? 윤병무, 국수

고체·액체·기체를 의인화한 캐릭터들이 등장해 물질의 상태와 변화, 그리고 물질과 물체의 차이를 재미있게 알려 주는 창작 그림동화입니다. 다양한 예시를 통해 사물의 본질과 재료를 이해하도록 돕고, 자연 캐릭터를 통해 지구와 생명의 소중함을 전합니다. 과학 지식과 환경 의식을 함께 키울 수 있는 이야기입니다.

물대장 오진한 정진, 아주좋은날

장난꾸러기 진한이가 물 절약 일기 숙제를 계기로 물의 소중함과 절약 방법을 배우는 과정을 그린 동화입니다. 물 낭비 습관을 고치고 지구 곳곳의 물 부족 문제까지 깨닫게 되면서 물 지킴이로 변해 갑니다. 유쾌한 이야기 속에 환경 보호와 실천 방법을 자연스럽게 담아낸 작품입니다.

지구는 오늘도 바빠요 신현정, 토토북

물방울과 돌멩이를 의인화해 땅과 물 등 지구의 자연환경이 끊임없이 순환하는 과정을 쉽고 재미있게 풀어낸 작품입니다. 동식물과 인간이 순환 속에서 조화를 이루며 살아가는 모습을 보여 주어 어린이들이 지구와 인간의 관계를 함께 바라보는 통찰력을 기를 수 있도록 돕습니다.

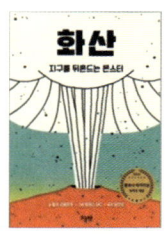

화산 지구를 뒤흔드는 몬스터 쥘리 로베르주, 오늘책

전 세계 6대륙 23개 화산을 중심으로 화산의 원리, 역사, 전설을 폭넓게 소개합니다. 분화 과정과 피해, 나아가 우주 화산까지 흥미롭게 탐험하며 과학 지식과 재미를 함께 전합니다. 화산에 대한 호기심과 이해를 넓혀 주는 탐험형 지식 책입니다.

화석이 된 빅 마마 장수하늘소, 밝은미래

암석과 광물의 성질과 쓰임을 의인화한 이야기와 그림으로 재미있게 풀어낸 과학 그림책입니다. 흑연과 다이아몬드의 차이, 지층과 화석이 형성되는 과정을 쉽게 배울 수 있습니다. 어린이들이 자연과 과학에 대한 호기심을 키우도록 돕는 작품입니다.

용선생의 시끌벅적 과학교실 37: 지층과 화석

사회평론 과학교육연구소, 사회평론

지층과 화석의 형성 과정을 통해 지구의 역사를 알 수 있는 방법을 쉽고 체계적으로 설명합니다. 풍부한 그림과 함께 지질 시대의 구분과 각 시대를 대표하는 생물도 소개합니다. 46억 년 지구 역사의 흐름을 생생하게 이해할 수 있는 과학 지식 책입니다.

별똥별 아줌마가 들려주는 화산 이야기 이지유, 창비

화산의 생성 원리부터 역사, 신화, 문화까지 폭넓게 다루는 어린이 과학 교양서입니다. 화산의 과학적 원리와 함께 화산 주변 사람들의 삶과 인문학적 이야기를 흥미롭게 전합니다. 실험 활동이 포함되어 화산을 다각도로 이해하도록 돕습니다.

식물일까? 동물일까? 버섯과 곰팡이 한영식, 지학사아르볼

버섯과 곰팡이를 비롯한 균류의 개념, 역사, 생태계 역할, 자원 가치, 사회적 중요성을 다섯 가지 주제로 다룹니다. 발효와 인류 생활, 공생 관계, 보전과 연구 필요성까지 균형 있게 소개합니다. 모험 형식의 이야기를 통해 어린이들이 균류 세계를 재미있게 탐험하며 지식을 익히도록 구성되었습니다.

우리와 함께 살아가는 작은 생물 이야기 한영식, 미래엔아이세움

딱정벌레 박사 한영식 선생님이 관찰한 무척추동물, 곰팡이, 플랑크톤, 바이러스 등 작은 생물들의 세계를 이야기 형식으로 전합니다. 초등 과학 교과와 연계해 생태적 역할을 소개하며 생생한 사진과 삽화로 작은 도감처럼 활용할 수 있습니다. 주인공 건우의 탐사 여행을 따라가며 자연과 생물에 대한 흥미와 이해를 키울 수 있습니다.

생물의 다양성 위베르 리브스, 생각비행

인간 문명과 생태계가 생물 다양성에 의존하고 있음을 다양한 사례로 설명합니다. 모든 생물이 지구를 지탱하는 소중한 존재임을 일깨우며 자연의 일부로서 우리가 생물 다양성을 지키는 삶을 선택해야 함을 강조합니다. 생태 보전의 중요성을 깊이 깨닫게 하는 책입니다.

곰팡이 수지 레오노라 라이틀, 위즈덤하우스

곰팡이가 생태계에서 생명을 되살리는 분해자이자 인간에게 유익한 존재임을 쉽고 재미있게 소개합니다. 곰팡이의 역할과 가치를 설명해 공존의 방법을 생각하게 합니다. 모든 생명체를 존중하는 생태 감수성을 키워 주는 책입니다.

나는 곰팡이다 정다운, 너머학교

곰팡이 생물학자 정다운 박사가 곰팡이의 시선으로 들려주는 과학 교양서입니다. 곰팡이의 생태와 역할, 인간과의 공생과 위협을 풍부한 사례로 소개하며 새로운 생명관을 제시합니다. 연구와 실험 이야기를 통해 통합 과학적 시야와 과학적 사고력을 키울 수 있습니다.

4학년 2학기 과학

4학년 2학기 1단원에서는 달의 모양과 표면, 위상 변화를 관찰하고 태양계의 구성원을 살펴봅니다. 이 과정에서 태양·행성·별의 정의를 배우고 북극성 주변의 별자리도 알아봅니다. 2단원에서는 생태계의 구조와 먹이그물의 관계를 학습하며 생물 간의 상호작용을 이해합니다. 3단원 여러 가지 기체에서는 온도와 압력에 따라 기체의 부피가 달라지는 현상을 관찰하고 일상생활에서 사용되는 기체의 종류와 성질을 익힙니다. 나아가 기후 변화 현상의 예와 심각성을 살펴보고 기후 변화가 우리 생활과 환경에 미치는 영향과 그 대응 방법에 대해 배웁니다.

용선생의 시끌벅적 과학교실 3: 지구와 달
사회평론 과학교육연구소, 사회평론

지구와 달의 움직임을 어린이의 눈높이에 맞춰 쉽게 풀어낸 책입니다. 자전과 공전의 원리를 통해 하루가 24시간, 1년이 365일인 이유를 설명하고, 우리가 달의 뒷면을 볼 수 없는 과학적 배경을 흥미롭게 전합니다. 또한 개기일식이 오직 지구에서만 가능한 이유를 알려 주며 어린이들이 우주의 신비에 한 걸음 더 다가가도록 돕습니다.

태양계, 어디까지 알고 있니? 서지원, 풀과바람

태양과 여덟 행성을 개성 있게 소개하며 태양계의 구조와 원리를 쉽고 재미있게 설명하는 어린이 우주 입문서입니다. 태양과 행성들이 직접 말하는 형식으로 흥미를 높이고 퀴즈와 삽화로 과학적 호기심을 자극합니다. 아이들이 우주의 신비를 느끼고 지구의 소중함과 환경 책임감을 자연스럽게 배우도록 돕습니다.

우주를 품은 아이 오노 마사히로, 동양북스

우주를 사랑하는 아이 미짱을 위해 아빠가 들려주는 과학자들의 실제 우주 도전 이야기를 담고 있습니다. 괴짜로 불리던 과학자들이 로켓을 만들기까지 겪은 전쟁과 고난, 그리고 꿈을 향한 열정을 생생하게 전합니다. 우주 지식과 함께 자신을 이해하고 꿈을 향해 나아가는 용기를 주는 이야기입니다.

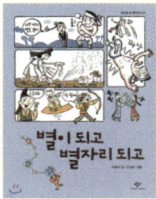

별이 되고 별자리 되고 박용숙, 창비

해, 달, 별, 별자리에 얽힌 우리 고유의 신화와 민담을 통해 조상들의 우주관과 전통문화를 전하는 그림책입니다. 북두칠성, 삼태성, 견우·직녀 등 별의 유래와 세시 풍속을 만화로 풀어 어린이들이 친근하게 이해할 수 있습니다. 고구려 벽화 속 사방신 캐릭터가 이야기를 이끌어 흥미와 깨달음을 함께 전합니다.

오늘의 별자리를 돌려드립니다 후지이 아키라, 웅진주니어

사계절 밤하늘에 보이는 88개의 별자리를 쉽고 재미있게 소개하는 책입니다. 별자리에 얽힌 그리스 신화와 세계 전설을 만화와 이야기로 풀어내 어린이의 상상력을 자극합니다. 별자리 찾는 법부터 우주의 다양한 천체 정보까지 담겨 있어 누구나 밤하늘 여행을 즐길 수 있습니다.

과학이 BOOM 5: 우주 이소영, EBS BOOKS

천재 소년 수호가 친구들과 함께 떠난 천문대 캠프에서 미스터리한 인물들과 만나며 다양한 미션을 해결하는 이야기입니다. 이야기 속에 별자리, 태양계, 우주 탐사 등 초등 과학 교과서 속 '우주' 관련 지식이 자연스럽게 녹아 있습니다. 재미있는 모험과 함께 과학 개념을 배우며 방학 동안 우주에 대한 흥미를 키울 수 있는 책입니다.

몹시도 수상쩍다 3: 우주에서 온 택배 서지원, 꿈터

우주의 탄생과 빅뱅 이론, 암흑 물질과 평행 우주론부터 국제 우주 정거장의 비밀 실험, 소행성 충돌, 태양계 행성과 별자리, 블랙홀까지 교과 연계 과학 지식을 담았습니다. 아로와 친구들이 공부균 선생님과 함께 네 가지 실험 모험을 펼치며 우주의 신비를 탐구하고 과학 원리를 익힙니다. 이야기 속 모험을 따라가다 보면 교과서 속 과학 개념이 자연스럽게 머릿속에 새겨집니다.

그런데요, 생태계가 뭐예요? 김성화, 토토북

생태계의 기본 개념을 어린이들이 흥미롭게 이해할 수 있도록 구성한 책입니다. 먹이사슬, 생산자·소비자·분해자와 같은 핵심 개념을 알기 쉽게 풀어내고 이를 재미있는 이야기 속에 자연스럽게 녹였습니다. 숲, 강, 바다 등 다양한 환경에서 생물들이 서로 영향을 주고받으며 살아가는 모습을 보여 주어 생태계가 하나의 커다란 연결망임을 깨닫게 합니다. 아이들이 자연과 환경을 더 깊이 이해하고 생태계 보전의 중요성까지 생각해 볼 수 있도록 이끌어 줍니다.

용선생의 시끌벅적 과학교실 1: 생태계
사회평론 과학교육연구소, 사회평론

생물과 환경이 어우러져 살아가는 생태계의 개념과 원리를 생생한 사례로 풀어낸 책입니다. 생산자, 소비자, 분해자뿐 아니라 핵심종과 외래종까지 먹이 관계와 생태계의 균형을 알기 쉽게 설명합니다. 흥미로운 이야기와 풍부한 시각 자료가 어우러져 초등학생들이 과학에 재미를 느끼고 자연의 섭리를 자연스럽게 이해하도록 이끌어 줍니다.

용선생의 시끌벅적 과학교실 9: 생물의 적응
사회평론 과학교육연구소, 사회평론

생물이 환경에 맞춰 변화하며 살아남는 과정을 흥미로운 사례와 이야기로 소개합니다. 공생, 기생, 위장, 경쟁 등 다양한 생존 전략을 통해 자연의 섭리와 생물의 지혜를 배울 수 있습니다. 아이들이 기초 과학 지식을 쌓고 생명체의 소중함을 깨닫게 하는 과학 책입니다.

우리 집에서 찾은 생태계 이야기 박영주, 리틀씨앤톡

곰팡이, 벌레, 반려동물, 화분 속 식물 등 우리 집에 함께 사는 작은 생물들의 역할을 소개합니다. 이들이 서로 영향을 주고받으며 하나의 생태계를 이룬다는 사실을 알려 줍니다. 아이들이 생태계의 소중함과 함께 살아가는 태도를 배우고, 집 안에서 생태 감수성을 키울 수 있도록 돕는 과학책입니다.

보일이 들려주는 기체 이야기 정완상, 자음과모음

눈에 보이지 않는 기체의 비밀을 고대 철학부터 현대 과학까지 흥미롭게 풀어낸 기체 이야기입니다. 보일의 법칙과 샤를의 법칙을 실험과 생활 속 예시로 쉽게 설명해 과학 원리를 자연스럽게 이해할 수 있어요. 가벼운 기체, 무거운 기체, 위험한 기체까지 다양한 기체를 통해 세상을 보는 과학적 눈을 키워 주는 책입니다.

용선생의 시끌벅적 과학교실 16: 기체
사회평론 과학교육연구소, 사회평론

생활 속 궁금증으로 기체의 성질을 쉽고 재미있게 설명하는 초등 과학책입니다. 풍선, 냄새, 탄산음료 등 아이에게 익숙한 사례로 보일법칙과 샤를법칙까지 자연스럽게 소개합니다. 과학 개념은 물론 사고력과 탐구 태도까지 함께 자라게 해 주는 초등 맞춤 과학 입문서입니다.

쉬운 교과서: 과학 3-4학년 2 이명자, 주니어마리

교과서 속 과학 개념을 만화, 그림과 일상 이야기로 쉽게 풀어내 자연스럽게 '이해'하게 해 주는 과학 입문서입니다. 문해력이 약한 아이도 술술 읽을 수 있는 쉬운 설명과 풍부한 배경 지식으로 과학의 흥미를 키워 줍니다. 예습, 복습, 선행까지 모두 가능한, 초등 과학의 맥락을 잡아 주는 친절한 공부 친구입니다.

과자 사면 과학 드립니다 정윤선, 풀빛

편의점 먹거리에 숨어 있는 과학을 과자, 라면, 음료, 아이스크림 등을 통해 쉽고 재미있게 알려 주는 책입니다. '왜 컵라면 용기는 아래로 좁을까?', '제로콜라는 왜 달콤할까?' 같은 질문으로 아이들의 호기심을 자극하고, 교과 개념부터 환경 문제까지 자연스럽게 연결해 줍니다. 일상 속 먹거리를 과학적 시선으로 새롭게 바라보며 생각의 깊이를 키울 수 있는, 맛있고 똑똑한 과학 입문서입니다.

- 지구를 위협하는 기후 위기 박효연, 스푼북
- 기후 위기를 막아라, 유튜브 스타 금은동 임지형, 국민서관
- 지도로 보는 기후 위기 조지욱, 토토북

비판적 사고력을
키우는 독서

　5학년이 되면 학습 내용의 난도가 높아지고 과목별 학습량도 많아져 자칫 독서 시간이 줄어들기 쉽습니다. 그러나 바로 이 시기에 책을 통해 사고의 폭을 넓히고 다양한 관점을 키우는 훈련이 꼭 필요합니다. 독서는 단순히 교과 지식을 보충하는 것을 넘어 배운 내용을 비교하고 따져 보며 스스로 판단하는 힘을 길러 주기 때문입니다. 잠깐의 틈새 시간이라도 의식적으로 독서 시간을 확보해 보세요. 하루 10분이라도 꾸준히 책과 만나면 교과 학습의 이해는 물론 사고력과 표현력까지 함께 성장해 나갑니다.

5학년 국어

5학년 1학기에는 서로의 마음을 이해하며 대화하는 방법을 배우고 자신의 경험을 글로 쓰면서 시와 이야기를 읽고 감상합니다. 설명하는 글을 읽어 요약하고, 글을 쓰기 전 내용을 떠올리며 조직하는 등 글쓰기의 전·중·후 과정을 익힙니다. 글을 읽고 글쓴이의 주장을 파악하며 근거가 타당한지도 살펴봅니다. 토의를 하고 기행문을 쓰며 글의 종류에 따라 적합한 읽기 방법을 경험하기도 합니다. 5학년 2학기에는 지식과 경험을 바탕으로 글을 읽고 토의와 토론을 하며 중요한 내용을 요약하는 훈련을 이어 갑니다.

문장 짓기 노정임, 아이들은자연이다

초등 5~6학년을 위한 우리말 문법 입문서로 문장을 화자로 삼아 문장의 구조와 요소를 차근차근 설명합니다. 발음 중심 교육법을 바탕으로 음운·음절·어절을 분석하며 문장을 조립하는 힘을 길러 줍니다. 그림 없이 문장에 집중하도록 구성되어 소리 내어 세 번 이상 읽기를 권합니다.

읽다 보면 저절로 외워지는 초등 어휘 이서윤, 데이스타

초등 필수 어휘 344개를 네 컷 만화, 흥미로운 동화, 친절한 뜻풀이와 유래 이야기로 쉽고 재미있게 익히도록 구성된 학습 동화입니다. 비슷하거나 헷갈리는 어휘와 한자어의 뉘앙스 차이까지 동화 속에 자연스럽게 녹였으며, 어휘 테스트로 학습 내용을 완전히 자기 것으로 만들 수 있습니다. 만화만 보던 아이도 부담 없이 읽으며 어휘력과 문해력을 함께 키울 수 있는 책입니다.

그래서 이런 속담이 생겼대요 우리누리, 길벗스쿨

초등 필수 속담의 유래와 뜻, 쓰임을 네 칸 만화와 짧은 동화 형식으로 재미있게 소개합니다. 속담이 생겨난 배경과 옛 문화까지 함께 알려 주어 정확한 의미와 활용법을 자연스럽게 익힐 수 있습니다. 일상과 교과서에서 자주 쓰이는 속담을 중심으로 구성해 문해력과 표현력을 키우고 삶의 지혜와 세상을 보는 눈을 넓혀 줍니다.

자신만만 어린이 말하기 이향안, 다락원

말하기를 어려워하는 어린이가 술술샘을 만나 4단계 말하기 훈련을 거쳐 자신감 있는 화자로 성장하는 과정을 담았습니다. 작은 목소리, 말실수, 횡설수설 등 어린이들이 겪는 21가지 말하기 고민을 Q&A와 활동으로 해결하며 학교와 일상에서 활용할 수 있는 기술을 익히게 도와줍니다. 만화와 메신저 형식의 구성으로 재미와 몰입도를 높여 올바른 말하기 습관과 대인관계 능력을 키워 주는 책입니다.

'왜?'라고 묻는 아이들 오현선, 한경키즈

25년 차 독서 논술 전문가가 초등 아이들의 눈높이에 맞춰 쓴 첫 '논술 입문 동화'로, 일상 속 갈등과 문제를 통해 생각하고 말하고 글을 쓰는 과정을 자연스럽게 익히게 해 줍니다. 숙제 부담, 노키즈존 등 실제 아이들이 공감할 수 있는 상황을 소재로 논리적으로 주장해 설득하는 힘을 키웁니다. 사고력·표현력·글쓰기 능력을 동시에 기를 수 있어 어린이뿐 아니라 학부모와 교사에게도 유용한 독서 논술 안내서입니다.

토론왕 아무나 하냐? 김성준, 아주좋은날

교실 속 유쾌한 이야기로 토론이 어렵고 재미없다는 편견을 깨면서 일상 속에서 즐길 수 있는 토론의 매력을 알려 줍니다. 수인이네 반 아이들이 학급 헌법 만들기, 찬반 토론, 서울형 토론 모형 등의 경험을 통해 협력과 문제 해결의 즐거움을 배웁니다. 다양한 토론 형식과 주제를 자연스럽게 익히며 토론에 자신감을 갖게 해 주는 창작 동화입니다.

5학년 수학

5학년 1학기에는 자연수의 혼합 계산과 약수, 배수, 공약수, 최대공약수, 공배수, 최소공배수의 개념을 배우며 분모가 다른 분수의 덧셈과 뺄셈을 익힙니다. 이 과정에서 약분과 통분을 학습하고 직사각형·평행사변형·삼각형·사다리꼴·마름모의 둘레와 넓이를 구하는 방법을 배웁니다. 5학기 2학기에는 이상, 이하, 초과, 미만, 올림, 버림, 반올림과 같은 어림하기 방법을 배우고 분수와 자연수, 분수와 분수, 소수의 곱셈을 학습합니다. 또한 평면도형의 합동, 대칭 이동과 대칭성, 장육면체와 직육면체의 성질을 익히며 평균의 개념과 의미에 대해서도 배웁니다.

	1단원	2단원	3단원	4단원	5단원	6단원
1학기	자연수의 혼합 계산	약수와 배수	규칙과 대응	약분과 통분	분수의 덧셈과 뺄셈	다각형의 둘레와 넓이
2학기	수의 범위와 어림하기	분수의 곱셈	합동과 대칭	소수의 곱셈	직육면체	평균과 가능성

약수와 배수로 유령 선장을 이긴 15소년 정영훈, 뭉치

뉴질랜드 명문 기숙학교 5학년 고든과 친구들의 모험을 그린 이야기입니다. 약수와 공약수 문제를 풀어 6주간의 크루즈 여행에 선발된 아이들은 항해 도중 유령 선장을 만나면서 표류해 무인도에 도착하게 됩니다. 그곳에서 유령이 내는 수학 문제를 풀며 생존 방법을 찾아가고 소수·배수·약수·최대공약수·최소공배수 등 다양한 수학 개념을 익힙니다.

외계인도 수학을 할까? 김성화, 와이즈만북스

외계 문명과의 교신 설정을 통해 수학이 우주 어디서나 필요한 언어임을 흥미롭게 풀어낸 어린이 교양 수학서입니다. 자연수·음수·분수·무한수 등 기본 개념부터 수학의 역사와 원리를 유쾌한 놀이와 모험 형식으로 소개합니다. 수학을 단순 계산이 아닌 창의적 사고와 상상의 도구로 인식하게 하여 미래 과학과 기술의 기반이 되는 수학의 매력을 느끼게 합니다.

황금비 수학동화 함기석, 처음주니어

수학 토끼 피보와 함께 황금비의 원리와 아름다움을 배우는 이야기입니다. 아이들은 피보를 따라 솔방울, 해바라기, 건축물, 예술 작품 등 일상 속에서 황금비를 발견하며 그 신비로움에 빠집니다. 피보나치수열, 황금사각형·삼각형, 황금나선 등 다양한 수학 개념을 모험과 퀴즈 속에서 자연스럽게 익힐 수 있습니다. 수학을 세상의 숨은 규칙을 찾는 즐거운 탐험으로 느끼게 하는 동화입니다.

꿀꿀 삼총사와 함께하는 논리 수학 대소동 로베르트 그리스벡, 수와북

흥미로운 이야기 속 47가지 논리 수학 문제를 풀며 수·연산, 측정, 도형, 확률·통계, 집합 등 핵심 수학 개념을 자연스럽게 익히도록 구성했습니다. 다양한 문제를 해결하는 과정을 통해 수학적 논리와 사고력을 키우고 부록 탐구 노트 쓰기로 서술형 시험 대비와 사고력 확장을 돕습니다. 재미와 학습을 동시에 잡을 수 있는 어린이 논리 수학책입니다.

출발! 수학 대모험 이진희, 김종필, 수와북

수학을 싫어하는 훈이가 타임머신을 타고 가우스, 탈레스, 파스칼 등을 만나며 순열, 측정, 대칭, 좌표 등 다양한 수학 원리를 배우는 모험 이야기입니다. 흥미로운 스토리와 함께 논리적으로 문제를 해결하는 과정을 익힐 수 있습니다. 수학의 필요성을 깨닫게 하고 실력을 넓혀 주는 어린이 수학 모험 책입니다.

쌍둥이 건물 속 대칭축을 찾아라 여승현, 뭉치

소년 현기와 건축 나라 왕자 가우디가 세계 곳곳의 건축물을 여행하며 수학 문제를 푸는 모험 이야기입니다. 롯데월드타워, 말레이시아 쌍둥이 건물, 미국 허스트타워 등에서 대칭, 도형, 수 연산 등을 익히며 건축 속 수학 원리를 자연스럽게 배울 수 있습니다. 흥미로운 모험과 함께 수학과 건축의 재미를 동시에 느낄 수 있는 책입니다.

우리가 몰랐던 선조들의 수학 이야기 이장주, 한은경, 책놀이터

세종대왕의 훈민정음 속 수학 원리부터 마방진을 발견한 최석정, 수학으로 독립운동을 한 이상설, 현대식 수학 교과서를 만든 남순희까지 우리 역사 속 수학 인물을 소개합니다. 홍정하, 홍대용 등 조선 수학자의 업적과 신라인의 수학 유물까지 다룹니다. 옛 수학책 속 실생활 문제를 통해 당시 사람들의 생활 모습도 엿볼 수 있습니다.

빠르게 보는 수학의 역사 클라이브 기퍼드, 한솔수북

선사 시대의 수 기록부터 현대 빅데이터와 미래 수학까지 인류가 발견하고 발전시킨 수학의 역사를 시간순으로 담은 책입니다. 고대 이집트·그리스·인도·아라비아의 수학 성과와 피타고라스, 유클리드, 오일러 등 위대한 수학자의 업적을 흥미로운 이야기와 만화풍 그림으로 소개합니다. 연대표와 퀴즈, 용어 설명이 포함되어 복습과 확장이 가능하며, 생활 속 수학의 쓰임을 자연스럽게 이해하도록 돕습니다.

뜻밖의 수학 이야기 나동혁, 담푸스

나이팅게일, 장영실, 에셔, 멘델 등 다양한 인물을 통해 수학이 사회·과학·예술·천문학 등 여러 분야와 어떻게 연결되는지 보여 줍니다. 도형의 닮음, 좌표, 확률, 통계 등 수학 개념을 인물의 일화 속에 자연스럽게 녹여 재미있게 설명합니다. 인물 대부분이 수학자는 아니지만 수학적 사고로 자기 분야에서 성과를 거둔 사례를 통해 수학의 폭넓은 활용을 배우게 됩니다. 이야기를 읽으며 수학을 생활에 적용하는 눈과 흥미를 키우게 됩니다.

5학년 1학기 사회

5학년	1단원	2단원	3단원
1학기	우리나라 국토 여행	우리나라 지리 탐구	법과 인권의 보장
	자연환경과 인간 생활 인문환경과 인간 생활	지리 인식	법

5학년 1학기 1단원 '우리나라 국토 여행'에서는 우리나라 산지, 하천, 해안 지형의 위치를 확인하고 지형의 분포와 그 특징을 탐구합니다. 또한 독도의 지리적 특성과 역사 기록을 살펴보며 영토로서 독도의 중요성을 이해합니다. 2단원 '우리나라 지리 탐구'에서는 계절별 기후 특징을 자료를 통해 알아보고 기후 변화로 인한 자연재해의 심각성을 이해합니다. 이어 우리나라 지역별 인구 분포의 특징을 살펴보고 그로 인한 문제점과 해결 방안을 탐색합니다. 3단원 '법과 인권의 보장'에서는 일상 사례를 통해 법의 의미와 역할

을 이해하고 헌법에 규정된 인권이 일상생활에서 구현되는 사례를 살펴봅니다. 아울러 일상에서 인권이 침해되는 사례를 찾아보고 그 해결 방안을 모색합니다.

구석구석 우리나라 지리여행 양승현, 아이앤북

우리나라의 지리, 기후, 지형, 산업, 인구와 도시까지 폭넓고 깊이 있게 다룬 어린이 지리 입문서입니다. 교과서 내용과 연결되면서도 좀 더 넓게 확장해 한반도 지형 구조, 인구 구조, 기후 변화, 저출산 고령화 등 오늘날 중요한 사회 문제까지 풍부한 시각 자료와 함께 설명합니다. 자연과 사람이 어떻게 연결되어 있는지 이해하고 우리 국토에 대한 종합적인 지식을 쌓을 수 있는 책입니다.

한국 지리 이야기 이광희, 가나출판사

우리나라의 산, 강 등의 자연 지리는 물론 정치, 역사, 문화 등의 인문 지리까지 다루고 있어 우리나라의 지리를 통합적으로 이해할 수 있게 도와줍니다. 특별시와 광역시, 각 도의 산업, 인구, 특산물, 축제, 문화유산 등을 설명해 주고 있어 한국 지리의 기초 내용을 모두 익힐 수 있습니다.

방방곡곡 한국 지리 여행 김은하, 봄나무

한반도의 지형과 생성 원인, 지리적 특징, 생활 문화를 흥미로운 이야기로 풀어낸 어린이 지리책입니다. 산이 많은 이유, 해안선 차이, 지역 기후와 특산물, 지명 유래 등 다양한 궁금증을 속 시원히 해결해 줍니다. 술술 읽다 보면 한국 지리 지식이 쌓이면서 마치 전국을 여행한 듯한 즐거움을 느낄 수 있습니다.

교양 꿀꺽 그 누가 뭐래도 독도는 우리 땅 김현, 봄마중

"독도가 왜 한국 땅이야?"라는 질문에 조리 있고 논리적으로 답할 수 있도록 도와주는 책입니다. 독도가 우리 영토임을 증명하는 역사 속 기록과 문헌, 지리적 특성을 비롯해 독도의 자연환경과 가치까지 폭넓게 다룹니다. 초등학생도 쉽게 이해할 수 있도록 친근한 설명과 흥미로운 자료를 곁들여 독도에 대한 지식과 애정을 함께 키울 수 있도록 이끌어 줍니다.

울릉도와 독도 김한승, 주니어김영사

울릉도와 독도의 역사를 살펴보고 지역별로 나눠 울릉도와 독도의 곳곳을 소개하고 있는 책입니다. 우리나라에서 하나뿐인 성인봉 원시림과 천연기념물이 가득한 울릉도와 독도를 돌아보며 신비로운 자연의 세계를 살펴봅니다. 울릉도와 독도의 독특한 생태계와 문화에 대해 읽어 보고 체험 학습을 가 봐도 좋겠습니다.

일곱 빛깔 독도 이야기 황선미, 이마주

여름 방학을 맞아 환이가 독도에 사는 할아버지를 만나러 떠나는 여정을 그린 작품입니다. 환이는 섬에서 만난 사람들과의 따뜻한 교류를 통해 독도의 아름다운 자연과 역사, 그곳에서 이어져 온 삶의 모습을 생생하게 체험합니다. 파도 소리와 바람 냄새 속에서 배운 이야기들은 환이의 마음에 깊이 새겨지고 마침내 "왜 독도는 우리 땅인가?"라는 질문에 자신 있게 대답할 수 있게 됩니다. 독도의 의미와 가치를 어린이 눈높이에서 감동적으로 전해주는 책입니다.

그래서 이런 법이 생겼대요 우리누리, 길벗스쿨

초상권 침해, 주민등록법, 미성년자의 재산권, 점유이탈물 횡령죄, 경범죄 등 생활 속에서 발생할 수 있는 법률 사례를 흥미롭게 다룹니다. 실제 상황과 연결해 법의 원리와 필요성을 쉽게 이해하도록 구성된 어린이 법 교양서입니다. 책을 읽으며 일상 속 권리와 책임을 자연스럽게 배울 수 있습니다.

법학 교수가 들려주는 형법과 똑똑한 학교생활
류동훈, 길벗어린이

학교생활에서 벌어질 수 있는 다양한 사건을 형법과 연결해 살펴보며 법의 원리와 적용 방법을 어린이 눈높이에 맞춰 설명합니다. 법학초등학교 친구들이 토론과 협의를 통해 문제를 해결하는 과정을 따라가며 논리적 사고력과 판단력을 키울 수 있습니다. 귀여운 캐릭터와 재미있는 만화로 구성되어 법을 쉽고 재미있게 배울 수 있는 어린이 형법 교양서입니다.

법 만드는 아이들 옥효진, 한경키즈

아이들이 직접 법을 만들고 나라를 운영하며 펼치는 교실 속 민주주의 실험 이야기입니다. 투표, 세금, 회의 등을 통해 정치와 법의 원리를 쉽고 재미있게 배우고 서로 협력해 나라를 이끌어 갑니다. 그 과정에서 권력 남용과 국민 분열이라는 위기를 경험하며 진정한 민주주의의 의미와 가치를 깊이 생각하게 됩니다.

내가 법을 만든다면? 유재원, 토토북

어린이 특별시라는 막 세워진 도시에서 사랑하는 가족을 위한 가족법, 신나고 즐거운 학교를 위한 학교법, 안전하고 살기 좋은 사회를 위한 사회법을 만들어 봅니다. 법안을 통과시키는 등 법과 관련된 경험을 해 보면서 법을 무섭고 어려운 게 아닌 흥미진진한 게임으로 느낄 수 있습니다. 이 과정을 통해 우리가 살고 있는 구석구석에 법이 존재한다는 사실을 깨닫고, 법이 어떠한 것이고, 왜 필요한지 생각해 볼 수 있습니다.

우리들의 재판을 시작하겠습니다 율리 체, 다산어린이

교실에서 벌어진 샌드위치 도난 사건을 계기로, 아이들이 억울한 친구를 위해 직접 재판을 열고 진실을 밝혀 나가는 과정을 그렸습니다. 사건을 해결해 가는 동안 아이들은 편견과 집단 괴롭힘의 문제를 마주하고 정의와 공정함의 의미를 깊이 고민하게 됩니다. 어린이들의 눈높이에서 법과 정의를 생각해 보게 하는 특별한 이야기입니다.

여기는 바로섬 법을 배웁니다 안소연, 천개의 바람

바로섬에서 벌어지는 다양한 갈등 상황을 통해 아이들이 법의 역할과 중요성을 자연스럽게 이해하도록 이끄는 책입니다. 불량 의자 환불, 방파제 설치, 소음 문제 등 일상 속 갈등을 어떻게 해결할 수 있을지 함께 고민하며 민사·형사 재판부터 인권과 헌법까지 폭넓은 법 개념을 쉽고 재미있게 배웁니다. 생활 속 사례로 법을 친근하게 만날 수 있는 흥미로운 이야기입니다.

세상을 지키는 순수한 법의 힘 변종필, 자음과 모음

착한 사마리아인 법, 고금리 사채 문제 등 현실 속 법적 갈등을 아이의 시선에서 깊이 있게 다룬 철학 동화입니다. 친구를 돕지 않았다는 이유로 비난받는 경민이의 이야기를 따라가며 법과 정의의 차이를 고민하고, 진정으로 정의로운 사회란 무엇인지 성찰하게 만듭니다. 따뜻함과 날카로움이 어우러진 특별한 법 이야기입니다.

우리가 꼭 알아야 할 판결 홍경의, 나무야

실제 법정에서 있었던 열두 가지 판결을 통해 법률가의 양심과 시민의 힘이 어떻게 세상을 바꾸는지 보여 주는 책입니다. 호주제 폐지, 위안부 판결, 환경권 인정 등 약자의 권리를 지켜 낸 정의로운 판결들이 담겨 있어 법이 누구를 위해 존재해야 하는지 깊이 생각하게 만듭니다.

5학년 2학기 사회

2학기	유적과 유물로 살펴본 옛사람들의 생활	달라지는 시대, 변화하는 생활 모습	식민 통치와 저항, 전쟁이 바꾼 사회와 생활
	한국사	한국사	한국사

1단원 '유적과 유물로 살펴본 옛사람들의 생활'에서는 선사 시대와 고조선의 유적·유물을 살펴보며 당시 사람들의 생활에 대해 추론합니다. 또한 다양한 역사 자료를 통해 고려 시대 사회의 모습과 사람들의 생활을 이해합니다. 2단원 '달라지는 시대, 변화하는 생활 모습'에서는 조선 시대 사람들의 생각과 생활에 유교 문화가 미친 영향을 파악하고 조선 후기의 사회·문화적 변화와 개항기 근대 문물 수용 과정에서 나타난 생활 변화까지 살펴봅니다. 3단원 '식민 통치와 저항, 전쟁이 바꾼 사회와 생활'에서는 일제의 식민 통치와 그에 대한 저항이 사회와 생활에 끼친 영향을 배우고 8·15 광복과 6·25 전쟁이 가져온 사회와 생활의 변화를 이해합니다.

- **단숨에 읽고 박식하게 깨치는 한국사**
  오주영, 주니어중앙
- **유쾌 발랄 역사 지도**
  이근호, 니케주니어
- **용선생의 시끌벅적 한국사 1-10권 세트**
  금현진 외 7, 사회평론
- **하루 한 꼭지 초등 한국사 1, 2권 세트**
  정지은·이홍석·박경렬, 주니어김영사

- 한국사 편지 생각책 세트 박은봉·생각샘, 책과함께어린이
- 초등학생을 위한 살아있는 한국사 세트 전국역사교사모임, 휴먼어린이
- 설민석의 한국사 대모험 세트 설민석·스토리박스, 단꿈아이

조선의 다섯 궁궐 황은주, 그린북

경복궁, 창덕궁, 창경궁, 덕수궁, 경희궁까지 조선의 궁궐을 구석구석 돌아보며 그 속에 담긴 왕의 삶과 역사를 생생하게 풀어낸 책입니다. 특히 다른 책에서는 보기 어려웠던 경희궁의 이야기까지 다뤄 조선 궁궐에 대한 정보를 한 권에 담았습니다. 궁궐 속 흥미로운 역사와 문화 이야기를 통해 조선 왕조의 흐름과 우리 문화유산의 소중함을 자연스럽게 배울 수 있습니다.

초등학생을 위한 인물 한국사 윤희진, 길벗스쿨

단군부터 김구까지 시대를 대표하는 58명의 인물을 통해 한국사를 쉽고 흥미롭게 풀어낸 책입니다. 왕, 장군뿐 아니라 노비, 여성, 예술가, 과학자 등 다양한 인물을 담아 역사를 입체적으로 이해할 수 있도록 돕습니다. 교과서 내용을 충실히 반영해 초등학생이 인물 중심으로 자연스럽게 역사 흐름을 익히기에 좋은 책입니다.

역사 일기 시리즈 사계절 편집부, 사계절

신석기부터 산업화 시기까지 시대별 아이의 시선으로 쓴 일기와 함께 당시의 의식주, 복식, 건축, 음식 문화를 생생하게 담아낸 생활사 역사 동화입니다. 역사는 멀게만 느껴지는데 그것을 일기처럼 서술하면서 가깝고 일상적인 이야기로 생각할 수 있게 해 줍니다.

서찰을 전하는 아이 한윤섭, 푸른숲주니어

서찰을 왜 아이가 전하게 된 걸까요? 서찰 속에는 어떤 비밀이 담겨 있을까요? 열세 살 보부상 아이는 아버지를 잃고 혼자서 서찰을 전달하기 위한 여정을 떠나며 동학 농민군과의 절박한 현실을 마주합니다. 한 자 한 자 서찰의 뜻을 밝혀 가며 아이는 세상을 이해하고 스스로 단단히 세워 갑니다. 동학 농민 운동의 격랑 속에서 한 아이의 용기와 성장이 깊은 여운을 남기는 이야기입니다.

어린 만세꾼 정명섭, 사계절

서당에 다니던 덕수는 보통학교에 입학해 윤암, 민구, 용철과 친구가 됩니다. 학교에서 배우는 '일본은 조선을 잘살게 해 준다.'라는 교육에 의심을 품은 아이들은 퇴학당한 선배 윤세주를 찾아가 조선의 현실과 독립의 필요성을 알게 됩니다. '밀양소년단'이라는 이름을 지은 네 아이는 윤세주와 함께 독립운동에 대해 배우고 일본인 교장에 맞서며 태극기를 만들고 만세 시위를 준비합니다. 어른들의 시위가 무너진 뒤에도 스스로 만세를 외치는 이들의 행동은 지금 우리에게도 진짜 용기란 무엇인지 알려 줍니다.

돌 던지는 아이 서성자, 사계절

노비 몽개는 주인집 도령 지상이와 함께 글을 배우며 차별 없는 세상을 꿈꿉니다. 글을 통해 세상을 바로 보게 된 몽개는 만적과 만나 신분 해방을 위한 봉기에 나서게 됩니다. 비록 봉기는 실패로 끝났지만 몽개는 자신의 목소리로 세상을 바꾸려 했던 용기를 전합니다. 어린이도 세상의 부당함을 느끼고 행동할 수 있다는 사실을 일깨워 주는 역사 동화입니다.

성균관의 비밀 문집 최나미, 푸른숲주니어

조선 후기 임금 정조는 경전 문체만을 옳은 글로 정하고 참신한 문체를 금지합니다. 그러나 유생 이옥은 자유로운 글쓰기를 포기하지 않고 끝까지 맞섭니다. 이 책은 가상의 성균관 유생들을 주인공으로 문체반정 시대의 갈등과 고민을 생생히 그려 냅니다. 정조·이옥·박지원의 글쓰기를 비교하며 생각해 보는 '동화로 역사 읽기' 부록도 함께 실려 있습니다.

5학년 1학기 과학

5학년	1단원	2단원	3단원	4단원
1학기	지층과 화석	빛의 성질	용해와 용액	우리 몸의 구조와 기능
	지구와 우주	물질	물질	생명

　5학년 1학기 1단원에서는 '지층과 화석'에서는 지층의 특징과 형성 과정을 배우고 지층이 퇴적암으로 이루어져 있음을 이해합니다. 퇴적암을 알갱이 크기에 따라 이암, 사암, 역암으로 분류하며 화석의 생성 과정을 모형으로 설명합니다. 또한 화석을 통해 지구의 과거 생물과 환경을 추리하는 활동을 하면서 화석의 가치를 알아 갑니다. 2단원 '빛의 성질'에서는 물체를 보기 위해 빛이 필요함을 이해하고 빛의 성질에 대해 알아봅니다. 빛의 직진, 반사, 굴절 현상을 관찰하며 거울과 렌즈의 쓰임새를 조사합니다. 거울이나 렌즈를 이용한 창의적인 장치를 만들어 보기는 하지만 볼록렌즈와 물체·눈 사이의 거리 변화에 따른 모습 차이는 다루지 않습니다. 3단원 '용해와 용액'에서는 용해 현상의 의미를 배우고 용질의 종류와 물의 온도에 따라 물에 녹는 양이 달라짐을 비교합니다. 또한 용질이나 용매의 양에 따라 용액의 진하기가 달라지는 현상을 관찰하고 여러 용액의 상대적인 진하기를 비교합니다.

　4단원 '우리 몸의 구조와 기능'에서는 뼈와 근육의 생김새를 관찰하고 모형을 만들어 몸이 움직이는 원리를 설명합니다. 소화·순환·호흡·배설 기관의 구조와 기능을 배우며, 이들 기관이 서로 밀접하게 관련되어 있음을 이해합니다. 더불어 우리 몸의 여러 기관과 관련된 질병을 조사하고 건강을 유지하기 위한 생활 습관을 실천합니다.

떴다! 지식 탐험대: 지층과 화석 김원섭, 시공주니어

형제 지층이와 단층이는 타임머신 로봇 로비타를 타고 지질 시대로 시간 여행을 떠납니다. 여행 속에서 다양한 화석과 공룡, 인류의 조상까지 만나며 풍성한 지질 정보를 체험합니다. 이 모든 여정은 원고를 쓰는 아빠를 돕기 위한 아이들의 특별한 선물이기도 합니다. 지층과 화석에 담긴 지구의 오래된 이야기를 모험과 함께 흥미롭게 배울 수 있는 책입니다.

지구가 흔들흔들! 해운대에 지진이 일어난다면?
최영준, 살림어린이

갑작스레 찾아오는 지진의 위험성과 그 원인을 탐구하는 어린이 과학책입니다. 강산이와 몽탕흔드옹 박사가 세계의 대지진 사례와 한국의 지진 가능성을 알아봅니다. 2011년 일본 대지진 등 실제 사례를 바탕으로 지진의 영향과 방재 지식을 생생하게 전합니다. 지진 대피 요령과 대비 방법까지 어린이에게 꼭 필요한 안전 상식을 담고 있습니다.

스미스가 들려주는 지층 이야기 김정률, 자음과모음

세계 최초의 지질도를 만든 스미스가 지층의 형성과 구조, 지질 시대를 쉽고 흥미롭게 설명하는 책입니다. 지층을 통해 고생대부터 신생대까지 지구의 역사를 탐구하고, 석유·석탄 등 지하자원의 중요성에 대해서도 배울 수 있습니다. 만화, 용어 설명, 교과 연계표 등 다양한 형식을 활용해 과학 지식을 친근하게 전달해 지층과 지질학에 관심 있는 어린이라면 꼭 읽어야 할 입문서입니다.

빨간 내복의 초능력자 시즌 2: 2 서지원, 와이즈만북스

어느 날 아인슈타인의 뇌를 먹고 초능력을 얻게 된 나유식은 지구에 이상 현상이 계속되자 외딴 화산섬으로 떠나게 됩니다. 섬에 도착하자마자 원시 부족에게 납치되고 그 순간 거대한 화산이 폭발하면서 모두의 생존을 위협받습니다. 화산, 지진, 싱크홀 등 지구과학 원리가 흥미진진한 모험 속에 자연스럽게 녹아 있어 과학 지식을 모험 이야기로 배우고 싶은 어린이라면 꼭 읽어야 할 책입니다.

빨간 내복의 코딱지 히어로 4: 지층 속 보물 화석
서지원, 와이즈만북스

나유식은 별똥별로 얻은 초능력을 가진 코딱지 히어로로, 박물관에서 사라진 화석을 쫓어 사건 해결에 나섭니다. 용의자로 떠오른 절친 공자를 의심하며 진실을 밝히기 위해 박물관에 잠입합니다. 화석의 생성 과정과 과학 개념들이 모험 속에 자연스럽게 녹아 있어 재미와 배움을 동시에 얻을 수 있습니다. 즐거운 이야기와 놀이 요소로 과학적 사고력을 키워 주는 어린이 과학 동화입니다.

과학이 BOOM!: 화학 이소영, EBS BOOKS

천재 수호와 친구들은 수상한 빵집 사건을 조사하던 중 화학의 비밀을 하나씩 파헤쳐 갑니다. 광고 풍선이 찢기고 의문의 시선이 감도는 가운데 두 빵집 사이에 숨은 진실을 추적하며 화학 지식을 익히게 됩니다. 재미있는 스토리 속에 '물질의 성질', '변화', '화학 반응' 등 초등 교과 핵심 개념이 자연스럽게 녹아 있습니다. 이야기와 개념을 함께 익힐 수 있는 과학 동화입니다.

거울과 렌즈는 마법이 아니야! 아나 알론소, 알라딘북스

마법을 믿는 오캄 왕국의 공주 에니드는 무지개의 과학적 원리를 알고 싶어 합니다. 지구에서 온 친구들과 함께 빛의 반사, 굴절, 그림자 등을 실험하며 무지개 파티를 준비합니다. 과학 원리를 활용한 프리즘 방, 웃음 거울 방, 그림자 극장 등으로 마법 같은 체험을 하게 됩니다. 과학과 마법이 어우러져 사고력과 창의력을 키워 주는 스토리텔링 과학 동화입니다.

똑똑 융합 과학씨 빛과 놀아요 정성욱, 위즈덤하우스

태양신 신화부터 오로라, 전등, 레이저, 광통신까지 빛에 관한 모든 이야기를 담은 초등 융합 과학책입니다. 빛의 직진, 반사, 굴절 원리와 눈, 동물, 예술과의 연결까지 다양한 시각에서 빛을 탐구하며 과학의 흥미를 끌어냅니다. 실험, 퀴즈, 상식 등 다양한 활동이 포함되어 STEAM 교육에 꼭 맞는 구성입니다. 빛 공해와 빛 나눔 이야기로 과학의 사회적 의미까지 자연스럽게 배울 수 있습니다.

용선생의 시끌벅적 과학 교실 22: 빛 김지현, 사회평론

그림자, 색, 거울, 렌즈, 굴절 등 빛의 성질과 현상을 흥미롭게 탐구하는 초등 과학책입니다. 생활 속에서 마주치는 빛의 원리를 풍부한 시각 자료와 실험을 통해 쉽고 재미있게 설명합니다. 프리즘, 태양열 조리기, 현미경과 망원경 등 다양한 사례를 통해 과학의 호기심을 자극하지요. 아이들은 일상 속 빛 현상들을 과학의 눈으로 바라보며 사고력과 탐구력을 키울 수 있습니다.

엉뚱하지만 과학입니다 9: 쇼핑몰 거울의 마법

원종우, 와이즈만북스

쇼핑몰 곳곳에 숨어 있는 과학 원리를 흥미진진한 이야기로 풀어낸 책입니다. 거울, 엘리베이터, 냄새, 에스컬레이터, 기둥 등 일상 공간에서 만나는 현상들을 과학의 눈으로 탐구합니다. 초등학생의 눈높이에 맞춰 엉뚱하지만 실생활과 연결된 호기심을 자극하며 과학적 사고력을 키워 줍니다. 이 책을 통해 아이들은 과학이 멀리 있는 것이 아니라 바로 곁에 있다는 사실을 자연스럽게 깨닫게 됩니다.

냉장고 속 화학 이경윤, 꿈결

냉장고 안의 음식과 음료를 통해 화학 원리를 쉽고 재미있게 알려 주는 과학 교양서입니다. 과학 성적이 고민인 새미가 케미 앱과 함께 생활 속 궁금증을 해결하며 화학에 흥미를 붙여 가는 이야기가 펼쳐집니다. 찬물, 초콜릿, 커피, 발효식품, 채소 등 다양한 식품에 숨은 과학 원리를 통해 자연스럽게 개념을 익힐 수 있습니다. 과학이 어렵게 느껴졌던 아이들도 실생활과 연결된 흥미로운 질문으로 과학을 친근하게 느끼게 됩니다.

왜? 하고 물으면 과학이 답해요: 화학 정성욱, 다락원

일상 속 30가지 흥미로운 현상을 통해 초등 교과 화학 개념을 자연스럽게 익히게 도와주는 책입니다. 손가락이 쭈글쭈글해지는 이유, 아이스크림이 녹는 원리 등 생활 속 질문에 과학이 친절하게 답해 줍니다. 간단한 실험과 미니 퀴즈가 풍부하게 담겨 있어 과학 공부가 지루하지 않고 재미있습니다. 생활에서 출발해 상상력과 호기심을 키워 주는 이 책은 초등학생이 과학과 친해지는 좋은 시작점이 되어 줍니다.

화학이 정말 우리 세상을 바꿨다고? 실바나 푸시토, 찰리북

일상 속 20가지 궁금증을 통해 화학이 얼마나 우리 삶에 깊이 스며 있는지 알려 주는 책입니다. 비누, 아이스크림, 에어백, 스포츠웨어 등 실생활 속 소재를 중심으로 쉽고 흥미롭게 화학 개념을 설명합니다. 자매의 하루를 따라가다 보면 화학적 원리를 자연스럽게 배우게 되고 친절한 그림과 함께 있어 어려운 용어도 쉽게 이해할 수 있습니다. 화학뿐 아니라 관련 역사, 문학, 속담까지 소개되어 과학에 대한 흥미와 배경 지식을 동시에 키울 수 있는 통합 지식책입니다.

화학아 화학아 나 좀 도와줘 과학주머니, 삼성당

전학 온 미오가 생활 속 사건을 화학 지식으로 해결하며 친구들과 가까워지고 자신감을 얻는 이야기를 담고 있습니다. 용액의 성질, 혼합물 분리, 연소와 소화 등 교과 개념이 흥미로운 모험과 함께 자연스럽게 녹아 있습니다. 어린이들이 화학에 흥미를 느끼고 개념을 즐겁게 익히도록 돕는 과학 동화입니다.

과학 공화국 화학 법정 1 정완상, 자음과모음

기체, 용해도, 금속, 산화, 압력 등 다양한 화학 개념을 일상 속 사건과 연결해 흥미롭게 풀어냅니다. 공식이나 어려운 설명 대신 실생활 이야기를 통해 과학을 친근하게 느끼면서 자연스럽게 과학적 사고력을 기를 수 있도록 구성되었습니다. 작은 호기심에서 출발해 화학의 세계로 안내하는 초등학생용 쉬운 화학 입문서입니다.

과학이 BOOM 1: 우리 몸 이소영, EBS BOOKS

우리 몸속에 있는 다양한 기관들의 역할과 작동 원리를 아이들의 눈높이에 맞춰 알기 쉽게 설명한 책입니다. 세 주인공 수호, 안느, 세찬이 펼치는 유쾌한 이야기 속에 교과서 속 과학 지식을 알차게 담아 읽는 재미와 학습 효과를 동시에 제공합니다. 웃음과 호기심이 함께하는 모험을 따라가다 보면 소화·순환·호흡·배설 등 우리 몸의 신비로운 구조와 기능을 자연스럽게 이해할 수 있습니다.

용선생의 시끌벅적 과학교실 13: 소화와 배설

사회평론 과학교육연구소, 사회평론

음식이 우리 몸속에서 어떤 과정을 거쳐 소화되고 어떻게 배설되는지 알려 주는 이야기입니다. '햄버거는 몸에 왜 안 좋을까, 먹방 유튜버는 어떻게 음식을 많이 먹을 수 있을까?'와 같은 질문에서 시작해 위, 소장, 대장 등 소화기관의 작동 과정을 자세히 따라가며 과학 개념을 자연스럽게 이해할 수 있도록 구성되어 있습니다. 만화처럼 흘러가는 이야기 덕분에 어려운 내용도 쉽게 읽을 수 있고 우리 몸을 건강하게 지키려면 어떤 음식을 어떻게 먹어야 하는지도 생각해 보게 만듭니다.

빨간 내복의 초능력자 4: 인체의 비밀을 풀다!
서지원, 와이즈만북스

은행털이범 이금도의 모습으로 감옥에 갇힌 나유식은 정체불명의 가짜 유식까지 나타나며 궁지에 몰립니다. 초능력을 되찾은 유식은 문어로 변신해 탈옥에 성공하고 가짜 유식을 뒤쫓습니다. 그 과정에서 피부, 세포, 뼈 등 인체에 관한 과학 원리를 몸소 체험하게 됩니다. 흥미진진한 이야기 속에서 기초 과학 지식을 자연스럽게 익힐 수 있는 과학 동화 시리즈 중 한 권입니다.

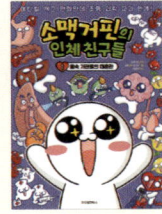

소맥거핀의 인체 친구들 소맥거핀, 위즈덤하우스

몸속 인체 기관들이 의인화되어 각자의 역할을 생생하게 보여 줍니다. 캡사이신 사건을 계기로 혀부터 장기까지 긴박하게 협동하며 위기를 극복하는 이야기예요. 귀엽고 유쾌한 만화로 인체의 작동 원리를 쉽고 재미있게 배울 수 있습니다.

구석구석 이상하고 대단한 우리 몸 폴 이언 크로스, 아울북

뇌, 심장, 감각기관, 피부, 장기 등 우리 몸의 구조와 기능을 머리부터 발끝까지 재미있고 상세하게 소개하는 인체 탐구 입문서입니다. 해부학 지식을 유쾌한 설명과 기발한 일러스트로 풀어내어 과학이 낯선 아이도 쉽게 이해할 수 있습니다. 퀴즈로 복습하며 흥미와 집중력을 높이면서 몸에 대한 관심과 애정을 키울 수 있습니다.

5학년 2학기 과학

2학기	혼합물의 분리	날씨와 우리 생활	열과 우리 생활	자원과 에너지
	물질	지구와 우주	물질	과학과 사회

　5학년 2학기 1단원 '혼합물의 분리'에서는 알갱이 크기가 다른 고체 혼합물(모래와 자갈 등)을 분리하고 서로 잘 섞이지 않는 액체 혼합물(물과 기름 등)을 분리하는 방법을 배웁니다. 또한 물에 용해되는 성질을 이용해 고체 혼합물을 분리하고 물을 증발시켜 물에 녹아 있는 고체 물질(소금과 모래 등)을 분리하는 방법을 익힙니다. 2단원 '날씨와 우리 생활'에서는 기상 요소를 조사하고 날씨가 생활에 미치는 영향을 살펴봅니다. 이슬·안개·구름을 관찰하여 공통점과 차이점을 찾고 고기압과 저기압의 분포에 따른 날씨의 특징을 공부합니다. 3단원 '열과 우리 생활'에서는 물체의 따뜻함과 차가움을 온도로 표현하고 온도계를 사용해 온도를 측정합니다. 온도가 다른 두 물체가 접촉했을 때의 온도 변화를 관찰하고 주변에서 열이 이동하는 다양한 현상을 살펴봅니다. 또한 단열을 활용한 사례를 조사하며 온도를 오래 유지할 수 있는 장치를 창의적으로 만들어 봅니다. 4단원 '자원과 우리 생활'에서는 생활 속 다양한 자원을 조사하고 자원이 유한함을 이해합니다. 태양 에너지, 풍력, 수력, 해양 에너지, 지열 에너지, 바이오 에너지 등 재생 에너지의 종류를 알

아보고 지속 가능한 에너지 이용 방법에 배웁니다. 아울러 자원과 에너지를 효율적으로 사용하는 방법을 탐구하고 일상에서 실천할 수 있는 다양한 사례를 찾아봅니다.

용선생의 시끌벅적 과학교실 32: 혼합물의 분리
사회평론 과학교육연구소, 사회평론

물질을 섞은 혼합물을 어떻게 분리하는지 생활 속 예시를 통해 단계별로 배울 수 있는 책입니다. 철 캔과 알루미늄 캔, 바닷물, 곡식, 도핑 검사 등 실제 사례로 혼합물 분리의 필요성과 과정을 이해하게 돕습니다. 크기 차이, 자석, 밀도, 끓는점, 용해도, 크로마토그래피 등 다양한 과학 원리를 쉽게 설명해 줍니다. 혼합물 분리 기술의 원리와 쓰임새를 익히며 과학적 사고력과 응용력을 키울 수 있도록 구성돼 있습니다.

쓱쓱 가르고 나누는 혼합물 노기종, 스푼북

엉뚱이와 삼촌이 다양한 실험을 통해 혼합물을 분리하는 과정을 그린 과학 그림책입니다. 소금물, 흙탕물, 갈비탕, 콜라 등 실생활 예시로 물질의 성질과 분리 원리를 쉽고 흥미롭게 배울 수 있어요. 삼촌의 분리 미션 수행 과정에는 정전기, 밀도, 용해도 등의 화학 원리가 자연스럽게 녹아 있습니다. 놀이처럼 실험을 따라가며 과학의 원리와 생활 속 응용법을 자연스럽게 익힐 수 있습니다.

날씨를 바꾸는 요술쟁이 바람 허창회, 풀빛

바람이 어떻게 생기고 날씨에 어떤 영향을 주는지 알려 주는 과학 그림책입니다. 고기압과 저기압, 계절에 따라 달라지는 바람의 방향 등 날씨와 바람의 관계를 알기 쉽게 설명해 줍니다. 일기예보가 만들어지는 원리, 무지개와 바람의 관계 등 흥미로운 주제를 아이 눈높이에 맞춰 풀어냅니다.

용선생의 시끌벅적 과학교실 26: 계절과 날씨
사회평론 과학교육연구소, 사회평론

시시각각 변하는 날씨 뒤에 숨은 바람의 힘을 중심으로 고기압과 저기압, 바람의 흐름, 계절별 날씨 변화, 무지개, 기온 변화, 일기예보 등 다양한 날씨 현상 속 과학 지식을 흥미롭게 풀어낸 책입니다. 풍부한 그림과 재미있는 설명으로 아이들이 날씨 변화를 과학적으로 이해하고, 일상 속 기상 현상을 스스로 관찰하며 생각할 수 있도록 이끌어 줍니다.

세계사 속 날씨 이야기 이수정, 가교

세계사의 중요한 사건들을 날씨와 연결하여 풀어낸 흥미로운 이야기책입니다. 비, 눈, 안개, 가뭄, 바람 등 다양한 날씨가 어떻게 역사의 흐름을 바꾸었는지 보여 줍니다. 각 장마다 날씨 현상의 과학적 원리도 쉽게 설명해 주어 과학과 사회를 함께 배울 수 있어요. 세계사와 날씨를 동시에 배우고 싶은 아이들에게 딱 맞는 책입니다.

온도를 바꾸는 열 임수현, 웅진주니어

눈에 보이지 않는 열이 우리 일상에 얼마나 큰 영향을 주는지 알려 줍니다. 열의 성질(전도, 대류, 복사)과 이동 방식, 온도계와 온도 단위의 이해, 물질 변화와 열에너지의 활용까지 알기 쉽게 설명합니다. 냉장고, 보온병 등 생활 속 예시와 함께 쉽고 재미있는 과학 개념을 배울 수 있습니다. 간단한 실험 활동도 포함되어 있어 과학에 대한 흥미와 호기심을 키워 줍니다.

용선생의 시끌벅적 과학교실 29: 온도와 열
사회평론 과학교육연구소, 사회평론

보이지 않지만 어디에나 존재하는 열의 성질과 역할을 알려 주는 책입니다. 열의 이동 방식(전도, 대류, 복사)과 온도계의 원리도 쉽게 이해할 수 있어요. 냉장고, 주전자, 다리미 등 생활 속 예시로 과학 개념을 친근하게 풀어냅니다. 간단한 실험 활동도 포함되어 있습니다.

켈빈이 들려주는 온도 이야기 김충섭, 자음과모음

절대온도의 개념을 만든 켈빈과 함께 떠나는 흥미로운 온도 탐험 책입니다. 일상 속 온도부터 우주의 역사까지 온도의 원리와 비밀을 폭넓게 알려 줍니다. 열팽창, 바이메탈 온도계, 사람이 견딜 수 있는 온도 등 과학 개념을 쉽게 풀어 줍니다. 만화, 용어 설명, 교과 연계 등으로 과학을 재미있고 깊이 있게 배울 수 있어요.

가르쳐주세요! 열에 대해서 정완상, 지브레인

노벨상 수상자인 과학자 빈과 대화하며 열과 온도의 원리를 쉽게 배우는 책입니다. 온도와 열의 차이, 열의 전달 방법, 열복사 법칙 등 과학 개념을 흥미롭게 알려 줍니다. 일상 속 질문(체온계는 왜 작을까?)을 과학 개념과 연결해 자연스럽게 이해하도록 돕습니다.

빨간 내복의 초능력자 2: 에너지의 초능력을 깨닫다!
서지원, 와이즈만북스

과학적 호기심과 융합적 사고력을 키우는 어린이 과학 동화로 주인공 나유식이 생활 속 과학 원리를 깨닫고 초능력을 얻게 되는 이야기를 담고 있습니다. 기초 과학 개념(열, 에너지, 힘 등)을 흥미진진한 사건 속에 자연스럽게 녹여 융합형 인재로 성장하는 과정을 보여 줍니다.

중등 학습으로 점프하는 독서

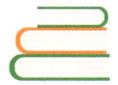

　초등학교 마지막 해이자 최고의 학년인 6학년입니다. 이 시기의 독서 수준은 이미 성인에 버금갈 만큼 깊어진 아이들도 많습니다. 이제는 스스로 책을 고르며 취향을 넓혀 가는 자유로운 독서와 교과 학습을 뒷받침하는 공부 독서를 균형 있게 이어 가는 것이 중요합니다. 다양한 장르와 주제의 책을 읽으며 배경지식과 사고력을 튼튼히 다지고 한 걸음 더 나아가 비판적으로 사고하고 자기 생각을 표현하는 연습까지 할 수 있다면 중학교 생활로의 전환도 거뜬히 해낼 수 있습니다.

6학년 국어

6학년 1학기 국어에서는 비유하는 표현과 속담을 배우고 논설문을 읽고 씁니다. 또한 교과서에서 다루는 추론을 통해 글의 숨은 뜻을 파악하는 연습을 하고 훼손된 우리 말을 살펴보고 인물이 추구하는 가치를 이해합니다. 6학년 2학기에는 관용 표현을 익히고 논설문을 쓸 때 자료를 효과적으로 활용하는 방법을 배웁니다. 발표할 때는 영상 자료 등 다양한 발표 자료를 제작하며 뉴스와 광고 속에서 적절성과 타당성을 비판적으로 살펴봅니다. 더불어 글을 고쳐 쓰는 방법을 익히고 영화 감상문을 작성하며 표현력과 비평적 안목을 키웁니다.

읽다 보면 저절로 외워지는 초등 고사성어 이서윤, 데이스타

초등 필수 고사성어 133개를 네 컷 만화, 일상과 연결된 옴니버스 스토리, 친절한 설명과 유래 이야기로 재미있게 배울 수 있도록 구성했습니다. 어려운 문제집이나 금방 잊는 학습 만화 대신 재미와 학습 효과를 동시에 제공합니다. 스토리텔링을 통해 아이들의 어휘력과 문해력을 자연스럽게 향상시키는 학습 동화입니다.

그래서 이런 관용어가 생겼대요 우리누리, 길벗스쿨

초등 필수 관용어의 뜻과 쓰임, 유래를 네 칸 만화와 짧은 동화 형식으로 재미있게 배울 수 있는 책입니다. 일상과 교과서에서 자주 쓰이는 관용어를 중심으로 유래를 통해 어휘를 쉽게 이해하고 오래 기억할 수 있도록 구성했습니다. 학습 만화에 익숙한 아이도 부담 없이 읽으며 어휘력·문해력은 물론 역사와 문화 상식까지 함께 키울 수 있습니다.

그래서 이런 한자어가 생겼대요 우리누리, 길벗스쿨

초등 필수 한자어의 뜻과 쓰임, 유래를 배우는 책입니다. 사족, 금자탑처럼 흥미로운 유래 이야기를 통해 단어의 정확한 의미와 맥락을 자연스럽게 익히고 풍부한 예문으로 활용력을 높입니다. 일상과 교과서에서 자주 쓰이는 핵심 한자어를 엄선해 어휘력과 문해력을 함께 키울 수 있도록 구성했습니다.

사라진 우리말을 찾아라! 이영란, 풀과바람

일본어·외래어·어려운 한자어에 가려 잊힌 순우리말과 사회 교과서 핵심 어휘를 어린이 탐정단의 추리 이야기 속에 녹여 낸 책입니다. 학교·집·마을을 배경으로 펼쳐지는 사건을 따라가며 순우리말, 순화어, 사투리, 의성·의태어 등 다양한 어휘를 자연스럽게 익힐 수 있습니다.

초등 필수 고전 인문학 수업 임성훈, 피카

중학생이 되기 전 반드시 읽어야 할 동서양 고전 삼국유사, 홍길동전, 징비록, 박씨전, 마지막 수업, 변신, 어린 왕자 등 35편을 담아 초등학생의 문해력, 어휘력, 비판적 사고력을 키워 주는 인문학 교재입니다. 고전을 쉽고 재미있게 각색하였고, 어휘 학습·배경 지식·질문·글쓰기 활동이 함께 구성되어 있습니다.

어린이가 알아야 할 가짜 뉴스와 미디어 리터러시

채화영, 팜파스

가짜 뉴스의 개념과 특징을 이해하고 진짜 뉴스와 구별하는 비판적 시각을 기를 수 있도록 돕는 사회과학 동화입니다. 역사 속 가짜 뉴스 사례와 SNS·유튜브 등에서의 파급력을 살펴보며 정보의 출처를 확인하고 비교·분석하는 미디어 리터러시 능력을 키울 수 있는 책입니다.

초등학생을 위한 우리말 생각 사전 우리말알림이팀, 주니어마리

인사, 까짓것, 행운처럼 일상에서 쓰는 우리말에 숨겨진 뜻과 따뜻한 마음을 풀어낸 책입니다. 좋은 말이 좋은 마음을 만들고 나쁜 말이 삐뚤어진 마음을 만든다는 언어의 힘을 다양한 예시로 보여 줍니다. 읽다 보면 사랑, 감사, 희망을 키우며 서로에게 행운이 되는 법을 자연스럽게 배우게 됩니다.

6학년 수학

	1단원	2단원	3단원	4단원	5단원	6단원
1학기	분수의 나눗셈	각기둥과 각뿔	소수의 나눗셈	비와 비율	여러 가지 그래프	직육면체의 부피와 겉넓이
2학기	분수의 나눗셈	소수의 나눗셈	공간과 입체	비례식과 비례배분	원의 넓이	원기둥, 원뿔, 구

6학년 수학 학습은 이전 학년에서 배운 내용을 기초로 합니다. 자연수의 혼합 계산을 정확히 할 수 있어야 하며 약수·배수·공약수·최대공약수·공배수·최소공배수의 개념을 이해하고 있어야 합니다. 또한 분모가 다른 분수의 덧셈과 뺄셈, 약분과 통분을 할 수 있어야 하고 직사각형·평행사변형·삼각형·사다리꼴·마름모의 둘레와 넓이를 구하는 능력도 갖추고 있어야 합니다.

원주율로 떠나는 오디세우스의 수학 모험 노영란, 뭉치

고전 《일리아드와 오디세이》 이야기에 평면도형 넓이, 입체도형의 겉넓이·부피, 원주율과 원의 넓이 개념을 자연스럽게 녹여 낸 책입니다. 오디세우스가 외눈박이 거인과 바다 괴물 등과 맞서며 수학 문제를 해결하는 모험을 통해 초등 5·6학년이 재미있게 수학 개념을 익힐 수 있도록 돕습니다.

로미오와 줄리엣이 첫눈에 반할 확률은? 김원섭, 뭉치

이야기에 확률과 통계 개념을 결합한 수학 동화입니다. 두 주인공이 저주받은 동굴의 비밀을 풀기 위해 표본 조사, 전수 조사, 경우의 수, 통계적·기하학적 확률 문제에 도전합니다. 수학 개념을 자연스럽게 익힐 수 있도록 흥미로운 스토리와 학습이 함께 어우러집니다.

비례배분으로 보물섬을 발견한 해적 실버 박신식, 뭉치

《보물섬》 이야기에 비례와 비율 개념을 결합한 수학 모험 동화입니다. 짐이 해적들과 보물을 찾으러 떠나는 여정 속에서 비율, 백분율, 비례식, 정·반비례, 비례배분, 축척, 속력 등을 배우며 성장합니다. 흥미진진한 모험과 함께 수학 개념을 자연스럽게 익힐 수 있도록 구성되었습니다.

황당하지만 수학입니다 1 남호영, 와이즈만북스

이그노벨상 수상 연구를 바탕으로 생활 속 엉뚱하고 기발한 궁금증을 통해 수학 개념을 재미있게 배우는 시리즈입니다. 쭉 이 시리즈를 읽으면서 수학에 흥미를 가져 볼 수 있어요. 첫 권 '바닥에 떨어진 사탕, 먹어도 될까?'에서는 나눗셈과 비율을 비롯해 다양한 수학 원리를 호기심 어린 이야기와 함께 풀어내고 있어요. 일상의 다양한 호기심을 수학과 연결시켜 흥미로운 이야기가 펼쳐집니다.

십 대를 위한 영화 속 수학 인문학 여행, 염지현, 팜파스

다양한 영화를 통해 수학이 실제 삶과 문제 해결에 어떻게 활용되는지 보여 주는 청소년 인문 교양서입니다. 〈뷰티풀 마인드〉, 〈히든 피겨스〉, 〈명량〉, 〈부산행〉 등 작품 속 장면을 통해 수학적 사고와 원리를 쉽고 재미있게 풀어냈습니다. 영화와 수학의 만남으로 수학을 더 가깝고 흥미롭게 느낄 수 있도록 안내합니다.

데카르트가 들려주는 좌표 이야기 김승태, 자음과모음

좌표 평면을 만든 데카르트의 이야기와 그 발견의 의미를 흥미롭게 풀어낸 수학 동화입니다. 군대 시절 파리의 위치를 표시하려다 착안한 좌표 개념이 수학 전 분야에서 얼마나 중요한지 알려 줍니다. 공식에 이야기를 더해 학습 효과를 높이고 교과서와 연계해 학교 수학 이해와 흥미를 높여 줍니다.

6학년 1학기 사회

6학년	1단원	2단원	3단원
1학기	평화 통일을 위한 노력, 민주화와 산업화	민주주의와 시민 참여	지구, 대륙 그리고 국가들
	정치 지속 가능한 세계	정치	지리 인식

6학년 1학기 사회는 1단원 '평화 통일을 위한 노력, 민주화와 산업화'에서는 분단으로 인해 나타난 문제점과 분단과 관련된 장소를 평화의 공간으로 만들기 위한 노력 등을 살펴보고 평화 통일을 위해 우리가 할 수 있는 일을 탐구합니다. 또한 민주화와 산업화로 인

해 달라진 생활 문화를 알아보고 민주주의에서 선거의 의미와 역할을 파악하며 시민으로서 주권을 행사하기 위해 선거에 참여하는 태도를 기릅니다. 2단원에서는 민주 국가에서 국회·행정부·법원이 맡은 역할을 이해하고 각 국가 기관의 권력을 분립하는 이유를 살펴봅니다. 더불어 민주주의에서 미디어가 갖는 의미와 역할을 이해하며 다양한 미디어의 내용을 비판적으로 분석하고 올바르게 활용하는 태도를 기릅니다. 3단원에서는 세계를 표현하는 다양한 공간 자료의 특징을 이해하고 지구본과 세계지도를 활용해 위치를 표현하는 방법을 익힙니다. 세계 주요 대륙과 대양을 파악하고 우리나라와 세계 여러 나라의 위치와 영토 특징을 살펴봅니다.

통일 이종석·송민성, 풀빛

분단의 역사와 북한 체제의 실상을 바탕으로 남북 관계의 흐름과 갈등의 원인을 깊이 있게 짚습니다. 북한은 왜 위협적인 태도를 보이는지, 통일은 왜 필요한지 다양한 시선으로 살펴봅니다. 독일의 통일 사례처럼 현실적인 통일 방안과 그로 인한 이점도 구체적으로 제시됩니다.

리무산의 서울 입성기 박경희, 뜨인돌어린이

국적 없이 중국에서 자란 무산이가 엄마를 만나기 위해 대한민국으로 오는 여정을 그린 책입니다. 학교도 못 다니고 공원을 떠돌던 무산이는 엄마가 보낸 사람과 함께 난민의 길에 오릅니다. 메콩강을 건너고 난민 수용소를 거쳐 마침내 서울에 도착한 무산이는 엄마를 만나지만 새로운 고민이 시작됩니다. 이 동화는 국적, 이주, 가족, 정체성에 대한 깊은 질문을 던지는 감동적인 성장 이야기입니다.

내 동생도 알아듣는 쉬운 정치 김경락, 사계절

초등학생 눈높이에 맞춰 정치를 쉽게 풀어낸 정치 입문서입니다. 학교생활 속 정치 개념부터 시작해 자유, 평등, 민주주의, 지방자치, 국제정치까지 차근차근 설명합니다. 우리나라 정치 현실에 맞춰 서술하여 실제 정치 이해도를 높이고 만화와 예시로 흥미를 돋웁니다. 어린이들이 정치 감수성을 키우고 민주 시민으로 성장하도록 돕는 책입니다.

민주주의가 뭐예요? 박윤경, 비룡소

주인공 세진이의 취재 여정을 따라가며 투표, 대표 선출, 주민 참여 등 민주주의의 실제 모습을 쉽게 이해할 수 있습니다. 아이의 눈높이에서 정치를 친근하게 설명해 우리나라 간접 민주주의와의 차이도 비교해 볼 수 있게 구성되어 있습니다. 생생한 그림과 취재 노트, 부록 자료까지 풍부하게 담아 민주 시민의 자세를 배우는 계기를 마련해 줍니다.

나라에 일이 생기면 누가 해결하지? 서지원, 마음이음

초등학생 주인공들의 일상 속 사건을 통해 정부 부처의 역할과 다양한 정책을 쉽고 재미있게 알려 주는 책입니다. 환경부, 보건복지부, 고용노동부, 통일부 등 총 16개 정부 기관의 주요 업무를 만화 형식으로 설명해 사회 문제 해결의 흐름을 자연스럽게 이해하게 도와줍니다. 미세먼지, 전염병, 부동산, 노동 문제 등 실생활과 관련된 사례를 중심으로 정부 정책의 필요성과 작동 방식을 구체적으로 보여 줍니다. 뉴스나 사회 이슈에 관심을 갖고 사회 과목을 친근하게 느끼게 되는 계기를 마련해 줄 거예요.

선생님, 정치가 뭐예요? 배성호, 철수와영희

정치는 어른들만의 일이 아니라 어린이의 삶과도 밀접하다는 것을 알려 주는 책입니다. 정치, 선거, 민주주의, 정당, 좌우파, 집회 등 다양한 주제를 어린이 눈높이에 맞춰 36개의 질문과 답으로 쉽고 명확하게 설명합니다. 세계와 한국의 민주주의 역사 속 투표권 쟁취 사례를 통해 정치 참여의 중요성과 의미를 자연스럽게 배울 수 있습니다.

어린이 법학도, 법기관에서 정의를 만나다 이순혁, 사계절

경찰, 검찰, 법원 등 법 기관의 역할과 구조를 아이 눈높이에 맞춰 총체적으로 설명한 어린이 법체계 입문서입니다. 만화와 도식, 실제 사건을 바탕으로 어려운 법 개념을 쉽게 이해할 수 있도록 구성했습니다. 아이들은 뉴스에서 접하는 법 관련 이슈들을 이해하고, 정의와 법치주의의 의미를 자연스럽게 배울 수 있습니다. 법조인을 꿈꾸는 아이들이 법 관련 기관과 직업을 폭넓게 이해하고 진로를 탐색하는 데 유익한 책입니다.

어린이를 위한 세계 지도책 신지혜, 미래엔아이세움

수호와 아빠가 세계 여러 나라를 여행하며 자연과 문화를 소개하는 이야기입니다. 그림지도를 활용해 대륙과 바다, 다양한 생활환경과 문화를 쉽고 재미있게 이해할 수 있습니다. 여행 에피소드를 따라가다 보면 세계 여러 나라를 공감하고 존중하는 시선을 기를 수 있어요.

초등학생이 꼭 읽어야 할 세계 지리 헤더 알렉산더, 사계절

지리 개념을 쉽고 흥미롭게 설명한 어린이 교양서입니다. 1부에서는 지도, 지형, 기후, 세계화 등 핵심 개념을 실생활 비유로 소개하고, 2부에서는 7대륙의 자연과 문화를 지도와 함께 탐험하며 각 지역의 특징과 삶을 살펴봅니다.

손으로 그려 봐야 세계 지리를 잘 알지 정은주, 토토북

지도를 직접 그리며 세계의 위치와 모습을 익히는 책입니다. 초등 교과에 나오는 세계 지리 내용을 쉽고 친근하게 설명해 줍니다. 나라별 자연환경과 문화를 고모와 조카의 대화를 통해 흥미롭게 배울 수 있어요. 세상을 보는 눈을 넓히고, 지리 지식을 쌓는 데 좋은 입문서입니다.

지도 펴고 세계 여행 이응곤, 김성은, 책읽는곰

세 가족이 기차, 유람선, 캠핑카를 타고 세계 여러 대륙을 여행하며 지구촌을 탐험합니다. 손 그림 입체 지도로 각 지역의 지형과 문화를 생생하게 보여 줍니다. 유라시아, 아프리카·오세아니아, 아메리카 대륙을 중심으로 구성되어 있습니다. 우리 시각으로 만든 따뜻한 세계 지도책으로 넓은 시야를 키울 수 있습니다.

6학년 2학기 사회

2학기	세계의 자연환경	시장 경제와 국가 간 거래	지구촌 사람들
	지리 인식	정치	자연환경과 인간 생활 인문환경과 인간 생활

 2학기 1단원에서는 세계 여러 지역의 지형 경관을 살펴보고 이를 통해 다양한 삶의 모습을 이해합니다. 또한 세계의 다양한 기후를 알아보고 기후 환경과 인간 생활의 관계를 탐구합니다. 2단원 '시장 경제와 국가 간 거래'에서는 시장 경제 속 가계와 기업의 역할을 이해하고 근로자의 권리, 기업의 자유와 사회적 책임을 살펴봅니다. 경제 성장이 우리 생활에 미치는 영향을 파악하며 빠른 성장으로 인해 발생한 문제의 해결 방안을 모색합니다. 아울러 사례를 통해 무역의 의미를 이해하고 국가 간 무역이 이루어지는 이유를 탐구합니다. 3단원 '지구촌 사람들'에서는 세계 인구의 분포를 파악하고 여러 국가의 인구 특징을 살펴봅니다. 또한 지구촌을 위협하

는 다양한 문제를 이해하고 지속 가능한 미래를 위한 해결 방안을 탐구합니다.

한입에 꿀꺽! 맛있는 세계 지리 류현아, 토토북

신문 연재로 큰 사랑을 받은 내용을 바탕으로 세계 지리에 대한 흥미와 관심을 키워 주는 책입니다. 지도·기후·지형·역사 등 지리의 기본 요소를 재치 있게 풀어내고 지구 온난화와 같은 환경 이슈도 함께 다룹니다. 세계에서 가장 긴 나라, 가장 작은 나라, 가장 깊은 바다와 호수 등 흥미로운 기록들을 소개하며 재미와 지식을 동시에 전해 줍니다.

맛집에서 만난 세계 지리 수업 남원상, 서해문집

나폴리 피자, 타코, 루카이마트 등 세계 음식의 기후·지리적 배경을 통해 자연환경과 문화를 쉽고 재미있게 설명합니다. 음식 속에 담긴 역사, 종교, 경제 이야기를 따라가며 지구촌 사람들의 삶을 이해할 수 있어요. 이상기후로 흔들리는 농업과 식생활 문제도 함께 다뤄 기후 위기 의식을 자연스럽게 키워 줍니다. 맛있는 음식 이야기로 시작해 '기후 시민'으로 성장하는 지리 교양서입니다.

거인의 나라로 간 좌충우돌 탐정단 정경원, 하루놀

쌍둥이 지우와 지수가 말하는 토끼 마돌과 함께 동북유럽을 여행하며 펼치는 추격 모험 이야기입니다. 모험 속에서 체코, 러시아, 헝가리, 폴란드, 덴마크, 스웨덴, 노르웨이 등 각국의 문화·음식·지리를 자연스럽게 배울 수 있습니다. 재미있는 그림과 스토리로 지리를 친근하게 익히도록 구성된 동북유럽 탐험 동화입니다.

와글와글 어린이 경제 수업 김세연, 다림

용돈을 중심으로 경제의 개념과 흐름을 알기 쉽게 소개하는 어린이 경제 입문서입니다. 귀여운 캐릭터 써써와 차곡의 이야기를 따라가며 돈의 쓰임과 가치, 시장 원리를 자연스럽게 배우고 수요와 공급, 기업, 금융, 세금, 글로벌 경제까지 차근차근 확장해 나갑니다. 이를 통해 경제가 우리 생활과 사회 전반에 어떻게 연결되어 있는지 이해할 수 있습니다.

레몬으로 돈 버는 법 루이스 암스트롱, 비룡소

레모네이드를 팔며 벌어지는 일을 통해 경제 개념을 쉽고 재미있게 배우는 그림책입니다. 경쟁, 협상, 타협, 기계화, 실업 등 중요한 개념을 어린이 눈높이에 맞춰 자연스럽게 익힐 수 있습니다. 레몬 장사 과정에서 생기는 갈등과 그 해결 과정을 따라가며 돈과 일의 흐름을 이해하고 놀이하듯 읽으며 경제의 기본 원리를 깨닫게 됩니다.

24시 시사 편의점 서지원, 스푼북

무식통통 나유식이 삼천갑자 동방삭과 함께 사회·경제·정치 등 다양한 시사 상식을 배우며 지성인으로 성장하는 과정을 그린 책입니다. SNS 대화체, 일러스트, 통계 자료 등을 활용해 어렵고 낯선 시사 용어를 쉽고 재미있게 풀어냅니다. 청소년이 세상을 넓고 깊게 바라보고 논리적으로 생각하는 힘을 기를 수 있도록 돕는 시사 교양 입문서입니다.

돌고 도는 경제 서지원, 상상의집

헨리 포드, 스티브 잡스, 워런 버핏 등 유명 경제 인물 8명의 이야기를 동화로 풀어내 돈·이자·수요와 공급·기업가 정신 같은 핵심 경제 개념을 쉽게 이해하도록 돕는 책입니다. 일상 속에서 일어나는 경제 원리를 인물과 함께 배우며 가격 형성, 공공재, 절약과 투자 습관 등 경제의 기본 원리를 흥미롭게 익힐 수 있습니다. 동화를 따라가다 보면 경제를 단순한 '돈'이 아니라 세상을 움직이는 흐름으로 바라보는 눈을 키울 수 있습니다.

채사장의 지대넓얕 5: 자본주의의 역습
채사장, 마케마케, 돌핀북

《채사장의 지대넓얕》 5권 '자본주의의 역습'은 어린이 눈높이에서 자본주의의 장단점과 시장의 변화를 흥미로운 스토리로 풀어낸 인문 교양 만화입니다. 카페를 운영하던 알파가 대형 카페와의 가격 경쟁, 경기 침체를 겪으며 케인스 경제학을 배우고 정부 개입과 공공사업의 효과를 경험하는 이야기를 통해 시장·고용·경기 회복의 원리를 자연스럽게 이해할 수 있습니다.

어린이를 위한 무역의 모든 것 서지원, 풀과바람

세계화 시대 속에서 우리의 일상이 전 세계와 어떻게 연결되어 있는지 알려 주는 어린이 경제·무역 입문서입니다. 주변의 사례로 무역의 원리와 흐름을 쉽게 이해하도록 돕고 우리나라 무역의 강점과 중국과의 경쟁, FTA의 장단점까지 균형 있게 다룹니다. 무역을 통해 세계 경제를 보는 눈을 키우고 미래 경쟁력을 준비하도록 이끌어 줍니다.

사회는 쉽다! 15: 세계 지리와 세계 시민 안현경, 비룡소

초등 사회 교과 속 세계 지리 개념을 생활 속 예로 풀어 지도와 대륙, 기후, 문화 등을 쉽고 재미있게 배울 수 있게 한 책입니다. 다양한 지역의 의식주와 생활 문화를 소개하며 국제 문제와 이를 해결하는 국제기구·비정부기구의 역할도 다룹니다. 아이들이 넓은 시각과 공감을 지닌 '행동하는 세계 시민'으로 성장할 수 있도록 돕습니다.

6학년 1학기 과학

6학년	1단원	2단원	3단원	4단원
1학기	산과 염기	물체의 운동	식물의 구조와 기능	지구의 운동
	물질	운동과 에너지	생명	지구와 우주

　6학년 1학기 1단원 '산과 염기'에서는 여러 가지 용액에 지시약을 넣었을 때 나타나는 변화를 관찰하여 용액을 산성 용액과 염기성 용액으로 분류합니다. 산성과 염기성 용액의 성질을 비교하고 두 용액을 섞었을 때 성질이 어떻게 변하는지 실험합니다. 또한 일상에서 산성과 염기성 용액이 활용되는 사례와 산성화로 인한 환경피해 사례를 알아봅니다. 2단원 '물체의 운동'에서는 운동하는 물체가 시간에 따라 위치가 변한다는 것을 이해하고 물체의 이동 거리와 걸린 시간을 측정하여 속력을 구하며 빠르기를 비교합니다. 속력과 관련된 안전 수칙과 안전장치를 조사해 공유하고 일상생활에서 교통안전을 실천합니다. 3단원 '식물의 구조와 기능'에서는 생물을 이루는 기본 단위인 세포를 현미경으로 관찰하고 식물의 각 기관이 가진 구조와 기능을 배웁니다. 더불어 여러 식물의 특징에 대해 살펴봅니다. 4단원 '지구의 운동'에서는 하루 동안 태양과 별의 위치 변화를 관찰하여 규칙성을 찾고 이를 통해 지구의 자전과 낮·밤이 생기는 원리를 이해합니다. 또한 지구의 공전을 배우고 계절에 따라 달라지는 별자리의 변화를 살펴봅니다.

빨간내복의 코딱지히어로 6: 시큼시큼 산, 쓰디쓴 염기
서지원, 와이즈만북스

호기심 많은 초등생 나유식이 산과 염기의 원리를 깨닫고 사건을 해결하는 과학 동화입니다. 결혼식장에서 사라진 진주 귀걸이와 길고양이 중독 사건의 진실을 밝히기 위해 모험을 펼치는 과정 속에서 산·염기의 성질, 지시약, 중화 반응 등 교과서 속 개념을 쉽고 재미있게 배울 수 있습니다. 숨은그림찾기, 퀴즈, 미로 찾기 등 놀이 요소도 가득해 과학 학습과 재미를 동시에 잡을 수 있는 책입니다.

용선생의 시끌벅적 과학교실 8: 산과 염기
사회평론 과학교육연구소, 사회평론

산성·중성·염기성의 성질과 이를 구별하는 방법, 그리고 중화 반응의 원리를 생활 속 사례와 함께 쉽게 풀어낸 과학 동화입니다. 지시약 실험과 명쾌한 삽화를 통해 수소 이온과 수산화 이온의 작용을 이해하고 과일의 신맛이나 비누의 미끈거림처럼 익숙한 경험을 과학적으로 바라보게 합니다. 아이들이 화학 개념을 자연스럽게 익히고 과학에 흥미를 느끼도록 돕는 책입니다.

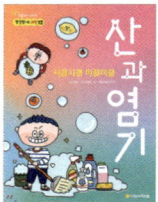

시큼시큼 미끌미끌 산과 염기 김희정, 아르볼

생활·환경·인체·예술 속에서 찾아볼 수 있는 산과 염기의 성질과 활용을 흥미롭게 소개하는 초등 과학 정보서입니다. 벌침의 산성, 비누의 염기성처럼 친근한 사례에서 출발해 pH, 중화 반응 등 과학 개념을 쉽게 풀어 주며 자연 현상과 우리 몸, 예술 기법 속 산과 염기 활용까지 폭넓게 다룹니다. 이야기와 워크북 활동을 통해 과학 지식을 재미있고 깊이 있게 익히도록 돕습니다.

용선생의 시끌벅적 과학교실 10: 힘
사회평론 과학교육연구소, 사회평론

일상 속에서 쉽게 접할 수 있는 마찰력, 중력, 탄성력, 부력 등 다양한 힘의 원리를 흥미로운 이야기와 시각 자료로 풀어낸 초등 과학책입니다. 캐릭터들의 대화와 생생한 사진·삽화를 통해 힘에 대한 개념을 쉽게 이해할 수 있습니다.

으랏차차, 세상을 움직이는 힘 정창훈, 웅진주니어

전기력, 자기력, 관성, 가속도 등 물리의 기본 개념을 아이들이 일상 속에서 쉽게 경험할 수 있는 사례와 만화, 그림을 통해 재미있게 설명하는 책입니다. 놀이기구, 축구, 자전거 타기 등 생활 속 장면을 물리 원리와 연결해 과학에 대한 두려움을 없애고 호기심을 키워 줍니다.

너무 재밌어서 잠 못 드는 물리 이야기 션 코널리, 생각의길

스포츠 속 숨은 물리 법칙을 흥미롭게 풀어낸 책으로, 스키점프·야구·테니스·당구 등 익숙한 장면 속에서 뉴턴의 운동 법칙, 베르누이 원리, 운동량 보존 등 핵심 개념을 생생히 보여 줍니다. 복잡한 공식을 몰라도 재미있게 이해할 수 있게 운동과 간단한 실험으로 쉽게 설명해 주고 있습니다.

멋진 물리학 이야기 세라 허턴, 그린북

우주의 거대 현상부터 일상 속 물리 원리까지 쉽고 재미있게 풀어낸 어린이 물리학 입문서입니다. 도플러 효과, 진자의 움직임과 같이 값비싼 장비 없이도 가능한 실험을 통해 과학적 호기심을 키웁니다. 우리를 둘러싼 세계에 대해 물리학자들이 만들어 낸 이론들의 사례가 가득합니다.

물리박사 김상욱의 수상한 연구실 2: 중력 김하연, 아울북

물리 원리를 이야기를 통해 쉽고 재미있게 배우는 어린이 과학동화입니다. 유령이 나온다는 집에서 벌어지는 기묘한 현상을 과학적으로 풀어내 아이들이 호기심과 논리적 사고를 키울 수 있도록 구성되었습니다. 흥미로운 스토리와 생활 속 물리 개념이 자연스럽게 어우러져 물리를 친근하게 느끼게 합니다.

작지만 큰 세상 김규환, 휴머니스트

초등학교 2학년 때 현미경 관찰을 시작해 의대생이 된 규환이가 직접 쓴 관찰 일지이자 현미경 안내서입니다. 양파 세포부터 곤충 날개, 물속 미생물까지 다양한 대상을 관찰하는 방법과 팁을 담아 과학적 사고와 기록 습관을 키우는 과정을 보여 줍니다. 초등학생은 물론 현미경 관찰을 취미로 즐기고 싶은 누구나 쉽게 따라 할 수 있는 실용 가이드입니다.

엥겔만이 들려주는 광합성 이야기 이흥우, 자음과모음

식물이 광합성을 통해 산소와 포도당을 만들고 생태계 에너지 흐름을 유지하는 과정을 알려 주는 책입니다. 광합성의 원리, 적정 조건, 생태계에 미치는 영향까지 과학적으로 풀어내고 교과 연계 표·만화·과학자의 비밀 노트 등으로 이해를 돕습니다. 어린이들이 빛과 에너지의 소중함을 깨닫게 하는 과학 입문서입니다.

나무들의 비밀 마시모 도메니코 노벨리노, 아롬주니어

나무의 탄생과 성장, 번식, 숨 쉬는 방식 등 나무의 생태와 진화 과정을 풀어낸 책입니다. 나무가 다른 생물과 맺는 관계와 스스로 지키고 번식하는 지혜로운 생존 전략을 소개하고 인류가 나무로부터 받은 도움과 함께 살아가야 할 이유를 전합니다. 나무의 비밀스러운 삶을 통해 자연과 조화롭게 사는 방법을 생각하게 하는 이야기입니다.

공부가 되는 별자리 이야기 글공작소, 아름다운사람들

계절별 별자리와 그에 얽힌 신화, 과학적 원리를 함께 소개하며 아이들이 우주의 아름다움과 천문학의 기초를 재미있게 배울 수 있도록 돕는 책입니다. 별자리의 탄생 설화와 과학 지식을 결합해 상상력과 창의력을 키워 주고 별과 우주에 대한 호기심을 과학 탐구로 이끌어 주는 내용을 담았습니다. 별자리 관찰을 통해 인류의 과학 발전과 미래 우주 탐험의 꿈을 연결하는 흥미로운 안내서입니다.

과학이 BOOM 5: 우주 이소영, EBS BOOKS

EBS의 교과 연계 과학 동화 시리즈로 초등 과학 교과서 속 우주 지식을 재미있는 이야기 속에 자연스럽게 담았습니다. 천문대 캠프에 참가한 주인공들이 미션을 수행하며 태양, 행성, 별자리, 우주의 탄생과 탐사 등 다양한 과학 정보를 배웁니다.

우주 토끼의 뱅뱅 도는 지구 여행 오주영, 상상의집

지구와 달을 배경으로 우주 토끼 오토의 모험 속에 낮과 밤, 계절 변화, 달의 모양 등 우주 관련 지식을 재미있게 담은 어린이 과학 동화입니다. 흥미로운 이야기와 그림을 통해 과학 원리를 쉽게 이해하도록 구성했으며 우주 탐사의 장단점과 역사도 함께 배울 수 있습니다. 과학을 친근하게 느끼고 호기심을 키울 수 있는 '돌고 도는 세상' 시리즈의 한 권입니다.

어린 왕자가 사랑한 지구의 낮과 밤 정관영, 상상의집

어린 왕자의 시선으로 지구의 자전과 공전을 설명하며 낮과 밤, 사계절, 달의 변화 원리를 풀어낸 생각 반전 과학 그림책입니다. 눈에 보이는 것만을 진실로 여기는 시각을 깨고, "왜?"라는 질문에서 시작되는 과학적 태도의 중요성을 전합니다. 서울과학영재고 교사와 볼로냐 올해의 일러스트레이터가 함께 만든, 과학과 감성을 모두 담은 그림책입니다.

6학년 2학기 과학

2학기	계절의 변화	물질의 연소	전기의 이용	과학과 나의 진로
	지구와 우주	물질	운동과 에너지	과학과 사회

　6학년 2학기 1단원 '계절의 변화'에서는 태양 고도 측정기를 사용해 하루 동안 태양 고도, 그림자 길이, 기온을 측정하고 이들 사이의 관계를 찾습니다. 계절에 따른 태양의 남중 고도와 낮의 길이 변화를 살펴보고 계절 변화의 원인을 이해합니다. 이를 통해 지구가 자전축이 기울어진 채 공전한다는 사실을 학습합니다. 2단원 '물질의 연소'에서는 물질이 연소할 때 나타나는 공통 현상을 관찰하고 연소의 조건을 찾습니다. 연소 전과 후의 물질을 비교해 연소 과정에서 물질의 성질이 변함을 설명하며 연소로 인해 발생하는 물질이 생태계에 미치는 피해 사례를 조사·분석하고 그 해결책을 제안합니다. 3단원 '전기의 이용'에서는 전지·전구·전선을 연결해 전구를 켜 보며 전기 회로의 특징을 이해합니다. 전지 한 개를 사용한 회로와 두 개를 직렬로 연결한 회로를 비교하고 전자석을 만들어 그 성질을 탐구합니다. 또한 전자석이 활용되는 사례를 알아봅니다. 4단원 '과학과 나의 진로'에서는 미래 사회에서 발생할 수 있는 문제를 조사하고 이를 해결하는 데 과학이 기여할 수 있는 방법을 모색합니다. 다양한 진로가 과학과 어떻게 연결되는지 이해하며 자신의 진로를 과학과 연관 지어 생각해 봅니다.

별아저씨의 별난 우주 이야기 세트 이광식, 들메나무

과학과 인문을 융합한 우주 이야기입니다. 1권은 달과 지구, 2권은 태양과 행성들, 3권은 별과 우주를 다루며, 단순한 지식 전달을 넘어 문학·역사·철학을 곁들인 스토리텔링으로 구성되었습니다. 이를 통해 독자는 흥미롭게 읽으면서 '나와 별, 그리고 우주'의 관계를 깊이 생각하게 됩니다.

용선생의 시끌벅적 과학교실 4: 산화와 환원
사회평론 과학교육연구소, 사회평론

산소가 일으키는 산화·환원 반응을 생활 속 사례와 함께 쉽고 재미있게 설명한 초등 과학 동화입니다. 불이 붙는 원리, 금속의 부식, 연소와 소화 등 실생활 속 현상을 과학적으로 이해하도록 돕습니다. 캐릭터 대화, 사진·삽화, 퀴즈와 정리 노트를 통해 학습 부담을 낮추면서도 최신 교과 내용을 충실히 반영한 과학 입문서입니다.

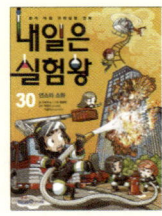
내일은 실험왕 30 스토리a, 미래엔아이세움

불이 타는 원리와 꺼지는 조건, 소화기의 작동 방식 등 연소와 소화에 관한 과학 개념을 흥미로운 실험 대결 속에 담은 과학 학습 만화입니다. 이야기와 함께 발화점, 산소 차단 원리, 화재경보기 만들기 등 다양한 실험을 통해 초등·중등 교과 핵심 내용을 쉽게 이해할 수 있습니다. 부록 '간이 소화기 실험 키트'로 직접 실험하며 배운 원리를 눈과 손으로 익힐 수 있습니다.

빨간 내복의 초능력자 1: 전기 인간 탄생하다
서지원, 와이즈만북스

초등 4학년 나유식이 집 마당에 떨어진 별똥별 조각을 비밀로 간직하다 초능력을 얻게 되면서 벌어지는 과학 모험입니다. 별똥별을 콧구멍에 넣어 전기 인간이 되거나, 빛과 소리를 조종하는 등 사건 속에서 전기, 전류와 자석, 빛과 소리의 특성 등 기초 과학 원리를 배웁니다. 생활 속 궁금증을 해결하며 물리·화학·생물·지구과학 지식을 자연스럽게 익힐 수 있습니다.

슈퍼 전자석의 비밀 네이트 볼, 상수리

과학을 싫어하는 소년 잭과 초능력 외계인 앰프가 감자·레몬 전지 만들기부터 초강력 전자석 실험까지 도전하는 이야기를 통해 전기와 자석의 원리를 쉽고 재미있게 알려 주는 STEAM 과학 동화입니다. 흥미로운 스토리 속에서 전기 에너지 생성, 지구 자기장, 자석의 개념을 자연스럽게 배우며 과학에 대한 호기심과 학습 동기를 키울 수 있습니다.

빨간 내복의 코딱지 히어로 5: 짜릿짜릿 흐르는 전기

서지원, 와이즈만북스

별똥별 덕분에 과학 원리를 깨달을 때마다 초능력을 발휘하는 나유식의 유쾌한 과학 모험 시리즈입니다. 이번 이야기에서 유식이는 마을에 대정전을 일으킨 의문의 전기뱀장어 인간에 맞서 전기 초능력을 활용해 사건을 해결합니다. 교과서 속 과학 개념을 퀴즈와 놀이 활동으로 쉽고 재미있게 배우며 호기심과 책 읽는 즐거움을 키워 주는 과학 동화입니다.

과학이 BOOM 6: 물리 서해경, EBS BOOKS

리사이클링 대회에 도전하는 세찬이와 친구들의 유쾌한 이야기 속에 물질의 성질, 무게, 빛과 렌즈, 운동, 소리, 거울과 그림자, 전기와 전자석 등 초등 과학 교과서의 물리 개념을 알차게 담은 동화입니다. 흥미로운 스토리와 함께 실험·부록 활동으로 과학 원리를 쉽고 재미있게 익히면서 자연스럽게 학습 동기를 높일 수 있습니다.

옥효진 선생님의 과학 개념 사전: 물리 화학 옥효진, 다산어린이

현직 초등 교사 옥효진 선생님이 초등학생이 꼭 알아야 할 물리·화학 개념 100가지를 생활 속 에피소드와 함께 쉽게 풀어낸 책입니다. 응결·화학 반응·전기·힘·빛·에너지 등 교과서 속 핵심 개념부터 반도체·바이오 에너지 같은 최신 과학 이슈까지 폭넓게 다루며, 만화 형식과 친절한 설명으로 과학적 사고력과 시사 상식을 함께 키울 수 있습니다.

하루 한 장 초등과학 365 치바 가즈요시, 한빛라이프

우주·지구·자연·생물·인체·일상 과학·발명가 등 7개 분야에서 뽑은 365가지 질문을 하루 한 장씩 쉽고 재미있게 풀어낸 어린이 과학책입니다. 각 주제를 세 가지 핵심 포인트로 간결하게 정리해 과학 원리를 명확히 이해하도록 돕고 풍부한 일러스트와 칼럼으로 흥미를 더했습니다.

하고 싶은 것을 찾는 법 25 모기 겐이치로, 블루무스어린이

뇌 과학을 바탕으로 어린이들이 진로를 탐색하고 '나답게 사는 법'을 배우도록 돕는 책입니다. 뇌의 구조와 작용, 생각과 마음을 움직이는 원리를 설명하며 진로 선택 과정에서 마주하는 25가지 고민에 명쾌한 해답을 제시합니다. AI 시대에 필요한 7가지 뇌 활용 행동 요령과 마음가짐을 알려 주며, 하고 싶은 일을 찾고 미래를 그리는 구체적인 방법을 안내합니다.

교과 연계 학습 독서 캘린더

학년과 학기 흐름에 따라 교과서에서 다루는 주제와 맞물린 책을 읽으면 단순한 독서가 아니라 학교 공부와 자연스럽게 연결되는 학습이 됩니다. 커다란 주제 안에서 '언제, 어떤 책을 곁들이면 좋을지'를 미리 짚어 주는 길잡이가 바로 교과 연계 학습 독서 캘린더입니다.

	1학기	2학기
1학년	한글/학교 가족, 이웃 우리나라	숫자와 덧셈과 뺄셈 건강/감정 환경 보호
2학년	동시/나 동물과 식물/세계	사계절 세종대왕 우리말 옛날 물건
3학년	공공기관/옛날 모습 힘/동물과 식물	다문화/교통과 통신수단 물체와 물질/지구와 바다
4학년	지도/경제 자석/화산	민주주의/정치 달과 태양계/기체
5학년	우리나라 국토/법 지층과 화석/화학 신체	한국사/혼합물 날씨/온도와 열
6학년	통일/정치 산과 염기/속력 식물의 구조와 기능	세계 지리/무역과 지구촌 계절의 변화/연소 전기

에필로그

초등 6년의 독서력은
중·고등에서 격차를 만든다

교실에서 아이들을 보며 확신하게 된 게 있습니다. 초등 6년 동안의 책 읽기가 결국 아이의 중·고등 공부력을 결정한다는 사실입니다. 책은 아이들의 공부 DNA를 바꿉니다. 그래서 저는 늘 이런 꿈을 꿉니다. 아이에게 딱 맞는 책을 척척 추천해 줄 수 있는 북큐레이터 선생님이 되겠다고 말이지요. 도서관에서 어떤 책을 읽을지 망설이는 학생이나 제 아들에게 "이 책 어때?" 하고 자신 있게 건네는 선생님이자 엄마가 되고 싶습니다. 하지만 막상 해 보면 쉽지 않습니다. 책은 너무 많고 새로운 책은 끊임없이 나오니까요. 가끔은 그 많은 책 앞에 저도 압도되는 느낌이 듭니다. 아이들 역시 비슷한 기분을 느끼지 않을까요?

그럴 때 제가 재미있게 읽었던 책, 아이의 수준에 맞는 책을 건네고 함께 읽으며 아이의 눈이 반짝이는 순간을 만날 때 큰 행복을 느낍니다. 특히 책을 읽기 전과 읽은 후 아이의 생각이 달라지는 모습을 곁에서 지켜보는 기쁨은 말로 다 표현할 수 없지요. 이 '엄마표 독서'는 아이의 생각이 실시간으로 자라는 과정을 함께하는 소중한 기회이자 초등 시절에 가장 풍성하게 경험할 수 있는 시간이기도 합니다.

책이 쌓여 갈수록 아이는 책 고르는 안목과 자신감을 키웁니다. 친구에게 책을 추천하고 교환하면서 비자발적 독서가에서 자발적 독서가로, 더 나아가 추천하는 독서가이자 쓰는 독서가로 성장합니다. 이 과정은 책과 친해지는 데서 나아가 읽은 것을 정리하고 자기 언어로 풀어내는 훈련이 됩니다. 바로 이 힘이 중학교, 고등학교에서 격차를 만드는 지점입니다.

중학교에 올라가면 과목 수가 늘어나고 교과서 분량도 급격히 많아집니다. 지문을 읽고 핵심을 파악한 뒤 그 내용을 글로 정리하는 일이 공부의 대부분을 차지합니다. 초등 6년 동안 꾸준히 독서를 해 온 아이들은 이미 '읽고 이해하고 정리하는 훈련'이 몸에 배어 있어 새로운 교과 개념을 읽고도 금세 소화해 논리적으로 연결할 수 있습니다. 반면 독서 경험이 부족한 아이들은 교과서를 읽는 것 자체가 버거워 문제 풀이보다 글을 이해하는 데 시간을 더 쓰게 됩니다. 이 차이가 바로 성적과 자신감의 격차로 이어집니다.

고등학교에 가면 그 격차는 더 크게 벌어집니다. 긴 지문을 빠르게 읽고 요점을 파악하는 독해력, 여러 자료를 비교해 사고하는 비판적 사고력, 글로 정리하는 표현력은 모두 독서에서 다져진 힘입니다. 초등 시절 독서가 단단히 쌓인 아이들은 수능 지문이나 논술 문제를 만나도 당황하지 않습니다. 이미 어릴 때부터 책으로 훈련된 두께와 깊이가 있기 때문이지요.

저는 자신있게 말합니다. 초등 6년 동안의 독서력이 곧 중·고등에서 격차를 만드는 힘이라고요. 책과 친해지고, 학습과 연결하는 습관을 잡아 주는 것만으로도 공부 정서와 전략을 함께 세울 수 있습니다. 오늘부터 단 20분이라도 좋습니다. 읽어 주고, 스스로 골라 읽고, 책과 뒹구는 시간을 정해 두세요. 그 시간이 쌓여 결국 아이의 중·고등 공부력을 가르고 나중에는 인생의 힘까지 만들어 줄 것입니다.

압도적 성적 우위를 가진 아이들은 어떻게 책을 읽을까?
초등 초격차 책 읽기

초판 1쇄 발행 2025년 11월 27일

지은이 이서윤
펴낸이 민혜영
펴낸곳 (주)카시오페아
주소 서울특별시 마포구 월드컵로14길 56, 3~5층
전화 02-303-5580 | **팩스** 02-2179-8768
홈페이지 www.cassiopeiabook.com | **전자우편** editor@cassiopeiabook.com
출판등록 2012년 12월 27일 제2014-000277호

ⓒ이서윤, 2025
ISBN 979-11-6827-347-4 03590

이 책은 저작권법에 따라 보호받는 저작물이므로 무단 전재와 무단 복제를 금지하며,
이 책의 전부 또는 일부를 이용하려면 반드시 저작권자와 (주)카시오페아 출판사의
서면 동의를 받아야 합니다.

저작권 허가를 받지 못한 일부 작품에 대해서는 추후 저작권이 확인되는 대로
절차에 따라 계약을 맺고 그에 따른 저작권료를 지불하겠습니다.

• 잘못된 책은 구입하신 곳에서 바꿔 드립니다.
• 책값은 뒤표지에 있습니다.